华章经管

HZBOOKS | Economics Finance Business & Management

BE A PERFECT
ACCOUNTANT
CREATE MORE
PROFIT

特别提供
职场薪酬
设计思路
和节税方法

让营改增落地

节税筹划经典案例

葛长银 著

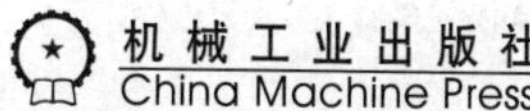

图书在版编目（CIP）数据

让营改增落地：节税筹划经典案例 / 葛长银著．—北京：机械工业出版社，2017.2

ISBN 978-7-111-56161-3

I. 让… II. 葛… III. 企业管理－税收筹划－案例－中国 IV. F812.423

中国版本图书馆 CIP 数据核字（2017）第 032201 号

本书是作者多年实践经验的总结，集财税处理、政策解读与节税案例于一体，展示如何合法节税，减税降费，防范风险，促进企业发展。

全书分为三个部分：第一部分是营改增后经典节税筹划案例，展示了增值税、企业所得税和营改增后餐饮企业、酒店企业、建筑企业、房地产企业、融资租赁企业的节税筹划案例，以及"低纳高抵"的节税方法；并在附录 A 中归纳整理了五大行业营改增的政策。第二部分是职工薪酬节税筹划案例，重点用案例介绍了企业职工薪酬的设计思路和个人所得税的节税方法，并在附录 B 中，展示了作者的薪酬节税筹划观点。第三部分是其他节税筹划案例分享，依据普适性原则，选择了企业经常发生的费用与业务，通过案例介绍了这些业务事项的节税技巧和财税处理方法，并在附录 C 中展示了作者的财智观点。

本书的初衷是帮助企业在遵纪守法的前提下合法节税省费，为企业创造价值。每一位企业管理者、财务工作者、税收相关工作人员，都需要阅读本书。

让营改增落地：节税筹划经典案例

出版发行：机械工业出版社（北京市西城区百万庄大街 22 号 邮政编码：100037）

责任编辑：宋　燕	责任校对：殷　虹
印　　刷：北京市荣盛彩色印刷有限公司	版　　次：2017 年 3 月第 1 版第 1 次印刷
开　　本：170mm × 242mm　1/16	印　　张：16.5
书　　号：ISBN 978-7-111-56161-3	定　　价：59.00 元

凡购本书，如有缺页、倒页、脱页，由本社发行部调换

客服热线：（010）68995261　88361066　　投稿热线：（010）88379007

购书热线：（010）68326294　88379649　68995259　　读者信箱：hzjg@hzbook.com

前言

Preface

这是一本集多年企业财税咨询经验、全国各地财税培训所得，在全面营改增[⊖]的大背景下，写给中国纳税人的著作。其中的心血、真经，无须多言，也无须“老王卖瓜”——因为我们卖的不是瓜，是实用财税知识和具体操作方案，即难得的实学。但中国税收的一些“真相”，还是有必要交代几句，以利国人正确判断税负之重的原因。

还得提老王。吾友王持之曾言：“自古税收大问题，轻则伤民重则误国。”所以，古今中外的治国韬略，无不关注税收的征收度；并且，这个度应该是合乎经济发展规律的，更应该是合道的，也应该是税收征纳双方都认可的。可是，纵观我国税收的征管现状，显然是“大度”了，或者说“过度”了。而且出台税收政策并负责征收的税务部门尤其是基层部门非常强势，企业或纳税人则沦为“弱势群体”，特别是一些民营企业。

造成这种“过度”和“畸形”征纳关系的，恰恰是因为我国“偏好”税收制度及其征管理念。

我国现行的税制无疑是借鉴了西方国家的税收文明，这套“税收文明”的主要支撑是其自身的科学体系，我们在借鉴时必须尊重这个体系的科学性，来对接本土的实践性；尤其不能

⊖ 营改增：营业税改征增值税，是指以前缴纳营业税的应税项目改成缴纳增值税。

选择性地偏好“嫁接”征收制度而“改造”具有调节功能的退免税制度。比如在一些西方发达国家，企业今年亏损，政府要把企业去年缴纳的企业所得税税款退回企业——因亏损跟以前年度有关，跟以后年度无关，这就是西方“税收文明”的科学性；但偏好“嫁接”到我们的税收制度中，就被“改造”了：亏损企业只能用以后年度的利润来弥补以前的亏损。这就无视原先制度之中的科学性。试想，如果企业过不了亏损这个坎儿，那以后弥补还有何用；再试想，如果企业都过不了这些坎儿，以后还征谁的税去？

这种短视的不公平的“偏好”政策及隐藏其中的征收理念，是导致中国企业税负沉重的原因之一。

还应该交代清楚的是，我国的税负之高并不体现在法定的税率上，而是“隐藏”在税率之外的种种限制和税外费用上。比如企业所得税的税率为25%，但企业很多经营支出是不能全部在税前扣除的，而这些限制性费用，也多是企业的日常费用，如业务招待费、广告费等——为此企业要承担税率之外的“税负”；再比如增值税，税率为17%，但全面营改增后，仍有很多方面不允许抵扣，如福利费用可以进成本却不能抵扣进项税额，同样增加了企业的实际税负。除了税收外，在我国单独计算上交的、需要企业承担的，还有社保费用，其高达工资总额的40%以上；而社保费用之外的其他收费，如教育费附加、地方教育附加、水利建设基金（或防洪基金）、残疾人就业保障金（简称残保金）等，实在是掰着手指头都数不过来。

高税收应该对应高福利——这个不提也罢。

据目前我国税收理论界的专家研究，企业利润率为10%而税负却达到40%，可以称为“死亡税率”；我国实体企业萎靡，经济不举，症结就出在这“死亡税率”上。

中央高层当然也看到了这个阻碍经济发展的关键症结。2016年7月26日，中央政治局会议首提“降低宏观税负”，推行“减税降费、降低企业成本的积极财政政策”；国务院在加速全行业推广营改增的同时，三令五申“全行业减负”。这些都是优化国民收入分配、振兴实体经济的“组合拳”。但据国家税务总局公布的数据，2016 年上半年我国税收的增长达到 9.4%，远远高于经济增长。这个数据也表明："全行业减负"目前并没有实现。政策减负但各级税务征收机关肩头征收指标不减的"全行业减负"，也确实难以实现——因为"县官不如现管"。或者说，国家鼓励的行业、小微企业减轻了税负，但很多企业增加了税负——这些增加税负的企业仍然存在着生存和发展的问题。

大洋彼岸，刚当选的美国总统唐纳德·特朗普在竞选演说中宣称要将 35% 的税率降到 15%，虽有大话之嫌，也没有实施，但这才是切切实实的降税思路。我也认为：要想降低我国的宏观税负，得先把 17% 的增值税税率降到 13%，同时也要下调税务机关肩头的征收指标；并在财政的开支方面严惩浪费。

一个现实的问题是：企业税负重，就有可能胡来，偷逃税款，在监控越来越严格的趋势下，其中的风险不言而喻。怎么办？引导企业合法减负或"降低宏观税负"就已成为中国财税专家的使命。在我国企业艰难前行的历史时期，能为企业减负、推动实体经济发展的人，都应该是国家经济发展的功臣。希望我这部来源于实践的著作及其鲜活的案例，也能在引领纳税人合法节税、减税降费、防范风险、促进企业发展等方面，做出应有的贡献。

本书分为三个部分。

第一部分是**营改增后经典节税筹划案例分享**，给大家展示了增值税、企业所得税和营改增后餐饮企业、酒店企业、建筑企业、房地产企业、融资租赁企业的节税筹划案例，以及"低纳高抵"的节税方法；并在附录 A 中归纳整理了五大行业营改增的政策，与大家分享。

第二部分是**职工薪酬节税筹划案例分享**，重点用案例介绍了企业职工薪酬的设计思路和个人所得税的节税方法，并在附录 B 中展示了我的薪酬节税筹划观点。人力成本逐渐成为现代企业的重要支出，希望我给出的案例，能有效地减轻企业的人力资源税负。

第三部分是**其他节税筹划案例分享**，依据普适性原则，我选择了企业经常发生的费用与业务，如业务招待费用、借款费用、食堂支出、私产公租和结余权益转增股本等内容，通过案例介绍了这些业务事项的节税技巧和财税处理方法。并在附录C中展示了我的财智观点，其中《用大禹治水的方式治税》《1元注册公司会增加税负》及《公平税负是个税新政最终诉求，需兼顾两头》，希望对政策层和实务层都有一定的启示。

人变得越来越老了，字写得也越来越少了。在这本著作中，有一些文案是我指导研究生写作的，也都做了标注。

在本书的编辑过程中，我的研究生曲佳琦、刘浦畅做了大量的编辑工作；王鑫平、余永静、吕钊、贺健平、杜娟丹、陈亚运、岳乙琳，都参与了重要的编校工作。

因财税政策“变化多端”，请大家关注最新政策的颁布；若需引用财税政策，也请到财政部、国家税务总局等权威部门的发布平台上引用。

书中的不足之处敬请大家批评指正。

葛长银

2017年1月于北京观园堂

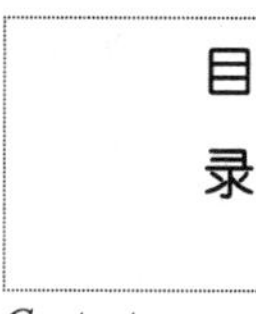

Contents

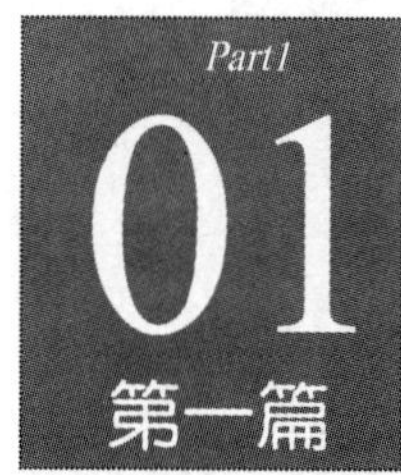

营改增后经典节税筹划案例分享

Chapter 1

01

第1章

将17%的增值税税率筹划到3%：时代公司“二对一”营销模式设计

时代公司营销模式的设计，可以从增值税和企业所得税两个方面来考虑。

1.1 增值税

时代公司之前是“一对一”的营销模式，即仅由时代公司这一家公司向下游销售货物、提供服务。

根据财政部国家税务总局《关于全面推开营业税改征增值税试点的通知》（财税〔2016〕36号）附件1《营业税改征增值税试点办法》第四十条规定：“一项销售行为如果既涉及服务又涉及货物，为混合销售。从事货物的生产、批发或者零售的单位和个体工商户的混合销售行为，按照销售货物缴纳增值税；其他单位和个体工商户的混合销售行为，按照销售服务缴纳增值税。

本条所称从事货物的生产、批发或者零售的单位和个体工商户，包括以从事货物的生产、批发或者零售为主，并兼营销售服务的单位和个体工商户在内。”

时代公司的销售行为既涉及服务又涉及货物，属于混合销售。而且时代公司属于从事货物的生产、批发或者零售的单位，因此要按照销售货物缴纳增值税，即执行 17% 的税率。也就是说，企业中即使有增值税税率为 6% 的服务，也必须按照 17% 的税率来缴纳增值税，这就增加了企业的税负。

时代公司的下游即客户很多是小规模纳税人、个体户等，不需要增值税专用发票，只要数字正确，即使开具 3% 的增值税普通发票他们也会接受，因此存在增值税节税筹划的空间。

为了减轻企业的税负，可以借鉴的节税方案为：时代公司再设立一家中介服务公司，专门经营时代公司的市场推广。这样就不涉及混合销售的问题了，如果中介服务公司是一般纳税人，可以按照 6% 的税率来缴纳增值税，比之前降低了 11 个百分点。

但如果应税服务年销售额未超过 500 万元，为小规模纳税人，此时可以实行简易办法征收，按 3% 的征收率缴纳增值税。这和一般纳税人的区别在于，小规模纳税人取得的是增值税普通发票，不能抵扣销项税额，而一般纳税人取得的是增值税专用发票，可以抵扣销项税额。

时代公司营销模式变化前后可以用图 1-1 和图 1-2 表示。

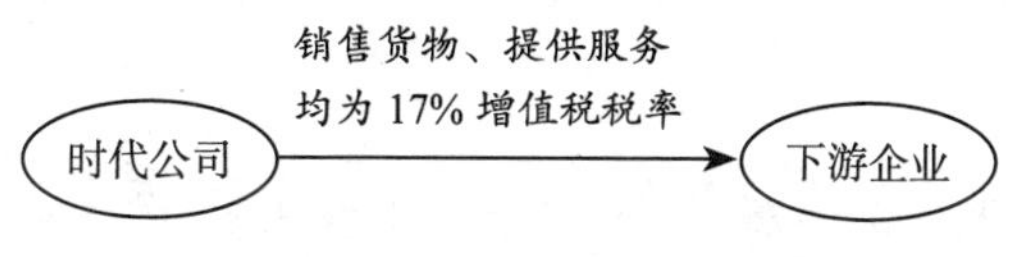

图 1-1　时代公司营销模式变化前的缴税比例

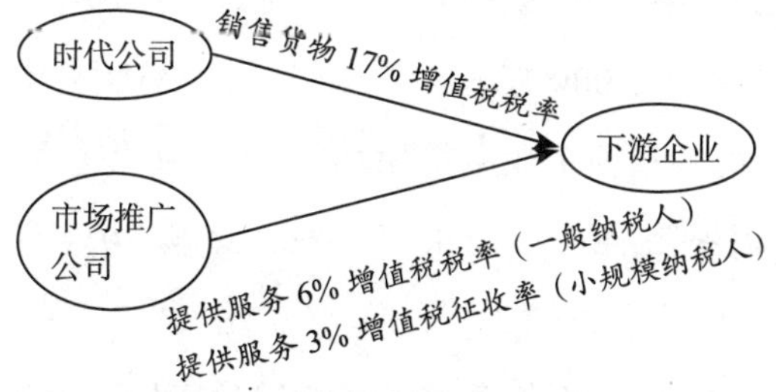

图 1-2　时代公司营销模式变化后的缴税比例

举例说明：假设进货成本为70 000 000元，销售额为100 000 000元，增值的30 000 000元中10 000 000元开具17%的货物销售发票，20 000 000元开具6%或3%的市场推广费发票。如果成立的市场推广公司属于一般纳税人，市场推广收入缴纳6%的增值税，比销售货物降低了11个百分点；如果成立的市场推广公司属于小规模纳税人，市场推广收入缴纳3%的增值税，可以降低14个百分点（具体见表1-1）。

表1-1 增值税的前后税负比较 （单位：万元）

<table>
<tr><th>项目</th><th>“一对一”营销模式</th><th>“二对一”营销模式</th></tr>
<tr><td>销售收入</td><td rowspan="2">10 000（合并计算）</td><td>8 000</td></tr>
<tr><td>提供服务收入</td><td>2 000</td></tr>
<tr><td>增值部分的销项税额</td><td rowspan="3">3 000×17%=510（合并计算）</td><td>1 000×17%=170</td></tr>
<tr><td rowspan="2">提供服务收入缴纳的增值税</td><td>2 000×6%=120（市场推广公司为一般纳税人）</td></tr>
<tr><td>2 000×3%=60（市场推广公司为小规模纳税人）</td></tr>
<tr><td rowspan="2">营销模式更改前后销项税额的差额</td><td colspan="2">510-（170+120）=220（一般纳税人）</td></tr>
<tr><td colspan="2">510-（170+60）=280（小规模纳税人）</td></tr>
</table>

1.2 企业所得税

根据《中华人民共和国企业所得税法实施条例》（以下简称《企业所得税法实施条例》）第九十二条：“企业所得税法第二十八条第一款所称符合条件的小型微利企业，是指从事国家非限制和禁止行业，并符合下列条件的企业：

（一）工业企业，年度应纳税所得额不超过30万元，从业人数不超过100人，资产总额不超过3 000万元；

（二）其他企业，年度应纳税所得额不超过30万元，从业人数不超过80人，资产总额不超过1 000万元。

根据《中华人民共和国企业所得税法》（以下简称《企业所得税法》）第二十八条规定：“符合条件的小型微利企业，减按20%的税率征收企业所得税。”

根据《关于小型微利企业所得税优惠政策的通知》（财税〔2015〕34号）：

“一、自 2015 年 1 月 1 日至 2017 年 12 月 31 日，对年应纳税所得额低于 20 万元（含 20 万元）的小型微利企业，其所得减按 50% 计入应纳税所得额，按 20% 的税率缴纳企业所得税。前款所称小型微利企业，是指符合《中华人民共和国企业所得税法》（以下简称企业所得税法）及其实施条例规定的小型微利企业。”

根据国务院第 102 次常务会议决定，以及《财政部 国家税务总局关于进一步扩大小型微利企业所得税优惠政策范围的通知》（财税〔2015〕99 号）规定：“自 2015 年 10 月 1 日起至 2017 年 12 月 31 日，对年应纳税所得额在 20 万元至 30 万元（含 30 万元）之间的小型微利企业，其所得减按 50% 计入应纳税所得额，按 20% 的税率缴纳企业所得税。《财政部 国家税务总局关于小型微利企业所得税优惠政策的通知》（财税〔2015〕34 号）继续执行。”

因此，时代公司可以设立一个市场推广公司，若年度应纳税所得额不超过 30 万元，从业人数不超过 80 人，资产总额不超过 1 000 万元。其所得减按 50% 计入应纳税所得额，即按 10% 的税率缴纳企业所得税。

除此之外，还要充分利用所得税的其他优惠政策，比如招收下岗职工、退役士兵等来解决企业所得税的减税问题。

1.3 总结

综上所述，时代公司可以设立一个小规模的市场推广公司，按 3% 的征收率缴纳增值税；而且最好把这个市场推广公司的年应纳税所得额控制在 30 万元以下，这样可以按 10% 的税率缴纳企业所得税；同时充分利用企业所得税的其他优惠政策来减轻企业所得税税负。

将超标的限制性费用在企业所得税税前扣除

我们把在企业所得税税前扣除的费用，分为限制性费用和非限制性费用。

所谓限制性费用，就是国家税法规定了具体支出标准的费用，比如广告费用就规定了按销售收入的 15% 列支。在标准之内，可以在税前扣除；超过标准部分，在税后列支。这就像我们因公事出差，在差旅费报销范围和标准之内的，回来后单位给你报销；超过标准的，回家报销。

所谓非限制性费用，就是国家税法没有制定具体支出标准的费用；或者说，只要企业的财务制度允许，可以全部在税前列支的费用。比如科研费用，你花多少，国家都认账，并且国家鼓励企业多花钱搞科研，还有明文的税收优惠政策。

依据企业所得税税法，目前影响企业纳税的限制性费用主要是两大项：一是业务招待费；二是广告费和业务宣传费。

《企业所得税法实施条例》第四十三条规定："企业发生的与生产经营活动有关的业务招待费支出，按照发生额的 60% 扣除，但最高不得超过当年销售（营业）收入的 5‰。"

第四十四条规定："企业发生的符合条件的广告费和业务宣传费支出，除国务院财政、税务主管部门另有规定外，不超过当年销售（营业）收入15%的部分，准予扣除；超过部分，准予在以后纳税年度结转扣除。"

既然税法规定了列支标准，我们又修改不了，那么，为了减轻企业税负，就只能进行节税筹划了。

我们对限制性费用的有以下两大节税思路。

思路1：提高税前费用扣除的计算基数，增加费用扣除限额。比如销售收入从10 000万元提高到20 000万元，按销售收入5‰计算的招待费用的扣除限额，就可从50万元提高到100万元。

思路2：利用多个公司，分散相对集中的费用，化整为零，消化大额的限制性费用。通俗地说就是：要么提高收入，要么分解费用。这也是限制性费用最基本的节税思路。

我们介绍两套节税方案如下。

2.1 "拉长企业杠杆"，消化招待费用，减轻税负

峻峰公司成立一年，市场处于开发阶段，公关也处于关键时刻。其产品性质和单位购买的营销模式，决定了它们是业务招待费的"高发单位"。

以某年资料为证：年销售收入20 000万元，当年发生业务招待费330万元。业务招待费的60%占销售收入的9.9‰（330×60%÷20 000），大大超出了税法规定的5‰的比例。

限制性费用超标，依据税法就要进行纳税调整；业务招待费要根据60%和5‰两个指标进行调整。调整数据计算如下：

按业务招待费发生额的60%报销的部分：330×60%=198（万元）。

按销售收入的5‰进入税前扣除的部分，即最高限额：20 000×5‰=100（万元）。

招待费用平时报销了198万元，但税法只认100万元，超标：（198−100）=98（万元）。

超标部分应缴纳企业所得税：98 × 25%=24.5（万元）。

费用超标的原因是企业的收入“低”，如果收入基数提高了，那么费用的扣除额也就高了。问题是：企业刚起步，一下子也弄不来那么大的市场份额，所以这个企业的“高收入”是无法立马靠市场销售提高的；还有一个问题是，靠市场提高销售额，相关的招待费用也会跟着高上去。

但“拉长企业杠杆”可以立马提高整体的销售收入总额。

“拉长企业杠杆”是一种节税技巧，也就是“拆分企业的组织结构”，即通过分设企业来增加扣除限额的计算基数，从而增加业务招待费的税前扣除额度，减轻企业税负。

节税方案：将企业的销售部门分离出去，成立一个独立核算的销售公司。企业生产的产品以 18 000 万元卖给销售公司，销售公司再以 20 000 万元对外销售；330 万元的招待费用在两个公司分配：生产企业承担 160 万元，销售公司承担 170 万元。

增加一个独立核算的销售公司，同时增加了 18 000 万元的“销售收入”，也就增加了扣除限额；但最后对外销售仍是 20 000 万元，没有增值，所以不会增加增值税的税负。

这样，在整个利益集团的利润总额不变的情况下，业务招待费就以两家企业的销售收入为依据计算扣除限额，计算结果如下。

生产企业：

按招待费用发生额的 60% 报销的部分：160 × 60%=96（万元）。

按销售收入的 5‰ 进入税前扣除的部分，即最高限额：18 000 × 5‰=90（万元）。

招待费用平时报销了 96 万元，但税法只认 90 万元，超标：（96−90）=6（万元）。

超标部分应缴纳企业所得税：6 × 25%=1.5（万元）。

销售公司：

按招待费用发生额的 60% 报销的部分：170 × 60%=102（万元）。

按销售收入的5‰进入税前扣除的部分，即最高限额：20 000×5‰=100（万元）。

招待费用平时报销了102万元，但税法只认100万元，超标：（102−100）=2（万元）。

超标部分应缴纳企业所得税：2×25%=0.5（万元）。

两个企业调增应纳税所得额8万元（6+2），应纳税额：8×25%=2（万元）。

两个企业比一个企业节约企业所得税：（24.5−2）=22.5（万元）。

这个节税技巧适用于业务招待费按发生额的60%报销入账后，又超出销售额5‰的企业。超出5‰的限制，才需要增加销售额来增加费用扣除基数；如果报销入账后的业务招待费没有超过5‰的限制，说明企业的销售额还有富余，就不需要增加销售额了，这一招也就不好使了。

俊峰公司在执行我们的节税咨询建议后，其生产企业仅留5%的毛利空间，按去年的数据换算，它们之间的交易总额为19 000万元，比我们设计的总价格提高了1 000万元；生产企业业务招待费在税前扣除的最高限额从90万元（18 000×5‰），提高到95万元（19 000×5‰），与招待费用平时报销的96万元只差1万元，只需要缴纳0.25万元（1×25%），就把税给补上了。企业又省下1.25万元（1.5−0.25）的税款。

这是一个通常现象，超比例执行——在我们的节税方案上企业进一步节税；相信还有更狠的企业，比如把交易总额定为19 500万元甚至更接近20 000万元。企业是经济动物，可以理解，只要它们不用犯法的方式谋取国家税款，就是把这个“企业杠杆”拉出第三节来，也属于正常的谋利行为。

2.2 “拉长企业杠杆”或分散广告费用，减轻税负

长宏公司是总资产约15亿元的医药集团，而且正处在不断兼并重组、开发产品和市场阶段。其中的一个主力公司（高科技企业，享受15%的企

业所得税优惠税率)，年销售额35 000万元，广告费和业务宣传费却发生了9 000万元。依据税法“广告费和业务宣传费”只能按销售总额15%在税前列支的规定(余下的费用无限期往以后年度递延)，该公司当年只有5 250万元（35 000×15%）能在税前列支，3 750万元（9 000−5 250）当年产生不了抵税作用，相当于先垫付税款562.5万元（3 750×15%)，这不划算。

针对这个企业的状况，有两套节税方案可以借鉴。

方案1：拉长企业杠杆

长宏公司可以将主力公司的销售部拉出去，专门成立一个独立核算的销售公司。主力公司的产品以30 000万元卖给销售公司，销售公司再以35 000万元对外销售。9 000万元的广告费和业务宣传费在两个公司分配：主力公司承担4 400万元，销售公司承担4 600万元。在总体利益不变的情况下，广告费和业务宣传费就以两家企业的销售收入为依据计算扣除限额，计算结果如下。

主力公司：

广告费和业务宣传费的发生额为4 400万元，而扣除限额=30 000×15%=4 500(万元)，不超标，指标还富余100万元（4 500−4 400），4 400万元可以全部在税前列支。

销售公司：

广告费和业务宣传费的发生额为4 600万元，而扣除限额=35 000×15%=5 250(万元)，不超标，指标还富余650万元（5 250−4 600），4 600万元可以全部在税前列支。

这就是说，这个主力公司原先发生的9 000万元广告费用，在没有“拉长企业杠杆”之前，只有5 250万元（35 000×15%）进税前；“拉长企业杠杆”之后，9 000万元广告费全部进税前，比之前多进税前3 750万元（9 000−5 250）。节税效果是：原先垫付的562.5万元（3 750×15%）的税款，现在不用垫付了。

方案2：分散广告费用

长宏医药集团有很多公司，其中的一些公司很少发生广告费用，而且它们的广告大都是让集团整体受益，集团下属公司中的一些广告支出“大户”早就心有不平。我们提出的第二套节税方案就是：分散这9 000万元的广告费用，让大家心平气和地做生意。

具体操作思路是：依据销售额分摊广告费用，即依据销售额的15%，来确定各个公司“应该承担的广告费用额度”，让各个公司依据承担的“额度”，分别与媒体或广告公司签订广告合同。

比如，那个主力公司的年销售额35 000万元，那么它与媒体或广告公司签订的广告合同额度，就应该控制在5 250万元（35 000×15%）以下，以免发生“不允许当年在税前扣除”的超标费用。

余下的3 750万元（9 000−5 250）广告费用，尚需25 000万元（3 750÷15%）的销售额指标消化，这在几个有富余销售额的公司一分，就行了。

第二套方案的节税效果与第一套方案是一样的，依然可以节约（不垫付）税款562.5万元，并且没有关联交易的“嫌疑”；因为集团公司的公司多，消化超标广告费用的能力就很强，所以这套方案很适合集团公司应用。

第二套方案的操作难度在于——内部核算，也就是这些名义上分配的广告费用，最后到底由哪一个公司来承担，应该有个说法。董事会要拍板，财务人员要出制度，其中的工作量也不容小觑。

通过这方案可以看出，对于国家税法中的限制性费用，我们是可以通过一定的方法在税前列支的，特别是那些限制性费用年年超标的企业，采用合适的节税方案，就能减轻一定的税负了。但前提是不能违法，并且要测算好相关的数据，尤其不要“按下葫芦浮起瓢”，这边节约了税金，那边却又多交了税金。

针对这“拉长企业杠杆”方案，我们需要说明六点：

（1）在企业所得税税率相同的前提条件下，一方是收入，另一方是等额成本，因此交易价格不影响整体的企业所得税，但会影响两个公司各自的企业所得税。“拉长企业杠杆”后，生产企业以多少价款把产品卖给销售公司，才能保证两个企业都不亏损，是需要算一算的。如果一方亏损另一方盈利，那亏损一方的亏损额就产生不了抵税作用，盈利的一方则必须多缴企业所得税。所以，交易价格一定要仔细核算，以免发生不必要的损失。

（2）生产企业和销售公司如果是关联企业，那么在确定交易价格时，也要注意关联交易的限制规定，以免在受到税务机关稽查时说不清楚。但在实务中，产品大都有批发价和零售价，并且还可以根据批量大小，确定不同的价格。所以，生产企业和销售公司确定交易价格有很大的筹划空间。

（3）“拉长企业杠杆”方案发生在一般纳税人且是同等税率的企业之间，一方是进项税额，另一方是销项税额，所以，它们之间的货物“转手”对增值税总体税负不产生影响；但对同是一般纳税人，享受13%、11%或6%增值税优惠税率的企业，要考虑增值税总体上的得失。

（4）“拉长企业杠杆”方案对交易双方的增值税税负不产生任何影响，但因为增值税纳税额没有增加（分解到交易双方的企业），收入总额却大幅度增加（拉出来的“收入”），因而影响双方增值税税负率。增值税税负率是基层税务机关监管纳税人的重要手段，如果过低，可能会引起税务风险“报警”。

（5）一些地区按收入的1‰征收防洪基金等费用，“拉长企业杠杆”增加收入所带来的基金费用，要小于方案节约的税费，本方案才有借鉴性。

（6）增值税不允许抵扣的企业，不适用“拉长企业杠杆”方案。

Chapter 3

03

第3章

处置企业有形动产的节税方案

营改增在2016年扩围至全行业，对营改增企业影响最大的问题之一，就是这些企业原有的有形动产的进项税额无法抵扣，再加之税率的提高，比如建筑业将由3%的营业税税率改为11%的增值税税率，单就税率百分点来看，整整提高了8个百分点；再加之人工成本的不准抵扣，比如建筑业是典型的劳动密集型企业，基本靠的就是“人海战术”，但其支付的人工费没有纳入抵扣范围。凡此种种原因，很多营改增企业会增加税负，几乎已成为一个不需要验证的“事实”。

为了减轻营改增企业的税负，结合企业资产的更新改造和发展需要，针对企业原有的有形动产，可进行以下财税规划。

依据现行增值税抵扣政策，营改增企业原有的有形动产，其进项税额是不能抵扣也是无法抵扣的。处置这些资产，若是销售，则可以按3%的增值税税率减按2%计算、缴纳增值税；若是租赁，则适用按简易征收方法即3%的税率来计算、缴纳增值税。而新购建的有形动产，一般是可以取得17%的进项税额，进行增值税抵扣的。这2%与3%的处置有形动产税率，与17%的购置有形动产税率，中间存在一个很大的税差，会吸引营改增企业通过不同方式“旧貌换新颜”，在有形动产的合理安排中获得税收效益。

为正确引导营改增企业有形动产的合理安排，有以下四种节税方案：卖旧买新、租旧买新、租旧租新和以旧换新。

3.1 卖旧买新

“卖旧买新”就是卖出旧的有形动产，购买新的有形动产并取得 17% 的增值税专用发票。那么，第一个问题，这些旧设备该卖给谁呢？卖给专业租赁公司。

在缴纳增值税的企业大家族中，企业对进项税额的需求可以用如饥似渴来形容，但只有专业租赁公司，比如设备租赁公司，与那些如饥似渴的企业相反，它们不想要进项税额，即不想抵扣。因为依据现行增值税政策，进项税额抵扣的设备，在出租时要按 17% 的税率计算销项税额；而进项税额没有抵扣的设备，在出租时适用简易征收方法按 3% 的计算销项税额。这中间的税率差，对从事设备租赁的专业来说，可不是个小数。我们用数据说话，举个例子。

建联设备租赁公司购进一台机器设备，价值为 100 万元，可对外出租，用于有形动产租赁业务的使用寿命为 10 年（即可多次租给不同公司使用，直至报废），每年可带来的租赁平均收益为 15 万元。

（1）若该机器设备购进时取得增值税专用发票，可以抵扣 17% 的进项税，进项税额 =（1 000 000 ÷ 1.17 × 0.17）=145 299.15（元）。

那么租金收入需缴纳 17% 的销项税，每年的销项税额 =150 000 ÷ 1.17 × 0.17=21 794.87（元），10 年的销项税额 =150 000 ÷ 1.17 × 0.17 × 10=217 948.72（元）。

针对这项设备共需缴纳增值税 =217 948.72−145 299.15=72 649.57(元)。

（2）若该机器设备购进时取得的是增值税普通发票，不能抵扣。

那么租金收入仅需缴纳 3% 的增值税，每年的增值税 =150 000 ÷ 1.03 × 0.03=4 368.93（元），10 年共需缴纳增值税 =150 000 ÷ 1.03 × 0.03 ×

10=43 689.32（元）。

上述计算结果证明：租赁公司购进未抵扣的设备比购进已抵扣的设备，在对外出租时节税 28 960.25 元（72 649.57−43 689.32）；即租赁公司购进未抵扣的设备对外出租，其税负更轻。

当然，租赁公司税负的高低与租赁价格有关。我们进一步探讨抵扣设备与未抵扣设备在出租时的税负平衡点。

假设租赁公司租出的设备价值为 X 元，预计对外出租的总租金收入为 Y 元。

① 若该设备购进时取得增值税专用发票，已抵扣。则共需缴纳增值税 $=(Y-X)\div 1.17\times 0.17$。

② 若该设备购进时取得增值税普通发票，不能进项抵扣。则共需缴纳增值税 $= Y\div 1.03\times 0.03$。

可求出两者间的临界点：

$$(Y-X)\div 1.17\times 0.17= Y\div 1.03\times 0.03$$

$$Y=(1\ 751\div 1\ 400)X\approx 1.25X$$

计算结论表明：当租金总收入大于设备价值的 1.25 倍时，不抵扣，即公司购进未抵扣的设备承担的税负是少的；当租金总收入小于设备价值的 1.25 倍时，抵扣，即公司购进可抵扣的设备承担的税负是少的。

在我国的实践中，设备租赁公司普遍不想抵扣进项税额，道理很简单：购进设备时一次性抵扣 17% 的进项税额，但以后每年的租金收入都要按 17% 的计算销项税额，且租赁收入总额都会大于设备价值的 1.25 倍。但问题是，租赁公司在采购新设备时，基本都会取得增值税专用发票，取得专用发票若不抵扣并在出租设备时按 3% 计税，则有逃税的嫌疑，存在很大的税务风险。但租赁公司若是购买营改增企业的旧货，则只能取得增值税普通发票，就没法抵扣，出租该设备时依法按 3% 的税率计算增值税。

一言以蔽之，专业租赁公司喜欢买旧货，这就为营改增企业处理旧的有形动产提供了非常有动力的需求以及广阔的市场。

所以，营改增企业可以通过“卖旧买新”来更新有形动产，找到合适的专业租赁公司，说不定还能卖个好价钱。

例如，建联建筑企业将一台旧设备卖给有形动产租赁公司，价值100万元，向其开具增值税普通发票；又从另一家供应商那购进类似设备，价值100万元，取得增值税专用发票。

旧设备需缴纳增值税销项税额 =1 000 000÷（1+3%）×2%
=19 417.48（元）

新设备可取得增值税进项税额 =1 000 000÷（1+17%）×17%
=145 299.15（元）

这样，企业实际可以减少125 881.67元（145 299.15−19 417.48）的增值税，减轻了企业的税负。

但企业不一定总是同价卖出，同价买进的。企业购进新的设备，其价格往往是高于旧设备的。

例如，建联建筑企业将一台旧设备卖给有形动产租赁公司，价值100万元，向其开具增值税普通发票，又从另一家供应商那购进一台新的设备，价值200万元，取得增值税专用发票。

旧设备需缴纳增值税销项税额 =1 000 000÷（1+3%）×2%
=19 417.48（元）

新设备可取得增值税进项税额 =2 000 000÷（1+17%）×17%
=290 598.29（元）

但购进新设备需多花费100万元的价格。将200万元拆分开，其中花费的100万元与卖出旧设备100万元相抵，这之间便可取得125 881.67元（145 299.15−19 417.48）的增值税来抵扣。剩下所花费的100万元中，仍可取得145 299.15元（1 000 000÷（1+17%）×17%）的增值税进项税额，854 700.85元（1 000 000−145 299.15）属于更新改造设备的投资成本。

3.2　租旧买新

"租旧买新"是指企业可以将使用过的有形动产出租并购买新的有形动产。很多企业用于租赁的动产，大部分是营改增实施前购进或自制的，无法获得进项税额抵扣，如果按 17% 的税率缴纳增值税，其税负将比营改增前大大增加，不符合结构性减税的精神。因此，财税〔2012〕53 号文件和财税〔2013〕37 号文件规定："试点纳税人中的一般纳税人，以试点实施之前购进或者自制的有形动产为标的物提供的经营租赁服务，试点期间可以选择简易计税方法，按 3% 计算缴纳增值税。"这样企业出租有形动产需缴纳 3% 的销项税，再购进新的有形动产可以取得 17% 的进项税，这之间存在 14% 的"低纳高抵"空间。

例如，建联建筑公司营改增后，将自己使用过的一台机器设备出租，租期为 3 年，每年年底收到租金 10 万元，并向承租方开具增值税普通发票。企业重新一次性购买了一台价值 100 万元的机器设备。

该企业出租机器设备每年的租金收入 =100 000 ÷ 1.03=97 087.38（元），增值税 =100 000 ÷ 1.03 × 0.03=2 912.62（元）。购进新的机器设备可取得 145 299.15 元（1 000 000 ÷ 1.17 × 0.17）的进项税额。此种做法在当年共可以减少 142 386.53 元（145 299.15−2 912.62）的增值税，但后两年需每年缴纳 2 912.62 元的增值税，即 3 年共可抵扣 136 561.29 元（145 299.15−2 912.62 × 3）的增值税。

企业也可以分期付款购买新设备，分次取得增值税专用发票，这样租赁收入是分次缴纳销项税额，购进设备进项税额也是分期抵扣的，正好同步进行。比如，企业购进新设备分 4 年付款，每年需缴纳 25 万元，取得增值税专用发票，进项税额为 36 324.79 元（250 000 ÷ 1.17 × 0.17），租金收入的销项税额为 2 912.62 元。每年仍可抵扣 33 412.17 元（36 324.79−2 912.62）的增值税。

这种会计处理的好处在于出租的固定资产属于经营性有形动产租赁，与直接将固定资产卖出相比，虽然租金收入需缴纳 3% 的增值税，比直接清理高出 1 个百分点，但租金收入会比直接清理的收益高，并且设备仍然体现在自己的资产账面上，而同时购进新的设备，也会增加资产的账面价值，有利于提高投资者的兴趣。

3.3 租旧租新

“租旧租新”是指企业将自有的有形动产对外出租，再从租赁公司租入类似的有形动产。企业出租旧的有形动产缴纳 3% 的销项税，租入新的有形动产可取得 17% 的进项税抵扣。

例如，建联建筑公司营改增。将一台五成新的机器设备出租，租期 4 年，租金每年 15 万元，另从租赁公司租入一台全新的更先进的机器设备，租期 4 年，租金每年 25 万元。

那么对旧设备企业每年需缴纳 4 368.93 元（150 000 ÷ 1.03 × 0.03）的增值税，对新设备企业每年可以取得 36 324.79 元（250 000 ÷ 1.17 × 0.17）的进项税额。此种方法可以使企业每年少缴纳 31 955.86 元（36 324.79−4 368.93）的增值税。

“租旧租新”的好处在于租金收入增值税的缴纳与租赁费增值税的抵扣是同步进行的，和成本收入配比一样，有利于企业增值税税负的稳定。但企业也需注意：不能一味追求减轻税负，而忽略成本负担，如上例中企业需每年多 10 万元的租金，且新设备不能计入企业资产的账面价值。因此，企业应根据自身情况，考虑对重新租入的有形动产所支付租赁费用是否能得到相应的收益价值，来决定可否选择“租旧租新”。

3.4 以旧换新

营改增后，企业使用过的较旧的有形动产，可以考虑联系供应商，进行以旧换新。根据税法规定，采取以旧换新方式销售货物的，应按新货物的同期销售价格确定销售额，不得扣减旧货物的收购价格。

例如，建联建筑公司用一台五成新的设备从供应商那换取一台新设备。

旧设备原值为100万元，已提折旧40万元，作价50万元给供应商，并取得新的设备，供应商按售价100万元开具了增值税专用发票。

旧设备视同销售需缴纳增值税销项税额

=500 000÷（1+3%）×2%=9 708.74（元）

换取新设备取得增值税专用发票，可以取得增值税进项税额

=1 000 000÷（1+17%）×17%=145 299.15（元）

企业换取新的设备还需另补差价=1 000 000−500 000=500 000（元）

综上，企业可减少135 590.41元（145 299.15−9 708.74）的增值税，这在很大程度上可以减轻企业的税负。

"以旧换新"需要根据换出设备的成新率来补相应的差价，设备较旧，补的差价就多；设备较新，补的差价也就少。但设备迟早是要更换的，所以所负担的只是成本的时间价值带来的费用，但这样却能获得较高的进项税额来进行抵扣，以减轻营改增过渡阶段的税负。

"以旧换新"的好处在于若企业与供应商之间保持经常性的业务往来和较好的信用关系，供应商一般都会给予企业一定的优惠措施，在一定程度上也能减轻企业的一些成本。

上述4种对营改增企业有形动产的处理方法均能有效地减轻营改增企业在营改增过渡阶段的缴税负担，企业可以根据自身情况，挑出适合更新的旧的有形动产，合理选择减轻税负最有效的方法。此外，对于企业营改增前新购入的有形资产，企业还可以选择直接退货，待营改增后再购进，取得增值税专用发票，抵扣17%的增值税，这样也就不存在补差价的问题了。

当然，对有形动产的处理不仅仅只是上述4种节税方案，比如卖旧租新——卖掉旧设备（适用2%或3%的增值税）、租入新设备（适用17%的增值税）之间也存在税率差额，企业可根据自身情况选择适用的设备处置方法或节税方案。

Chapter 4

04

第4章

营改增后企业"混搭"业务的节税筹划

所谓"混搭"业务，就是指由不同税率构成的企业经营业务：一是混合销售或兼营的"混搭"；二是有形动产租赁的"混搭"。

4.1 混合销售或兼营的"混搭"及其节税建议

混合销售与"兼营"是两个并提的概念。财税〔2016〕36号附件1《营业税改征增值税试点实施办法》第三十九条规定："纳税人兼营销售货物、劳务、服务、无形资产或者不动产，适用不同税率或者征收率的，应当分别核算适用不同税率或者征收率的销售额；未分别核算的，从高适用税率。"

第四十条规定："一项销售行为如果既涉及服务又涉及货物，为混合销售。从事货物的生产、批发或者零售的单位和个体工商户的混合销售行为，按照销售货物缴纳增值税；其他单位和个体工商户的混合销售行为，按照销售服务缴纳增值税。"

本条所称从事货物的生产、批发或者零售的单位和个体工商户，包括以从事货物的生产、批发或者零售为主，并兼营销售服务的单位和个体工商户在内。

我们对混合销售的定义是：一个纳税主体的不同税率的增值税业务，

若同时对着同一个客户，就属于混合销售。比如销售空调（适用 17% 的税率）和安装空调（适用 11% 的税率），是“谁买空调就到谁家安装”，必定同时对着同一个客户，这就是混合销售，销售空调收入和安装收入都要按增值税最高的税率 17% 纳税。我们对兼营的定义是：一个纳税主体的不同税率的增值税业务，不一定同时对着同一个客户，就属于兼营。比如销售设备与广告设计，购买设备的客户不一定需要广告设计，不买设备的客户也不一定不需要广告设计，“销售设备”与“广告设计”这两项业务，不一定同时对着同一个客户，营改增前就属于兼营，销售设备适用 17% 的增值税税率，广告设计适用 5% 的营业税税率；营改增后，销售设备依旧适用 17% 的增值税税率，而广告设计则适用 6% 的增值税税率。二者的关系也属于“兼营”。

兼营的税率低，明显受企业欢迎。为此提出节税建议如下：

（1）销售设备并提供安装服务，只要对着不同的客户，就属于兼营。比如向甲企业销售机器，同时为乙企业提供安装服务，只要合同签署清楚，在账面分别核算，销售机器就可按 17% 计税，而安装机器则按 11% 计税。

（2）销售设备并提供安装服务，只要不是同一个机器，也属于兼营。比如向甲企业销售 A 机器，同时去甲企业安装 B 机器（甲企业从其他企业购买），在合同上明确机器收入和安装收入的金额，并分别开具发票，分开核算，安装业务就可适用 11% 的低税率。

（3）销售设备并提供安装服务，只要不是同时对着同一个客户，也属于兼营。比如上期向甲企业销售机器，下期去甲企业拆卸机器，因在不同的时点，不属于混合业务。但要签署不同的合同，并分别开具发票，分开核算，安装业务也可适用 11% 的低税率。

4.2　有形动产租赁的“混搭”及其节税建议

财税〔2016〕36 号对有形动产租赁进行了表述：有形动产租赁包括有形动产融资租赁和有形动产经营性租赁。

有形动产融资租赁，是指具有融资性质和所有权转移特点的有形动产租赁业务活动，即出租人根据承租人所要求的规格、型号、性能等条件购入有形动产租赁给承租人，合同期内设备所有权属于出租人，承租人只拥有使用权，合同期满付清租金后，承租人有权按照残值购入有形动产，以拥有其所有权。不论出租人是否将有形动产残值销售给承租人，均属于融资租赁。

对于有形动产融资租赁，现行税收政策是：经人民银行、银监会、商务部批准经营融资租赁业务的试点纳税人中的一般纳税人，提供有形动产融资租赁服务，对其增值税实际税负超过 3% 的部分实行增值税即征即退政策。

有形动产经营性租赁，是指在约定时间内将物品、设备等有形动产转让他人使用且租赁物所有权不变更的业务活动。

我们侧重探讨有形动产经营性租赁涉及的财税问题。

有形动产经营性租赁主要表现为机器设备租赁和交通运输工具租赁。营改增前，这种租赁行为适用 5% 的营业税税率；营改增后，则适用 17% 的增值税税率。税率提高了 12 个百分点，居营改增税率调整比例之最。也许是政策的制定者感觉“下手太重”，在 2013 年 8 月 1 日开始执行的财税〔2013〕37 号附件 2 第一条第七款中，出台了“新旧”有形动产租赁分别适用增值税税率和增值税征收率的规定：

试点纳税人中的一般纳税人，以该地区试点实施之日前购进或者自制的有形动产为标的物提供的经营租赁服务，试点期间可以选择适用简易计税方法计算缴纳增值税。

也就是说，有形动产如机器设备，是 2013 年 8 月 1 日之前购买的，且进项税金没有抵扣，其租赁收入可以按 3% 的增值税征收率纳税；机器设备是 2013 年 8 月 1 日之后购买的，进项税金也抵扣了，其租赁收入就要按 17% 的增值税税率纳税。

财税〔2013〕36 号文件延续了这条政策。

就此提出节税建议如下：

（1）有形动产经营性租赁，收入适用 17% 增值税税率的“新设备”，其修理用配件的进项税金也可以抵扣；但按 3% 增值税征收率纳税的“旧设备”，其修理用配件的进项税金不能抵扣，必须分开核算。任何投机取巧的行为，在越来越严密的税控体系下，最终“受伤的总是你”——那些投机取巧的人。

（2）在一个工商企业里，若有形动产经营性租赁的业务不是主业且收入相对较少，建议对这些业务进行分拆，成立小规模纳税人企业，享受 3% 的增值税征收率，可以有效地减轻纳税成本。

（3）对于汽车租赁行业，要分具体情况归属行业，以适用不同税率：若是纯粹的租车行为，不带司机，则属于有形动产经营租赁，“新车”适用 17% 的增值税税率，“旧车”适用 3% 的增值税征收率；若是带着司机把车租赁出去，则应属于提供交通运输业服务，适用 11% 的增值税税率（小规模纳税人适用 3% 的增值税征收率）。

由此可见，适用 3% 增值税征收率的小规模纳税人企业，在有形动产经营性租赁方面，税负是相对轻的；而事实上营改增最大的受益者，也正是广大的小规模纳税人企业。

企业实务中肯定还存在不同形式的“混搭”业务，对于这些“混搭”经营的各项业务，在实务上如果不易划分或划分不清楚，我们建议对这些业务进行分拆，成立不同的公司，包括成立小规模纳税人企业，以便享受低税率的优惠政策，同时防范涉税风险。

Chapter 5

05

第5章

营改增企业可利用“低纳高抵”减轻税负

本章主要通过案例讨论营改增后，税负增加的一般纳税人企业，如何利用现行税收政策中客观存在的“低纳高抵”空间，来合法减轻自身税负；同时对营改增后，存在于一些企业之中的“高纳低抵”问题进行案例分析，以期提醒或帮助企业减轻税负。

5.1 营改增现状和“低纳高抵”现象

1. 营改增现状

营改增税收工程正在我国快速推进，在“结构性减税”的指导思想下，购买服务的企业由不能抵扣进项税额改变为可以抵扣进项税额，确实减轻了税负。但在税收总量保持两位数增长的前提条件下，有减必有增，也导致了一些企业产生“结构性增税”；尤其是一些营改增企业中的一般纳税人，税改本意是降低这些企业的税负，但事与愿违，营改增后，这些一般纳税人的税负不但没有降低，反而有所增加。比如交通运输业，税率从营业税的3%提高到增值税的11%，致使整个行业的一般纳税人的税负大幅度增加；再比如部分现代服务业，税率从营业税的 5% 提高到增值税的 6%，尽管只提高 1 个百分点，但限于现代服务业的购进较少，没有什么抵扣，很多一般纳税人的税负也有所增加。

对营改增企业增加的税负，2012 年 1 月 1 日率先进行试点的上海市就在当年 2 月下发了《关于实施营业税改征增值税试点过渡性财政扶持政策的通知》，对营改增税负增加的试点企业进行财政扶持。随后北京、广州、安徽等陆续实行营改增的地区，也相继发布了营改增试点过渡性财政扶持政策的通知，有些省市给出了明确的补贴方案，但有些省市则只做了原则性的规定。

对于税收政策造成的税负增加，光靠财政补贴并不是长远之计，何况“只做了原则性的规定”的地区，补贴就难以到位且手续繁杂，甚至让人“望而生畏”。所以，减轻税负，营改增企业还得靠自己，通过税法的学习，来依法减负。

2.“低纳高抵”现象

“低纳高抵”是指用较低税率的纳税额抵减较高税率的纳税额，或用上一环节的低税负抵减下一个环节的高税负，从而达到整体减轻税负的目的。

“低纳高抵”是我国税收政策体系和企业实务中的客观存在。比如人力资源报酬，发放的工资缴纳 3%（最低税率）的个人所得税，可以税前抵扣 25% 的企业所得税；发放劳务报酬，缴纳 20% 的个人所得税，据此抵减 25% 的企业所得税。这些都属于“低纳高抵”的现象或行为。只是很多人对这种客观存在没有明确的认识或意识，更谈不上偏向性的行为。

需要强调的是，“低纳高抵”是由我国现行税收制度本身造成的。税收制度的制定者依据税种相应设立增值税、企业所得税等专业部门，研究、制定各自部门管辖范围的税种政策。并且，增值税政策的制定者较少考虑企业所得税的问题；企业所得税政策的制定者也较少顾及个人所得税的问题。这种“各自为政”的局面，肯定会出现“顾此失彼”的问题。

就是在同一个允许抵扣的税种中，只要有税率之差，就会存在“低纳高抵”的空间。典型的就是增值税。营改增后，一般纳税人的主要税率在17%和13%两档基础上，增加了11%和6%两档税率，这就为“低纳高抵”提供了更加宽阔的政策空间，也为企业减轻税负提供了更大的实操空间。

5.2 “低纳高抵”案例分析

依据现行税收政策，我们对营改增的主要行业——交通运输业和现代服务业的“低纳高抵”问题进行案例分析。

1. 交通运输企业“低纳高抵”案例分析

营改增后，交通运输企业执行11%的增值税税率，比原先3%的营业税税率提高了8个百分点（原先的营业额是含税的，现在的营业额是不含税的），致使该行业一般纳税人的税负普遍增加。但交通运输企业在17%和13%两档高税率中，存在“低纳高抵”空间，可善加利用。

（1）与17%税率存在的“低纳高抵”空间。交通运输企业取得的收入按11%计算销项税额，但其购进工业产品，可取得17%的进项税额，其间存在6个点的“低纳高抵”空间。比如，某交通运输企业取得收入1 000 000元，发生销项税额110 000元；若该企业购进配件1 000 000元，会取得进项税额170 000元。这之间，进项税额就大于销项税额60 000元。或者说，运输企业取得收入1 000 000元，发生销项税额110 000元；但只要购进配件647 058.82元（110 000 ÷ 17%），就能取得110 000元的进项税额。

对交通运输企业来说，17%的增值税税率的购进支出占其收入的64.71%（647 058.82 ÷ 1 000 000 × 100%），该购进的进项税额就可以抵消其收入的销项税额。

（2）与13%税率存在的“低纳高抵”空间。执行11%的税率的交通运输企业与13%的税率之间存在2个点的“低纳高抵”空间。2009年增值税全国转型后，财政部和国家税务总局依据条例规定，将增值税13%低税率的适用范围进调整到21类货物。其中“图书、报纸、杂志”等项目与交通运输业相关。比如，某交通运输企业取得收入100 000元，发生销项税额 11 000 元；若该企业订购专业图书杂志 100 000 元，会取得进项税额 13 000 元。这之间，进项税额就大于销项税额 2 000 元。或者说，运输企业取得收入 100 000 元，发生销项税额 11 000 元；但只要购进专业图书杂志 84 615.38 元（11 000 ÷ 13%），就能取得 11 000 元的进项税额。

对交通运输企业来说，13% 增值税税率的购进支出占其收入的 84.62%（84 615.38 ÷ 100 000 × 100%），该购进的进项税额就可以抵消其收入的销项税额。

2. 现代服务企业“低纳高抵”案例分析

营改增后，现代服务企业执行 6% 的增值税税率，比原先 5% 的营业税税率提高了 1 个百分点，由于抵扣较少，税负也会有所增加。但现代服务业在 17%、13% 和 11% 三档高税率中，存在“低纳高抵”空间，善加利用的范围更广。

（1）与 17% 税率存在的“低纳高抵”空间。现代服务企业取得的收入按 6% 计算销项税额，但其购进工业产品，可取得 17% 的进项税额，这就存在 11 个点的“低纳高抵”空间。比如，某现代服务企业取得收入 1 000 000 元，发生销项税额 60 000 元；若该企业购进办公设备 1 000 000 元，会取得进项税额 170 000 元。这之间，进项税额就大于销项税额 110 000 元。或者说，企业取得收入 1 000 000 元，发生销项税额 60 000 元；但只要购进办公设备 352 941.18 元（60 000 ÷ 17%），就能取得 60 000 元的进项税额。

对现代服务企业来说，17% 的增值税税率的购进支出占其收入的 35.29%（352 941.18 ÷ 1 000 000 × 100%），该购进的进项税额就可以抵消其收入的销项税额。

（2）与 13% 税率存在的“低纳高抵”空间。执行 6% 税率的现代服务企业与 13% 的税率之间存在 7 个点的“低纳高抵”空间。适用 13% 的增值税税率的 21 类货物中，与现代服务业相关的有“图书、报纸、杂志”等项目。比如，某现代服务企业取得收入 100 000 元，发生销项税额 6 000 元；若该企业订购专业图书、杂志 100 000 元，会取得进项税额 13 000

元。这之间，进项税额就大于销项税额 7 000 元。或者说，现代服务企业取得收入 100 000 元，发生销项税额 6 000 元；但只要购进专业图书杂志 46 153.85 元（6 000 ÷ 13%），就能取得 6 000 元的进项税额。

对现代服务企业来说，13% 的增值税税率的购进支出占其收入的 46.15%（46 153.85 ÷ 100 000 × 100%），该购进的进项税额就可以抵消其收入的销项税额。

（3）与 11% 税率存在的"低纳高抵"空间。执行 6% 税率的现代服务企业与 11% 的税率之间存在 5 个点的"低纳高抵"空间。目前营改增适用 11% 税率的只有交通运输企业。比如，某现代服务企业取得收入 100 000 元，发生销项税额 6 000 元；若该企业向某交通运输企业支付运费 100 000 元，会取得进项税额 11 000 元。这之间，进项税额就大于销项税额 5 000 元。或者说，现代服务企业取得收入 100 000 元，发生销项税额 6 000 元；但只要支付运费 54 545.45 元（6 000 ÷ 11%），就能取得 6 000 元的进项税额。

对现代服务企业来说，11% 增值税税率的购进支出占其收入的 54.55%（54 545.45 ÷ 100 000 × 100%），该购进的进项税额就可以抵消其收入的销项税额。

5.3 营改增企业存在的"高纳低抵"问题

营改增后，现行增值税税率体系就由 17%、13%、11%、6% 和 3% 等税率组成，其中，按简易办法征收的一般纳税人和小规模纳税人执行 3% 的税率。交通运输企业和现代服务企业执行的税率都处于中间位置。所以对这两个行业而言，在存在"低纳高抵"空间的同时，也会存在"高纳低抵"的问题。

1. 交通运输企业"高纳低抵"案例分析

执行 11% 税率的交通运输业，从执行 6% 税率的现代服务业和执行 3% 税率的按简易办法征收的一般纳税人企业和小规模纳税人企业取得的进项税额，存在"高纳低抵"的问题。

（1）与6%税率存在的“高纳低抵”的问题。交通运输企业与6%的税率之间存在5个点的“高纳低抵”空间。比如，某交通运输企业接受某会计师事务所服务，支付费用50 000元，取得进项税额3 000元（50 000×6%），只能抵扣27 272.73元（3 000÷11%）收入带来的销项税额3 000元（27 272.73×11%），即用50 000元支出取得的进项税额，才能抵平27 272.73元收入带来的销项税额。

对交通运输企业来说，6%的增值税税率的购进支出占其收入的183.33%（50 000÷27 272.73×100%），该进项税额才能抵消其收入的销项税额。

（2）与3%税率存在的“高纳低抵”的问题。交通运输企业与3%的税率之间存在8个点的“高纳低抵”空间。比如，某交通运输企业接受某小规模纳税人的会计服务，支付费用50 000元，取得进项税额1 500元（50 000×3%），只能抵扣13 636.36元（1 500÷11%）收入带来的销项税额1 500元（13 636.36×11%），即用50 000元支出取得的进项税额，才能抵平13 636.36元收入带来的销项税额。

对交通运输企业来说，3%增值税税率的购进支出占其收入的366.67%（50 000÷13 636.36×100%），该进项税额才能抵消其收入的销项税额。

2. 现代服务企业“高纳低抵”案例分析

执行6%税率的现代服务企业，从执行3%税率的按简易办法征收的一般纳税人企业和小规模纳税人企业，取得的进项税额，存在“高纳低抵”的问题。

现代服务业与3%的税率之间存在3个点的“高纳低抵”空间。比如，某现代服务企业获取某按简易办法征收的设计院的服务，发生设计费用50 000元，取得进项税额1 500元（50 000×3%），只能抵扣25 000元（1 500÷6%）收入带来的销项税额1 500元（25 000×6%），即用50 000元支出取得的进项税额，才能抵平25 000元收入带来的销项税额。

对现代服务企业来说，3%的增值税税率的购进支出占其收入的200%（50 000÷25 000×100%），该进项税额才能抵消其收入的销项税额。

Chapter 6

06

第6章

增值税专票和普票财税成本差异的节税案例分析

全面营改增后，我国各行业开具的发票凭证都将是增值税发票。但限于增值税发票分为专用发票（简称专票）和普通发票（简称普票），销售方开具的发票不同，购买方据此所做的会计处理也会有所不同。比如，企业购进含税价（以下案例分析若无特殊说明均为含税价）100 元货物，增值税税率为 17%，若取得增值税专用发票（以下简称“专票”），就要价税分离，85.47 元计入成本，14.53 元计入进项税金；若取得增值税普通发票（以下简称“普票”），依据税法不能价税分离，100 元支出要全部计入成本，进而影响企业利润。因此，取得的专票、普票的核算之差会影响企业包括成本费用、增值税、附加税、企业所得税、个人所得税等在内的财税成本。

6.1 案例分析

我们用案例来计算、比较一下专票和普票给购买企业带来的财税成本差异。

假设购买企业为一般纳税人，增值税税率为 17%，购进价值 100 元的货物。取得专票和普票的核算内容与结果之比较如表 6-1 所示。

表 6-1 17% 税率下专票与普票的财税成本差异比较

比较项目	增值税专用发票（17%）	增值税普通发票（17%）
进项税额	可抵扣进项税额	100 元全部计入成本，无法抵扣增值税
主营业务成本	计入成本的为：100 ÷ 1.17=85.47（元）	不能进项抵扣，全额计入成本：100 元
营业税金及附加	专票可以抵消 14.53 元的应纳税额，也相应**减少**应纳增值税的附加税（包含城建税 7%，教育费附加 3%，地方教育费附加 2%，共计 12%）为：14.53 × 0.12=1.74（元）	
利润总额	专票使得成本及附加减少，导致利润**增加**：14.53+1.74=16.27（元）	
企业所得税	专票**增加**企业所得税额：16.27 × 0.25=4.07（元）	
净利润	专票**增加**净利润：14.53+1.74−4.07=12.20（元）	
个人所得税	假设利润全部用于分配给个人股东，需代扣代缴 20% 的个人所得税，专票将会**增加**个人所得税额：12.20 × 0.2=2.44（元）	

上述是分步骤来计算的，因每一步骤都近似取舍，会产生微小的尾差。总的来说，企业取得专票与普票相比，可以产生进项税额，减少增值税和附加税金的缴纳；但减少成本的计入，就增加了企业所得税，并进一步影响净利润；当净利润用于股东分配时，也会影响 20% 的个人所得税的缴纳。

通过表 6-1 我们可以发现，企业每购进含税价 100 元的货物，取得专票会增加企业净利润 12.20 元（14.53 元的进项税额 +1.74 元的附加税金 −4.07 元的企业所得税），减轻综合税负 9.76 元（14.53 元的进项税额 +1.74 元的附加税金 −4.07 元的企业所得税 −2.44 元的个人所得税）。因此，企业购进取得专票不仅可以增加企业净利润，还可以降低企业综合税负，达到一石二鸟、两全其美的效果。

6.2 不同增值税税率下专票和普票的财税成本差异

一般纳税人现行的增值税税率分为 17%、13%、11% 和 6% 四档税率。依据我们对 17% 税率下专票和普票的探讨思路和方法，可以分别算出不同增值税税率下，每购进 100 元的货物，专票比普票减少的财税成本。计算结果如表 6-2 所示。

表 6-2　不同税率下专票与普票的财税成本差异比较（企业所得税税率为 25%）

财税差额（元）＼增值税税率	17%	13%	11%	6%
发票面值	100	100	100	100
①进项税额增加	14.53	11.50	9.91	5.66
②成本减少	14.53	11.50	9.91	5.66
③营业税金及附加减少	1.74	1.38	1.19	0.68
④利润总额增加（②＋③）	16.27	12.88	11.10	6.34
⑤企业所得税增加（④ ×25%）	4.07	3.22	2.78	1.59
⑥净利润增加（④－⑤）	12.20	9.66	8.32	4.75
⑦个人所得税增加（⑥ ×20%）	2.44	1.93	1.66	0.95
⑧财税成本减少（⑥－⑦）	9.76	7.73	6.66	3.80

通过表 6-2 我们可以看出，在一般纳税人企业，不论增值税税率多少，取得专票比取得普票能在一定程度上减少企业的财税成本。并且，适用的增值税税率越高，净利润增加得越多，财税成本减少的幅度越大。

上述结果是在适用 25% 的企业所得税税率的情况下计算得出的。同理，我们还可以求出适用企业所得税税率 20% 和 15% 时专票和普票的财税成本差异，如表 6-3 和表 6-4 所示。

表 6-3　不同税率下专票与普票的财税成本差异比较（企业所得税税率为 20%）

财税差额（元）＼增值税税率	17%	13%	11%	6%
发票面值	100	100	100	100
①进项税额增加	14.53	11.50	9.91	5.66
②成本减少	14.53	11.50	9.91	5.66
③营业税金及附加减少	1.74	1.38	1.19	0.68
④利润总额增加（②＋③）	16.27	12.88	11.10	6.34
⑤企业所得税增加（④ ×20%）	3.25	2.58	2.22	1.27
⑥净利润增加（④－⑤）	13.02	10.30	8.88	5.07
⑦个人所得税增加（⑥ ×20%）	2.60	2.06	1.78	1.01
⑧财税成本减少（⑥－⑦）	10.42	8.24	7.10	4.06

表 6-4　不同税率下专票与普票的财税成本差异比较（企业所得税税率为 15%）

财税差额（元） \ 增值税税率	17%	13%	11%	6%
发票面值	100	100	100	100
①进项税额增加	14.53	11.50	9.91	5.66
②成本减少	14.53	11.50	9.91	5.66
③营业税金及附加减少	1.74	1.38	1.19	0.68
④利润总额增加（②+③）	16.27	12.88	11.10	6.34
⑤企业所得税增加（④ ×15%）	2.44	1.93	1.67	0.95
⑥净利润增加（④ - ⑤）	13.83	10.95	9.43	5.39
⑦个人所得税增加（⑥ ×20%）	2.77	2.19	1.89	1.08
⑧财税成本减少（⑥ - ⑦）	11.06	8.76	7.54	4.31

通过表 6-3 和表 6-4 我们可以看出，在同一增值税税率下，企业适用的企业所得税税率越低，净利润增加得越多，财税成本减少的幅度越大。

6.3　从不同纳税人处购进的财税成本差异

根据表 6-3 和表 6-4 的计算结果，我们可以得出结论，企业从一般纳税人处购进货物，应当要求供应商开具专票，这样对企业财务和税务两方面均是有利的。但若企业从小规模纳税人处购进相同的货物，因为小规模纳税人适用 3% 的征收率，其销售价格可能会相对便宜，小规模纳税人只能开具普票，购买方无法获得进项抵扣。

案例分析如下：假设企业从一般纳税人处购进含税价 100 元的货物，可以取得专票，小规模纳税人比一般纳税人优惠 x，但只能取得普票，具体计算和差异如表 6-5 所示。

表 6-5　从不同纳税人处购进的财税成本差异一

比较项目	增值税专用发票（17%）	增值税普通发票（3%）
进项税额	可抵扣进项税额	100x 元全部计入成本，无法抵扣增值税
主营业务成本	计入成本的为：100 ÷ 1.17=85.47（元）	不能进项抵扣，全额计入成本：100x 元
营业税金及附加	可以抵消 14.53 元的应纳税额，也相应**减少**应纳增值税的附加税（包含城建税 7%，教育费附加 3%，地方教育费附加 2%，共计 12%）为：14.53 × 0.12=1.74（元）	
利润总额	与从小规模纳税人处购进相比，因成本及附加的减少，导致利润**增加**：（14.53+1.74）-（100-100x）	

因此，企业需要依据实际情况，根据小规模纳税人和一般纳税人开出的价格，在两者之间权衡并做出选择。我们可以计算出一个平衡点来方便企业进行判断。

两者对利润总额产生的影响差异是：（14.53+1.74）−（100−100x），当利润总额差异为零时，两者对净利润的影响也就不存在差异：（14.53+1.74）−（100−100x）=0

解得：x=0.837 3

即只有当小规模纳税人开出的价格低于一般纳税人开出的价格 83.73% 时，企业选择从小规模纳税人处购进货物比较合适。只要小规模纳税人开出的价格高于一般纳税人开出的价格 83.73%，企业就应当从一般纳税人处购买来降低企业的财税成本。

当然，企业可以要求小规模纳税人向税务局代开 3% 的专票，取得 3% 的进项抵扣，这时企业的财税成本差异又不一样了。假设企业从小规模纳税人处购进相同的货物，其价格比从一般纳税人处优惠 x 且可以取得代开的专票，其与从一般纳税人处购进对财税成本差异的影响如表 6-6 所示。

表 6-6 从不同纳税人处购进的财税成本差异二

以较项目	增值税专用发票（17%）	增值税专用发票（3%）
进项税额	可抵扣进项税额	可抵扣进项税额
主营业务成本	计入成本的为：100 ÷ 1.17=85.47（元）	计入成本的为：100x ÷ 1.03=97.09x（元）
营业税金及附加	与 3% 的专票比，可以多抵消的应纳税额，也相应**减少**应纳增值税的附加税（包含城建税 7%，教育费附加 3%，地方教育费附加 2%，共计 12%）为：（97.09x−85.47）× 0.12（元）	
利润总额	与从小规模纳税人处购进相比，因成本及附加的减少，导致利润**增加**：（97.09x−85.47）+（97.09x−85.47）× 0.12−（100−100x）	

同理，我们也可以求得在小规模纳税人可以申请代开专票的情况下，两者的平衡点。两者对利润总额产生的影响差异是：14.53 × 1.12−[100−100x+

（100−97.09x）×1.12]，当利润总额差异为零时，两者对净利润的影响也就不存在差异：14.53×1.12−[100−100x+（100−97.09x）×1.12]=0

解得：x=0.865 5

即若小规模纳税人可以申请代开专票，当小规模纳税人开出的价格低于一般纳税人开出的价格 86.55% 时，企业选择从小规模纳税人处购进货物比较合适。只要小规模纳税人开出的价格高于一般纳税人开出的价格 86.55%，即使可以代开专票，企业也应当从一般纳税人处购买。

为此，总结归纳出不同增值税税率的平衡点供企业采购时参考，如表 6-7 所示。

表 6-7　从不同纳税人处购进的财税成本选择平衡点

一般纳税人 小规模纳税人	17%	13%	11%	6%
普票	83.73%	87.12%	88.90%	93.66%
代开专票（3%）	86.55%	90.05%	91.90%	96.82%

表 6-7 中所指的代开专票是指小规模纳税人向税务局申请代开 3% 的增值税专用发票的一般情况，但根据《国家税务总局公告 2016 年第 44 号》：在试点范围内的住宿业小规模纳税人也可以自行开具增值税专用发票，因此也可参考表 6-7 的计算结果。

6.4　结论及建议

通过上述计算，我们可以得出关于企业购进的几个结论和建议：

（1）企业从一般纳税人处购进，取得专票比取得普票可降低企业的财税成本，因此建议企业从一般纳税人处购进货物时一定要求供应商开具专票，以便进项抵扣。

（2）企业采购在选择供应商时，应当考虑一般纳税人和小规模纳税人的价格差异，若小规模纳税人开出的价格低于文中表 6-7 所给出的平衡点，则企业可以选择从小规模纳税人处采购货物；反之选择一般纳税人开具专票。

（3）企业采购货物时，在考虑货物价格高低及取得发票差异之外，还应当考虑货物的质量、售后保障等其他相关因素。一般情况下，一般纳税人的供应商都较为正规，质量有保障。因此，建议企业尽量选择信赖程度高的大企业作为自己的供应商。⊖

⊖ 余永静对本案例的写作做出主要贡献。

Chapter 7

07

第7章

营改增企业税负平衡点案例分析

“十二五”期间，我国企业要全面推广营改增，这是国家的一件大事，对涉及的企业来说更是一件要事，因为营改增后很多企业的税负会发生变化，甚至很大变化，这是企业必须关注的。基于此，我们依据营改增的相关政策，以一般纳税人为例，对企业营改增前后的税负平衡点进行分析，以期给出一个量化的指标，帮助企业准确计算纳税成本，搞好财税管理工作。

营改增后，除零税率外，我国的增值税税率基本确定为四档：17%、13%、11% 和 6%。营改增企业的税率大致会发生三种变化：一是服务业服务（有形动产租赁服务除外）的税率，要从 5% 的营业税税率改为 6% 的增值税税率；交通运输业服务、邮政业服务以及建筑安装服务的税率，要从 3% 的营业税税率改为 11% 的增值税税率；三是提供有形动产租赁服务的税率，要从 5% 的营业税税率改为 17% 的增值税税率。

从理论上讲，企业缴纳营业税的税负，与营改增后企业缴纳增值税的税负，若是相等，则税负持平。营业税纳税额的计算相对单一，用收入直接乘税率就可得出；而增值税的纳税额的计算相对复杂，要用销项税金减去进项税金才能得出（混合经营的企业涉及不同税率的销项税金和不同税率的进项税金，计算就更为复杂）。我们要探求的就是企业营改增后，在等额收入的前提下，需要发生多少购进支出，取得多少进项税金，才能与营改增前的税负持平，即求出税负平衡点。

依据营改增后税率的三种变化，我们分别对单项支出和综合支出进行探讨，以便求出营改增后的税负平衡点。

7.1 从 5% 的营业税改为 6% 的增值税的税负平衡点分析

营改增后，我国服务业的税率从 5% 的营业税改为 6% 的增值税。下面我们用案例求出其税负平衡点，这个平衡点同样适用所有从 5% 的营业税改为 6% 的增值税的企业。

假设美邦企业销售收入为 1 000 万元，营改增前，企业应缴纳 50 万元（1 000 × 5%）的营业税；营改增后，假设市场价格不变，企业的销项税额为 56.6 万元 [1 000 ÷（1+6%）× 6%]，那么，企业至少需要 6.6 万元（56.6−50）的进项税额，才能保持企业的税负和营改增前的税负持平。

我们分类探讨不同税率的进项税金及其有效购进支出的平衡点。有效购进支出是指企业在购买活动中取得增值税专用发票且允许抵扣的支出，不能抵扣的支出不在讨论范围。

1. 单项税率的平衡点分析

（1）17% 的进项税金及其有效购进支出的平衡点探讨。营改增后企业购置设备、采购耗材等支出可以取得 17% 的进项税金。假设销售收入为 1 000 万元，销项税金为 56.6 万元，若保持与营改增前的税负持平，企业需要发生的有效购进支出 =6.6 ×（1+17%）÷ 17%=45.42（万元），这也是营改增后的税负平衡点。若有效购进支出大于 45.42 万元，则营改增后企业的税负减轻；若有效购进支出小于 45.42 万元，则营改增后企业的税负加重，同时涉及的附加费也会相应增加。

由此，我们就测算出了增值税为零的平衡点。当企业的有效购进支出 =56.6 ×（1+17%）÷ 17%=389.54（万元）时，进项税金恰好等于销项税金，此时企业应缴的增值税为零。

（2）13% 的进项税金及其有效购进支出的平衡点探讨。企业购置图书、农产品等支出可以取得 13% 的进项税金。假设销售收入为 1 000 万元，销项税金为 56.6 万元，若保持与营改增前的税负持平，企业需要发生的有效购进支出 =6.6×（1+13%）÷13%=57.37（万元），即税负平衡点。若有效购进支出大于 57.37 万元，则营改增后企业的税负减轻；若有效购进支出小于 57.37 万元，则营改增后企业的税负加重，同时涉及的附加费也会增加。

当企业的有效购进支出 =56.6×（1+13%）÷13%=491.98（万元）时，进项税金恰好等于销项税金，此时企业应缴的增值税为零。

（3）11% 的进项税金及其有效购进支出的平衡点探讨。我国全面推广营改增后，企业用于交通、建筑、安装等方面支出可以取得 11% 的进项税金。假设销售收入为 1 000 万元，销项税金为 56.6 万元，若保持与营改增前的税负持平，企业需要发生的有效购进支出 =6.6×（1+11%）÷11%=66.6（万元），即税负平衡点。若有效购进支出大于 66.6 万元，则营改增后企业的税负减轻；若有效购进支出小于 66.6 万元，则营改增后企业的税负加重，同时涉及的附加费也会增加。

当企业的有效购进支出 =56.6×（1+11%）÷11%=571.15（万元）时，进项税金恰好等于销项税金，此时企业应缴的增值税为零。

（4）6% 的进项税金及其有效购进支出的平衡点探讨。企业购买服务等方面支出可以取得 6% 的进项税金。假设销售收入为 1 000 万元，销项税金为 56.6 万元，若保持与营改增前的税负持平，企业需要发生的有效购进支出 =6.6×（1+6%）÷6%=116.6（万元），即税负平衡点。若有效购进支出大于 116.6 万元，则营改增后企业的税负减轻；若有效购进支出小于 116.6 万元，则营改增后企业的税负加重，同时涉及的附加费也会增加。

当企业的有效购进支出 =56.6×（1+6%）÷6%=1 000（万元）时，进项税金恰好等于销项税金，此时企业应缴的增值税为零。当然，这种情况比较少见。

2. 多档税率的平衡点分析

企业实务中，取得的进项税金往往是多档税率的。针对这种情况，我们探讨如下。

假设销售收入为 1 000 万元，销项税金为 56.6 万元，企业发生增值税率为 17%、13%、11%、6% 的有效购进支出额占总有效购进支出额的比例分别为 50%、10%、20%、20%，则平均税率为：

$$17\% \div (1+17\%) \times 50\% + 13\% \div (1+13\%) \times 10\%$$
$$+11\% \div (1+11\%) \times 20\% + 6\% \div (1+6\%) \times 20\% = 11.52\%$$

若保持与营改增前的税负持平，企业需要发生的有效购进支出 =6.6×（1+11.52%）÷11.52%=63.89（万元），即税负平衡点。若有效购进支出大于 63.84 万元，则营改增后企业的税负减轻；若有效购进支出小于 63.89 万元，则营改增后企业的税负加重，同时涉及的附加费也会增加。

按照比例，当企业的各项有效购进总额 =56.6×（1+11.52%）÷11.52%=547.92（万元）时，进项税金恰好等于销项税金，此时企业应缴的增值税为零。

7.2 营改增企业的税负平衡点总体分析

1. 营改增企业三种税率变化的税负平衡点分析表

依照 5% 的营业税改为 6% 的增值税的税负平衡点探讨思路，我们也可计算出从 3% 的营业税改为 11% 的增值税的税负平衡点和从 5% 的营业税改为 17% 的增值税的税负平衡点，一并列示如表 7-1 所示。

表 7-1 营改增企业三种税率变化的税负平衡点 （单位：万元）

项目		单项税率的税负平衡点				多档税率的税负平衡点
		17%	13%	11%	6%	
5% 改为 6%	税负持平平衡点	45.42	57.37	66.6	116.6	63.89
	税负为 0 的平衡点	389.54	491.98	571.15	1 000	547.92
3% 改为 11%	税负持平平衡点	475.57	600.64	697.28	1 220.77	668.41
	税负为 0 的平衡点	682.04	861.41	1 000	1750.77	958.6

（续）

项目		单项税率的税负平衡点				多档税率的税负平衡点
		17%	13%	11%	6%	
5% 改为 17%	税负持平平衡点	655.89	828.38	961.66	1 683.63	921.84
	税负为 0 的平衡点	1 000	1 262.99	1 466.21	2 566.97	1 405.49

需要说明的是，税负平衡点也是含税交易额的占比指标，比如 5% 改为 6% 的多档税率的税负平衡点是 63.89 万元，占销售收入总额 1 000 万元的 6. 389%。如果企业的销售收入是 1 亿元，其多档税率的税负平衡点应为：1 亿元 ×6. 389%=638.9 万元。用含税销售收入乘以占比比例，即可得到税负平衡点。余下以此类推，不再赘述。

2. 税负平衡点的计算公式

根据上述三种税率变化情况的讨论，我们给出一个比较通用的计算公式，以方便企业计算应缴增值税。在计算时，财税人员先要把企业的各项业务分清楚，明确哪些业务适用哪档增值税税率，是否可以抵扣；而且还要计算出各档税率的有效购进支出额占总有效购进支出额的比例。

设企业的销售收入为 1 000 万元，各档税率（17%、13%、11%、6%）的有效购进支出额占总有效购进支出额的比例分别为 a、b、c、d，则平均税率为：

$$17\% \div (1+17\%) \times a+13\% \div (1+13\%) \times b+11\% \div (1+11\%) \times c+6\% \div (1+6\%) \times d$$
$$=0.145\,3a+0.115b+0.099\,1c+0.056\,6d$$

其中，$a+b+c+d=1$

令 $T=0.145\,3a+0.115b+0.099\,1c+0.056\,6d$

（1）当 5% 的营业税改为 6% 的增值税时，税负持平平衡点为：$6.6 \times (1+T) \div T= A$，企业取得进项发票所涉及的总有效购进支出额等于 A 万元时，营改增前后的税负持平；大于 A 万元，则企业的税负减轻；小于 A 万元，则企业的税负增加，涉及的附加费也会增加。

（2）当3%的营业税改为11%的增值税时，税负持平平衡点为：$69.1\times(1+T)\div T=B$，企业取得进项发票所涉及的总有效购进支出额等于B万元时，营改增前后的税负持平；大于B万元，则企业的税负减轻；小于B万元，则企业的税负增加，涉及的附加费也会增加。

（3）当5%的营业税改为17%的增值税时，税负持平平衡点为：$95.3\times(1+T)\div T=C$，企业取得进项发票所涉及的总有效购进支出额等于C万元时，营改增前后的税负持平；大于C万元，则企业的税负减轻；小于C万元，则企业的税负增加，涉及的附加费也会增加。

每千万元的税负平衡点，其实也是一个占比数，可以求出任意一个收入数值的平衡点。[⊖]

⊖ 曲佳琦对本案例的写作做出主要贡献。

营改增后餐饮企业的节税筹划案例

2016 年 5 月 1 日起，营改增的试点范围将扩大到生活服务业，其中就包括餐饮业。在李克强总理“确保所有行业只减不增”的态度下，业界对餐饮业的减负降税持乐观态度。下面针对餐饮业营改增的具体问题进行具体分析。

8.1 营改增前后餐饮企业的税负比较

1. 税负分析

对于提供餐饮服务的一般纳税人来说，适用税率由营业税的 5% 改为增值税的 6%，税率提高了 1 个百分点，但因为计税依据由含税变为不含税，即使营改增后餐饮业没有任何进项抵扣，6% 的增值税税率按营业税口径折算，相当于（6% ÷ 1.06）=5.66% 的营业税税负水平，税负最多也只比营业税制度下增加 0.66 个百分点。而事实上，餐饮企业的购进成本中如材料采购、房屋租赁、设备采购等都能取得进项抵扣。所以，总体上看，营改增后提供餐饮服务的一般纳税人税收负担会有不同程度的下降。

我们可以通过简单的测算来说明：假设某餐饮企业为一般纳税人，每月提供餐饮服务的收入为 40 万元（含税），每月固定购进农产品等原材料可取得进项抵扣2万元。在营改增前，该企业每月需缴纳营业税 =40×5%=2（万元）。在营改增后，该企业每月需缴纳增值税 =40÷（1+6%）×0.06−2=0.26（万元）。营改增前后少缴纳税金1.74万元（2−0.26）。

对于提供餐饮服务的小规模纳税人来说，营改增后适用简易计税办法，由5%降为3%，计税依据由含税变为不含税，税负下降约40%。下面通过简单举例来说明。

假设星月饭店为小规模纳税人，每月提供餐饮服务的收入为20万元。在营改增前，该企业每月需缴纳营业税 =20×5%=1（万元）。在营改增后，该企业适用简易计税办法，需缴纳增值税 =20÷（1+3%）×3%=0.58（万元）。营改增前后少缴纳税金0.42万元（1−0.58）。由此可见，营改增后餐饮业的税负下降的趋势较为明显，只要企业取得合规的增值税扣税凭证做进项抵扣，基本上就可以减负降税。但是在实际情况中，还需要考虑是否可以取得足额进项抵扣以及成本结构等问题。因为企业购进不同的项目适用的税率也会有所不同，如农副产品适用13%的税率，桌椅等适用17%的税率。

2. 方案分析

在参与某餐饮企业咨询的过程中，得到了该企业的成本结构的大致比例，我们以此为依据测算了该企业的税负，具体如表8-1所示。

表8-1　某企业成本结构

项目	税率	金额/百分比	可抵扣进项税额（万元）
营业收入（万元）		800	
折扣率		3.51%	
进项内容合计		60.27%	
成本	17.00%	32.85%	38.184 62
水费	13.00%	0.15%	0.138 053
电费	17.00%	2.47%	2.871 111
燃气费	13.00%	1.01%	0.929 558
领用耗材费用	17.00%	1.88%	2.185 299
物料类运输费	11.00%	1.30%	1.030 631
店租	11.00%	7.71%	6.112 432
物业费	6.00%	2.33%	1.055 094
仓库房租	11.00%	0.07%	0.055 496
装修费	11.00%	1.22%	0.967 207

（续）

项目	税率	金额 / 百分比	可抵扣进项税额（万元）
筹建成本	11.00%	3.28%	2.600 360
管理费用	6.00%	6.00%	2.716 981
人力及其他不可抵扣费用		25.10%	
进项税额合计			58.846 84

（1）营改增前该企业应缴纳的营业税 =800 × 5%=40（万元）。

（2）营改增后若采用简易计税办法：年应纳增值税额 =800 ÷ (1+3%) × 3%=23.30（万元）。

（3）若采用一般计税方法计算：增值税销项税额 =800 ÷ (1+6%) × 6%=45.28（万元）。

年度应纳税额 =45.28−58.85=−13.57（万元）。

一般计税方法与简易计税方法相比可以少缴增值税 23.30 万元，与营改增前缴纳营业税相比少缴税金 40 万元。一些餐饮企业自认为营改增后按小规模纳税人适用 3% 的征收率税负更低，通过上述测算证明，取得适当的进项抵扣的情况下，按一般纳税人计税更加合适。此外，根据《关于明确〈增值税一般纳税人资格认定管理办法〉若干条款处理意见的通知》（国税函〔2010〕139 号）文规定：达到增值税一般纳税人资格的就应当去申请认定为一般纳税人。因此企业也不得逾越法律规定而贪图小利。

8.2　农产品进项抵扣问题

餐饮企业最大的进项就是农副产品等食材，根据现行税收政策（《营业税改征增值税试点实施办法》第二十五条第三款）："购进农产品，除取得增值税专用发票或者海关进口增值税专用缴款书外，按照农产品收购发票或者销售发票上注明的农产品买价和 13% 的扣除率计算的进项税额。"根据政策规定，农产品是指种植业、养殖业、林业、牧业、水产业生产的各种植物、动物的初级农产品。这里强调农产品为"初级农产品"非加工后的农产品，但并未限定是自产还是非自产，只是区别增值税征免的标准，与购买者无关，但农产品收购发票是销售自产免税农产品时才可开具的发票。

1. 农产品收购发票

农产品收购发票是指收购单位向农业生产者个人（不包括从事农产品收购的个体经营者）收购自产免税农业产品时，由付款方向收款方开具的发票。《财政部　国家税务总局关于免征部分鲜活肉蛋产品流通环节增值税政策的通知》（财税〔2012〕75号）第三条对上述"销售发票"的定义予以了明确：所称销售发票，是指小规模纳税人销售农产品依照3%征收率按简易办法计算缴纳增值税而自行开具或委托税务机关代开的普通发票。批发、零售纳税人享受免税政策后开具的普通发票不得作为计算抵扣进项税额的凭证。

综上，属于一般纳税人的餐饮企业购进初级农产品只要取得了增值税扣税凭证的，即可进行进项抵扣。但企业采购的渠道不同，可以计算抵扣的进项税额也不同。比如，假定购买10 000元的面粉，从农业生产者个人处购进取得农产品收购发票或从小规模纳税人处购进取得销售发票按照票面金额乘以13%作为进项抵扣，可以抵扣的进项税额=10 000×13%=1 300（元）。虽然都是13%，但是与从具有增值税一般纳税人资质的商贸企业购买取得增值税专用发票的13%计算方式不一样，专用发票可以抵扣进项税额=10 000×13%÷（1+13%）=1 150.44（元）。这之间相差149.56元（1 300−1 150.44）。这与在购进非初级农产品时提倡尽可能地取得增值税专用发票的想法恰好相反，当然这和国家相关优惠政策有关。因此，纳税人购进原材料是不能只比较价格，还要考虑进项税额的影响。

2. 初级农产品

适用13%的税率的初级农产品应当符合《财政部　国家税务总局关于印发〈农业产品征税范围注释〉的通知》中所列举的各种初级农产品，对于经过加工过的原材料如牛羊肉卷等则适用17%的税率。例如，某餐馆既可以花10万元购买生牛肉自己加工，也可以花15万元购买已经加工好的熟牛肉，假设购买生牛肉自己加工还需花费4万元，表面上看来购买生牛肉可以节省1万元。但是前者的进项税额=10÷（1+13%）×13%=1.15（万元），后者的进项税额=15÷（1+17%）×17%=2.18（万元），比前者高1.03万元，超过了节省的成本。因此纳税人决策采购初级农产品还是加工程度高的产品时，要把不同产品税率差异的因素考虑进去。

此外，还有一点需要注意的是，根据财税〔2012〕75 号与财税〔2011〕137 号的规定：对从事农产品批发、零售的纳税人销售的部分鲜活肉蛋产品以及蔬菜免征增值税。免税情况下开具的普通发票不得作为计算抵扣进项税额的凭证，更不得开具增值税专用发票。当然，若批发、零售免税农产品的纳税人放弃免税后开具的增值税发票，购买方在取得发票后，可按前述方法计算进项税额并抵扣。餐饮业主要购进的农产品明细如表 8-2 所示。

8.3　建议

1. 尽可能取得进项抵扣

餐饮企业应当选择正规的购进渠道，选择能够开具增值税专用发票和农产品收购发票的大型生产企业或者农产品合作社等，这在食品安全质量上也有一定的保障。

2. 成立农副产品配送公司

餐饮行业从批发市场购进农副产品经常存在无法取得增值税专用发票或销售发票的现象。因此建议餐饮企业将采购部独立出来，成立一个小型的农副产品配送公司，由农副产品配送公司负责去批发市场采购然后销售给餐饮企业，配送公司开具农副产品销售发票，餐饮企业凭销售发票申请抵扣 13% 的进项税额。但是配送公司需要把销售额控制在一定范围内，保持为小规模纳税人，这样配送公司只需要缴纳 3% 的增值税，这之间才可以存在“低纳高抵”的获利行为。

3. 规范账务处理，防止偷税漏税

营改增后税务局必将加大稽查力度，民营餐饮企业在缴纳营业税时或许存在账务处理不当、偷逃税款等行为，营改增后因为打通了增值税的抵扣链条，所有交易都透明化，很多舞弊行为是无法隐藏的。因此，企业应当更加规范财务行为，避免被查出违法行为，遭受重罚。[⊖]

⊖ 余永静对本案例的写作做出主要贡献。

表 8-2 餐饮业主要购进的农产品明细

项目名称	进项明细	取得增值税凭证类型	是否可以抵扣	税率			备注
				从一般纳税人取得	从小规模纳税人取得	从农业生产者取得	
1	粮	增值税专用发票	是	13%			据财税〔2016〕36 号规定，购进农产品，除取得增值税专用发票或者海关进口增值税专用缴款书外，按照农产品收购发票或者销售发票上注明的农产品买价和 13% 的扣除率计算进项税额。计算公式为：进项税额 = 买价 × 扣除率
		增值税普通发票	是		13%		
		农副产品收购发票	是			13%	
2	食用油	增值税专用发票	是	17%、13%			食用植物油是农产品，适用 13% 的税率，其他则使用 17% 的税率
		增值税普通发票	否		13% 或 3%		
		农副产品收购发票	是			13%	
3	部分鲜活肉蛋产品	增值税专用发票	是	13%			财税〔2012〕75 号：对从事农产品批发、零售的纳税人销售的部分鲜活肉蛋产品免征增值税。免税情况下开具的普通发票不得作为计算抵扣进项税额的凭证
		增值税普通发票	是		13%		
		农副产品收购发票	是			13%	
4	蔬菜	增值税专用发票	是	13%			财税〔2011〕137 号：对从事蔬菜批发、零售的纳税人销售的蔬菜免征增值税。免税情况下开具的普通发票不得作为计算抵扣进项税额的凭证
		增值税普通发票	是		13%		
		农副产品收购发票	是			13%	
5	精制茶	增值税专用发票	是	17%			精制茶不是初级农产品
		增值税普通发票	否		3%		
6	其他农产品	增值税专用发票	是	17% 或 13%			符合财税字〔1995〕52 号的农产品适用 13% 的税率，其他则适用 17% 的税率
		增值税普通发票	是		13% 或 3%		
		农副产品收购发票	是			13%	

营改增后酒店企业的节税筹划案例

2016年3月24日，财政部 国家税务总局发布《关于全面推开营业税改征增值税试点的通知》(财税〔2016〕36号)，要求自2016年5月1日起，在全国范围内全面推开营业税改征增值税试点，生活服务业从此由缴纳营业税改为缴纳增值税。

自全面营改增政策颁布和实施以来，酒店企业出现纷纷借营改增之名涨价的现象，引起社会各界的广泛关注。据发改委发布的一项全国价格举报情况分析统计，截至2016年4月底，宾馆酒店行业的举报中超过15%的举报件与营改增有关。酒店企业是否能在营改增后做到税负只减不增，以及如何借助营改增的改革契机，重新规划企业税负以及整体经营发展布局，成为当下需要探讨的重要课题。

9.1 营改增前后税负比较

全面营改增后，可以将酒店企业分为增值税小规模纳税人（年销售额在500万元以下的企业）和一般纳税人（年销售额在500万元以上的企业）。依据财税〔2016〕36号规定，增值税小规模纳税人适用于简易计税方法，按3%的征收率计算缴纳增值税，而一般纳税人企业根据不同销售和购进业务可能涉及 3% ～ 17% 的多档税率，两类企业在增值税缴纳方面存在明显差异，下面分别比较酒店行业的增值税小规模纳税人和一般纳税人企业，在营改增前后的税负变动情况。

1. 增值税小规模纳税人酒店企业

增值税小规模纳税人的进项税额不得抵扣，其增值税应纳税额 = 销售额 ×3%。与原先 5% 的营业税税率相比，直观上其税率直接下降了 2 个百分点。假设一个增值税小规模纳税人酒店企业的年收入为 X。在营业税税制下，营业税应纳税额 =$X\times5\%=0.05X$。营改增后，增值税应纳税额 =$X\div(1+3\%)\times3\%=0.029X$。税负变动 =$0.029X-0.05X=-0.021X$。由此可见，增值税小规模纳税人酒店企业营改增后税负直接下降 42%。

2. 增值税一般纳税人酒店企业

增值税一般纳税人企业根据不同销售和购进业务可能涉及 3% ～ 17% 的多档税率，其增值税应纳税额 = 销项税额 − 进项税额。酒店企业可能涉及的经营范围和增值税税率为：住宿服务（6%）、餐饮服务（堂食 6%）、会议服务（6%）、娱乐服务（6%）、停车服务（11%）、房屋出租（11%）、设备租赁（11%）、商品零售（17%）等，其中住宿和餐饮业务为主营业务，其他类收入项目数额较小或者为零，本文暂且忽略不计。由于实务中增值税一般纳税人酒店企业从小规模纳税人处购买货物或服务的情况较少，此处忽略从小规模纳税人处购进取得税率为 3% 的增值税专用发票的情况。因此，酒店企业主要进项涉及增值税税率有 17%、13%、11% 和 6% 四档。

一般纳税人适用 6% 的增值税税率，营改增前营业税税率同样为 5%。假设一个一般纳税人酒店企业的年收入为 Y。在营业税税制下，营业税应纳税额 =$Y\times5\%=0.05Y$。营改增后，增值税应纳税额 =$Y\div(1+6\%)\times6\%=0.056\,6Y$。因此，按营业税口径折算，6% 的增值税税率相当于 5.66% 的营业税税负水平。这说明即使营改增后，一般纳税人酒店企业可抵扣的进项税额为零，其税负也仅增加 0.66 个百分点。但实际上，营改增后酒店企业上述支出项目，只要能取得增值税专用发票，均可取得进项税额抵扣。

假设酒店企业可以取得增值税专用发票的支出项目总额占其收入 Y 的百分比为 α；所有支出项目综合增值税税率为 β（$6\% \leqslant \beta \leqslant 17\%$）。则：营改增后，B 酒店企业销项税额 $=Y \div (1+6\%) \times 6\%=0.056\,6Y$，进项税额 $=\alpha Y \div (1+\beta) \times \beta$，增值税应纳税额 = 销项税额 − 进项税额 $=0.0566Y-\alpha Y \div (1+\beta) \times \beta$。令营业税应纳税额 = 增值税应纳税额，即 $0.05Y=0.0566Y-\alpha Y \div (1+\beta) \times \beta$，由于支出项目综合增值税税率 β 的取值范围为 6% ～ 17%，可得 α 的取值范围为 4.54% ～ 11.66%。这说明增值税一般纳税人酒店企业可以取得的进行抵扣额只需占到不含税销售收入的 11.66% 以上，营改增后其税负百分之百是下降的。而且，在实务中这一比例是很容易实现的。

3. 税负变化分析

政策法规直接影响到酒店企业税负变化和高低。随着全面营改增政策的实施，增值税小规模纳税人酒店企业由 5% 的营业税税率降低为 3% 的增值税税率，税负明显降低。增值税一般纳税人酒店企业，从不能抵扣进项税额到可以抵扣进项税额。而且按财税〔2016〕36 号规定，其主营业务涉及增值税税率为 6%，而上游环节可以抵扣的税率有 3%、6%、11%、13% 和 17%。 11%、13%、17% 均高于销项税率 6%，这样 6% 的税率就与 11%、13%、17% 的税率之间存在“低纳高抵”的空间，从而降低了酒店企业的税负。

营改增后酒店的规模大小也会影响企业税负水平。营改增前酒店企业无论规模大小，营业税税率均为 5%。营改增后，增值税小规模纳税人税负按营业税计算标准折算后相当于 2.9% 的营业税税负水平，是固定的。但增值税一般纳税人税负降低程度受到支出项目构成、采购方式等因素的影响。

综合而言，营改增后无论小规模纳税人还是一般纳税人酒店企业，其税负明显都是减少的。

9.2 混合销售和兼营的节税筹划

企业自身的经营管理方式和不同决策也会影响企业税负。由于酒店企业销售涉及业务种类较多，针对同一客户的同一项销售业务中就可能既涉及货物又涉及服务（混合销售），酒店企业按照销售服务，即6%的税率缴纳增值税；针对不同客户，兼营销售适用不同税率或征收率的服务、货物和不动产（兼营），应当分别核算适用不同税率或者征收率的销售额。酒店企业的经营特点使得其存在混合销售和兼营行为，其行为本身和行为之中的不同决策也会影响税负高低。比如对于兼营销售未分别核算，只能从高适用税率，纳税额会增加。下面举例具体说明。

1. 混合销售案例

假设光明企业针对某一客户的业务涉及两项业务，税率分别为6%和17%，对应销售金额假定如表9-1所示。

表 9-1 企业混合销售情况

项目	销售额（元）	适用增值税税率
1	100 000	6%
2	100 000	17%

（1）若该企业为销售型企业，项目1为设计服务，项目2为销售产品。其主营业务为销售产品，应适用17%的增值税税率。应缴纳增值税税额=（100 000+100 000）÷（1+17%）×17%=29 059.83（元）。

（2）若该企业为酒店企业，项目1为住宿服务，项目2为商品零售。其主营业务为住宿服务，应适用6%的增值税税率。应缴纳增值税税额=（100 000+100 000）÷（1+6%）×6%=11 320.75（元）。

（3）酒店企业节约增值税税额=29 059.83−11 320.75=17 739.08（元）。

由此可见，因为酒店企业主营适用的增值税税率较低，在混合销售行为下，其缴纳增值税税额更低，具有行业优势。

2. 兼营案例

假设光明酒店企业提供住宿服务、停车服务和商品零售，具体销售情况如表 9-2 所示。

表 9-2　各业务销售情况

项目	销售额（元）	适用增值税税率
住宿服务	5 000 000	6%
停车服务	500 000	11%
商品零售	500 000	17%

（1）若该企业未分别核算，则从高适用 17% 的增值税税率，应缴纳增值税税额 =（5 000 000+500 000+500 000）÷（1+17%）×17%=871 794.87（元）。

（2）若企业分别核算，则应缴纳增值税税额 =5 000 000÷（1+6%）×6%+500 000÷（1+11%）×11%+500 000÷（1+17%）×17%=405 217.99（元）。

（3）分别核算情况下，企业节约增值税税额 =871 794.87−405 217.99=466 576.88（元）。

由此可见，酒店企业存在兼营行为，应当分别核算适用不同税率或者征收率的销售额，且需在税务机关备案，避免多缴税款。

9.3　节税筹划建议

除上述情况之外，企业各个环节的管理都可能影响到企业整体税负水平的高低，对此提出以下几点建议。

1. 利用政策降低纳税成本

营改增后，酒店企业“低纳高抵”现象凸显，可以充分利用“低纳高抵”空间，增加进项中可抵扣项目的比重或额度，降低税负。例如，在成本方面，通过劳务外包减少无进项抵扣的员工工资、福利支出，增加可以取得 6% 抵扣的劳务服务支出；在采购方面，农产品采购需定期到当地税务局开具增值税专用发票，取得抵扣凭证，确保可抵扣额；运输方面，运费外包取得增值税专用发票可以增加可抵扣进项税额；等等。

酒店企业存在混合销售和兼营情况，在业务处理中，要遵从并充分利用政策，降低纳税成本。在混合销售业务中，统一按照6%的税率计算和缴纳增值税，无须分别核算；在兼营行为中，规范企业核算管理，分别核算，避免出现因核算漏洞而从高纳税，从而增加不必要的纳税成本。

2. 规范企业经营管理模式

以营改增改革为契机，酒店企业可以进行企业架构重建，规范公司管理，降低税负；通过测算和分析营改增后选择小规模纳税人还是一般纳税人身份，更利于降低企业税负以及企业长期发展战略。在此基础上，酒店企业可以重建或完善企业组织架构；进行财税流程再造；通过梳理流程关键点，全面考虑到企业采购、经营、管理、销售等各个环节的风险和税务筹划空间，制定系统的财税内控制度，以规范企业流程管理，加强流程管控，消除各环节经营和纳税风险点，从而降低企业税负。

3. 抓好细节落实工作成效

针对营改增应对工作，酒店企业可具体制订营改增工作计划、工作手册、管理条例和规章制度等，明确各部门、各流程环节的职责；在基础上，开展专门培训工作，让各岗位业务人员对营改增工作及后续工作开展有清晰的认识，抓好工作细节，真正落实企业税务规划成效。企业应当加强各个环节的细节管理，充分取得增值税进项专用发票，实现降低企业税负的目标。[⊖]

⊖ 王鑫平对本案例的写作做出主要贡献。

Chapter 10

10

第10章

营改增后建筑企业节税筹划案例

自 2016 年 5 月 1 日起，全国范围内全面推开营业税改征增值税试点，建筑业、房地产业、金融业、生活服务业等全部营业税纳税人，纳入试点范围，由缴纳营业税改为缴纳增值税。其中建筑业的税率由之前缴纳营业税的 3% 增加到营改增后的 11%。虽然各项采购可以获得进项抵扣，但对建筑业来说，进项抵扣存在诸多麻烦，其税负情况相比营改增前很可能增加。

建筑企业要想减轻营改增后的税负压力，除了可以选择适用简易方法计税、价格谈判、价格转移等方法外，还需要考虑项目管理形式的选择。

目前，我国很多建筑企业集团的分公司、子公司规模都比较小，资质也都不高，竞争力较弱，一般较大型的工程项目都是由企业集团统一参与竞标，中标签订施工承揽合同后，再将工程项目进行内部分解给下属的各个分公司、子公司进行施工。但是，营改增对建筑企业项目管理形式的影响较大。

10.1　事业部制及子公司制

事业部制，就是按照企业所经营的事业，包括按产品、按地区、按顾客（市场）等来划分部门，设立若干事业部。事业部是在企业宏观领导下，拥有完全的经营自主权，实行独立经营、独立核算的部门，既是受公司控制的利润中心，具有利润生产和经营管理的职能，也是产品责任单位或市场责任单位，对产品设计、生产制造及销售活动负有统一领导的职能。企业业务领域较多、项目比较分散的建筑施工企业一般倾向于采用此种组织结构。

设立事业部制的好处一般有：

（1）事业部不是独立法人，其流转税在所在地缴纳，利润由总公司合并纳税。并非每一个事业部都能做到盈利，有的事业部往往出现亏损，但其亏损可以冲抵其他事业部的利润，减轻税收负担。

（2）事业部之间的资本转移，因不涉及所有权变动，不必负担税收。

子公司是指一定数额的股份被另一公司控制或依照协议被另一公司实际控制、支配的公司。子公司拥有自己所有的财产，自己的公司名称、章程和董事会，以自己的名义开展经营活动、从事各类民事活动，独立承担公司行为所带来的一切后果和责任，但涉及公司利益的重大决策或重大人事安排，仍要由母公司决定。

子公司是独立法人，其所得税计征独立进行。子公司可享受所在地提供的税收优惠待遇。

10.2 营改增后建筑企业项目管理形式的选择

营改增前，对于建筑企业而言，项目管理形式不论选择事业部制还是子公司制，营业税的缴纳额没有差别。《中华人民共和国营业税暂行条例实施细则》第十六条规定：纳税人提供建筑业劳务（不含装饰劳务）的，其营业额应当包括工程所用原材料、设备及其他物资和动力价款在内，但不包括建设方提供的设备的价款。选择事业部制还是子公司制最大的区别在于企业所得税的缴纳额，事业部由于不是独立法人，其企业所得税需要与总公司合并后缴纳。但子公司由于是独立法人，其企业所得税单独计征，可以享受所在地所得税税收优惠政策。

营改增后，税负对于子公司制将有很大影响。增值税要求是以链条来抵扣，那么集团公司中标后分包给子公司进行具体施工，涉及两个法人主体。集团公司将工程分包给子公司，在营业税制下基本不签订分包合同，不开具相应的发票；实行营改增后，各工程公司要给集团公司开具增值税专用发票，这是增值税链条完整的具体体现。但这样会违背建筑法，《中华人民共和国建筑法》第二十八条：“禁止承包单位将其承包的全部建筑工程转包给他人，禁止承包单位将其承包的全部建筑工程肢解以后以分包的名义分别转包给他人。”面对此问题，集团公司可以将部分工程分包给子公司。《中华人民共和国建筑法》第二十九条：“建筑工程总承包单位可以将承包工程中的部分工程发包给具有相应资质条件的分包单位；但是，除总承包合同中约定的分包外，必须经建设单位认可。施工总承包的，建筑工程主体结构的施工必须由总承包单位自行完成。”

下面以案例的形式来说明营改增后建筑企业选择不同项目管理模式的税额差异。

10.3 方案分析

假设建筑企业 A 于 2016 年 6 月与甲方签订一项建筑合同，合同价款 6 000 万元。合同规定采用包工不包料的方式进行工程价款结算。该项目发生的成本费用如表 10-1 所示。

表 10-1 建筑企业 A 某项目发生的成本费用 （单位：万元）

费用	事业部制	子公司制	
主要成本费用	A 企业	A 企业	子公司 C
主材料费（甲方提供）	6 000	3 000	3 000
辅助材料费	1 500	1 000	500
人力费	2 000	1 500	500
机械设备费（租入）	200	100	100
机械设备费（前期购入）	800	500	300

如果采取子公司制，那么子公司C从A企业处取得工程款2 000万元。

1. 若企业采取事业部制需缴纳的税款

（1）增值税。营改增后A企业采用一般计税方法计税。该项目的销项税额=6 000÷1.11×0.11=594.6（万元）；在其成本中，因工程主要用料由甲方提供，砂石、白灰等辅助材料无法取得增值税专用发票，以前购入的机械设备无法抵扣，所以只有租入设备可以按照17%的税率进行抵扣。由题可知，租入设备取得的进项税额=200÷1.17×0.17=29.06（万元）。故共需缴纳增值税=594.6−29.06=565.54（万元）。

根据财税〔2016〕36号附件2《营业税改征增值税试点有关事项的通知》的规定：一般纳税人跨县（市）提供建筑服务，适用一般计税方法计税的，应以取得的全部价款和价外费用为销售额计算应纳税额。纳税人应以取得的全部价款和价外费用扣除支付的分包款后的余额，按照2%的预征率在建筑服务发生地预缴税款后，向机构所在地主管税务机关进行纳税申报。因此，如果A企业选择在工程所在地成立分公司B的话，需要缴纳375万元，同时向分公司B所在地主管税务机关预缴108.11万元[6 000÷（1+11%）×2%]的税款。

（2）企业所得税=（6 000−1 500−2 000−200−800）×25%=375（万元）。

2. 若企业采取子公司制需缴纳的税款

（1）增值税。营改增后A企业及其子公司C采用一般计税方法计税，子公司C的销项税额=2 000÷1.11×0.11=198.2（万元）；进项税中，只有租入设备可以按照17%的税率进行抵扣，可抵扣税额=100÷1.17×0.17=14.53（万元）；需缴纳增值税=198.2−14.53=183.67（万元）。A企业的销项税额=4 000÷1.11×0.11=396.4（万元），只有租入设备可以按照17%的税率进行抵扣，可抵扣税额=100÷1.17×0.17=14.53（万元），共需缴纳增值税=396.4−14.53=381.87（万元）。A企业及其子公司C共缴纳增值税=183.67+381.87= 565.54（万元）。

（2）企业所得税。总公司A：（6 000−1 000−1 500−100−500−2 000）×

25%=225（万元）。

如果 A 企业新设立的子公司 C 的注册地在新疆困难地区，根据《财政部　国家税务总局关于新疆困难地区新办企业所得税优惠政策的通知》（财税〔2011〕53 号）第一条：2010 年 1 月 1 日至 2020 年 12 月 31 日，对在新疆困难地区新办的属于《新疆困难地区重点鼓励发展产业企业所得税优惠目录》范围内的企业，自取得第一笔生产经营收入所属纳税年度起，第一年至第二年免征企业所得税，第三年至第五年减半征收企业所得税。子公司 C 可以享受企业所得税的减免优惠。该案例下，可享受 150 万元 [（2 000−500−500−100−300）×25%] 的企业所得税减免。

子公司 C：0

3. 小结

两种项目管理形式下，A 企业缴纳的增值税税额相等，不存在数额差异。两者的差异主要体现在企业所得税，事业部制形式的 A 企业需要预缴 375 万元，子公司制形式下的 A 企业以及子公司 C 共需缴纳 225 万元，两者相差 150 万元。另外，事业部制形式的 A 企业需要预缴增值税 108.11 万元，由此对企业的现金流量产生较大压力。

10.4　建议

1. 加强对合同签订过程的管理

在合同签订过程当中，首先要规范合同签订的主体，增值税的抵扣，企业的名称要保持一致，如果企业还是以项目部或者以分公司的名义签订合同，那么在抵扣过程中会发生一些基础性的问题，造成无法抵扣，所以企业要统一要求各个分公司项目部以总公司的名义签订合同。

其次，母子公司在签订工程分包合同时，要避免形成建筑法禁止的转包或肢解分包模式的风险。

同时企业要加强管理，避免乱签合同。营改增后，建筑企业在分包合同、材料采购合同等合同中应当明确约定对方要开具增值税专用发票。同时还要约定在对方提供相应的请款申请、购销凭证、增值税发票后再行付款。

2. 企业集团应加强对子公司的控制

企业集团应加强对子公司的授权审批控制。企业集团采用授权批准控制管理使子公司的某项财务活动在发生之前，各级人员必须获得母公司的批准或授权，才能执行业务。而且，子公司在重大投资、资产处置、重组和并购，重要融资、重要财务政策的使用和变更方面的自主权也要受到严格授权。通过授权会大大减少双方的摩擦和权利的碰撞，子公司可在授权的范围内享有经营自主权，谋求企业利润最大化。母公司作为集团公司的投资中心和融资中心，立足于整个集团发展和企业价值最大化的需要，统一配置资源，使各类资源在整合中放大整体资源的优势。[⊖]

⊖ 吕钊对本案例的写作做出主要贡献。

Chapter 11

11

第11章

营改增后房地产企业节税筹划案例

全面营改增前房地产行业税制交易环节税种多，重复征税问题较为严重，一定程度上阻碍了房地产行业的发展。营改增后，该行业简易计税办法可以有助于减轻企业税负。

11.1 房地产企业简易计税办法的相关政策分析

简易征收，即简易征税办法，是对特定无法取得相应的增值税进项的一般纳税人，而采取按照简易征收率征收增值税的特殊做法。全面施行营改增以后，对于房地产企业自行开发、一般纳税人用于经营性租赁的老项目，纳税人可以选择使用简易征收。

根据财税〔2016〕36 号附件 2《营业税改征增值税试点有关事项的规定》的规定：一般纳税人销售自行开发的房地产老项目，可以选择适用简易计税方法按照 5% 的征收率计税。

一经选择简易计税方法计税的，36 个月内不得变更为一般计税方法计税。房地产老项目，是指：①《建筑工程施工许可证》注明的合同开工日期在 2016 年 4 月 30 日前的房地产项目；②《建筑工程施工许可证》未注明合同开工日期或者未取得《建筑工程施工许可证》但建筑工程承包合同注明的开工日期在2016年4月30日前的建筑工程项目。

根据国家税务总局关于发布《纳税人提供不动产经营租赁服务增值税征收管理暂行办法》的公告（国家税务总局公告2016年第16号）的规定："一般纳税人出租其2016年4月30日前取得的不动产，可以选择适用简易计税方法，按照5%的征收率计算应纳税额。"

根据财税〔2016〕36号附件1《营业税改征增值税试点实施办法》的规定：简易计税方法的应纳税额，是指按照销售额和增值税征收率计算的增值税额，不得抵扣进项税额。应纳税额计算公式：应纳税额＝销售额 × 征收率；简易计税方法的销售额不包括其应纳税额，纳税人采用销售额和应纳税额合并定价方法的，按照下列公式计算销售额：销售额＝含税销售额 ÷（1＋征收率）；纳税人适用简易计税方法计税的，因销售中止或者折让而退还给购买方的销售额，应当从当期销售额中扣减。扣减当期销售额后仍有余额造成多缴的税款，可以从以后的应纳税额中扣减。

房地产业销售企业营改增前主要涉税种类有：城市维护建设税、教育费附加、印花税、契税、土地增值税、所得税、营业税等。其中所得税、土地增值税和营业税是涉税金额较大的税种。营改增后，房地产企业的涉税种类发生了变化，不再征收营业税，全面改征增值税。其中纳税额较大的主要有增值税、所得税、房产税三种税，本文将主要对这三种税收的变化进行分析。

营改增前，房地产企业销售不动产缴纳营业税，适用的税率为5%，计税价格＝工程成本 ×（1+ 成本利润率）÷（1− 营业税税率），应纳税额＝计税价格 ×5%；企业出租不动产缴纳营业税，适用的税率为5%，计税价格为租金收入，应纳税额＝租金收入 ×5%。

房地产销售企业采用简易征收办法的不动产销售行为、一般纳税人采用简易征收办法的经营性租赁行为均适用于5%的增值税税率，应纳税额＝含税销售额 ÷（1+5%）×5%。

房地产业涉及的其他税种资料见表11-1。

表 11-1　房地产业涉及的部分税种汇总表

税种	应税项目	计税方法	备注
个人所得税	财产转让所得、财产租赁所得	以每次收入额税率 20%	
企业所得税		应纳税额 ×25%	
房产税	自有房屋	房产原值 ×(1−30%)×1.2%	根据北京市规定
	租赁房屋	房产租金收入 ×12%	

由于房地产开发企业开发的商品房在出售前，对房地产开发企业而言是一种产品，因此，对房地产开发企业建造的商品房，在售出前，不征收房产税；但对售出前房地产开发企业已使用或出租、出借的商品房应按规定征收房产税。5 月 1 日营改增后，征收房产税、土地增值税、个人所得税的计税价格和收入，均为“裸价”，即不含增值税的价格和收入。

11.2　节税案例分析

1. 销售不动产适用简易计税的节税案例

晨曦房地产企业为一般纳税人，2016 年 7 月，销售自行开发的开工日期在 2016 年 4 月 30 日前的房地产项目，取得销售收入 44 400 000 元（不含税），假设采用简易计税方法缴纳增值税：

应纳税额 =44 400 000×5%=2 220 000（元）

该企业若采用一般计税方法纳税：

房地产开发企业中的一般纳税人（以下简称一般纳税人）销售自行开发的房地产项目，适用一般计税方法计税，按照取得的全部价款和价外费用，扣除当期销售房地产项目对应的土地价款后的余额计算销售额。销售额的计算公式如下：

不含税销售额 =（全部价款和价外费用 − 当期允许扣除的土地价款）÷（1+11%）

假设当期允许抵扣的土地价款为 x

$$\text{不含税销售额} = (44\ 400\ 000 - x) \div (1+11\%)$$
$$= (40\ 000\ 000 - 0.91x)(\text{元})$$

假设可抵扣的进项税额为 y

$$\text{应纳税额} = (40\ 000\ 000 - 0.91x) \times 11\% - y = (4\ 400\ 000 - 0.1x - y)(\text{元})$$

当（$0.1x+y$）值等于 2 180 000 元时，A 企业该项目采用简易计税方法和一般计税方法的纳增值税额相同。

若考虑企业所得税的影响因素，根据行业分析，晨曦建筑企业的主要成本为建安费，其中包括建筑材料（适用 17% 的进项税率）、劳务派遣费（适用 6% 的进项税率）、人工费用等成本项目，预估平均进项税率为 10%，在此假设的基础上，采用简易计税法：

$$\text{企业所得税纳税额} = (44\ 400\ 000 - x - y \div 10\% - 2\ 220\ 000) \times 25\%$$
$$= 10\ 545\ 000 - 0.25x - 2.5y\ (\text{元})$$
$$\text{纳税总额} = 10\ 545\ 000 - 0.25x - 2.5y + 2\ 220\ 000$$
$$= (12\ 765\ 000 - 0.25x - 2.5y)(\text{元})$$

采用一般计税方法：

$$\text{企业所得税纳税额} = [44\ 400\ 000 - x - y \div 10\% - (4\ 400\ 000 - 0.1x - y)] \times 25\%$$
$$= (10\ 000\ 000 - 0.225x - 2.25y)(\text{元})$$
$$\text{纳税总额} = 10\ 000\ 000 - 0.225x - 2.25y + 4\ 400\ 000 - 0.1x - y$$
$$= (14\ 400\ 000 - 0.325x - 3.25y)(\text{元})$$

当（$x-1.5y$）值等于 16 350 000 元时，A 企业该项目采用简易计税方法和一般计税方法的增值税和企业所得税纳税总额相同；当该项目（$x-1.5y$）小于 16 350 000 元时，采用简易计税方法增值税和企业所得税纳税总额更低；当该项目（$x-1.5y$）大于 16 350 000 元时，采用一般计税方法增值税和企业所得税纳税总额更低。

2. 经营租赁不动产适用简易计税的节税案例

晨曦企业为非房地产企业的一般纳税人，2016 年 6 月，出租在 2016 年 4 月 30 日前购入的不动产项目，合同规定为经营性租赁，该项不动产的原值为 20 000 000 元，每年租金收入为 1 100 000 元，假设采用简易计税方法缴纳增值税：

增值税年应纳税额 =1 100 000 × 5%=55 000（元）

该企业若采用一般计税方法纳税，假设总成本费用为 z，主要是由购买不动产产生的成本，其他费用所占比重比较小：

增值税年应纳税额 =（1 100 000−z）× 11%=（121 000−0.11z)(元)

当 z 值等于 600 000 元时，B 企业该项目采用简易计税方法和一般计税方法的纳增值税额相同；当 z 值大于 600 000 元时，采用一般计税方法的增值税纳税额更低；当 z 值小于 600 000 元时，采用简易计税方法的增值税纳税额更低。

若考虑房产税的影响因素，依照房产租金收入计算纳税，税率为 12%。

房产税年应纳税额 =1 100 000 × 12%=132 000（元）

根据该项目的情况，房产税年应纳税额为 132 000 元。

若考虑企业所得税因素，计算企业需承担企业所得税额，假设采用简易计税方法缴纳增值税时：

企业所得税年应纳税额 =（1 100 000−55 000−132 000−z）× 25%

=（228 250−0.25z)(元)

企业年纳税总额 = 55 000 + 132 000 + 228 250−0.25z

=（415 250−0.25z)(元)

假设采用一般计税方法缴纳增值税时：

企业所得税年应纳税额 = (1 100 000−121 000−0.11z−132 000−z) × 25%

=（211 750−0.2775z)(元)

$$企业年纳税总额 = 550\,000 + 121\,000 - 0.11z + 211\,750 - 0.2775z = (882\,750 - 0.3875z)(元)$$

根据上述分析，当 z 值等于 3 400 000 时，晨曦企业该项目采用简易计税方法和一般计税方法的纳税总额相同；当 z 值小于 3 400 000 时，晨曦企业该项目采用简易计税方法比一般计税方法更节税；当 z 值大于 3 400 000 时，晨曦企业该项目采用一般计税方法比简易计税方法更节税。

11.3 总体节税建议

1. 过渡期一般纳税人企业的经营租赁项目选择简易计税

营改增新法规包括一系列过渡性政策，其中包括房地产开发企业中的一般纳税人，销售自行开发的开工日期在 2016 年 4 月 30 日前的房地产项目，以及一般纳税人出租其 2016 年 4 月 30 日前取得的不动产，可以选择适用简易计税方法按照 5% 的征收率计税。

过渡期政策期间，供应商可以自主选择简易计税方式，也可选择以行业税率为依据缴纳增值税。供应商也可以按照不同的项目选择适用不同的税率进行缴纳增值税。纳税人一旦选定一种计税方式，则在之后的 36 个月期间不得更改。

根据上文案例的测算，过渡期一般纳税人企业的经营租赁项目选择简易计税纳税总额低于一般计税方法。

2. 和具备正规资质的上游企业合作

从进项税抵扣的角度进行分析，一定要尽可能取得可抵扣的增值税专用发票，房地产企业应和正规的供应商、建筑企业、劳务派遣企业合作；而且在进行发票取得时，尽量要求取得增值税专用发票进行抵扣。

3. 发展企业客户

从销项的角度进行分析，具有一般纳税人资质的房地产企业可开具增值税专用发票，可增加企业客户的进项税额，增加可抵扣额，减少纳税额，这有利于增加企业客户对于房地产的需求量，有利于房地产业的发展。[⊖]

⊖ 贺健平对本案例的写作做出主要贡献。

Chapter 12

12

第12章

营改增后融资租赁企业老项目计税方式选择

自 2016 年 5 月 1 日起，全国范围内全面推开营业税改征增值税试点，建筑业、房地产业、金融业、生活服务业等全部营业税纳税人，纳入试点范围，由缴纳营业税改为缴纳增值税。其中金融业的税率由之前缴纳营业税的 5% 增加到营改增后的 6%。虽然各项采购可以获得进项抵扣，但对金融业，特别是融资租赁企业来说，进项抵扣存在诸多麻烦，其税负情况相比营改增前很可能增加。

12.1 融资租赁企业介绍

融资租赁企业包括金融租赁公司、内资试点融资租赁公司和外商融资租赁公司。截至 2015 年 12 月底，全国融资租赁企业总数约为 4 508 家。其中金融租赁企业 47 家，内资租赁企业 190 家，外资租赁企业 4 271 家。

融资租赁企业的业务模式主要包括直接租赁、融资性售后回租和其他租赁方式。直接融资租赁是指租赁公司用自有资金、银行贷款或招股等方式，在国际或国内金融市场上筹集资金，向设备制造厂家购进用户所需设备，然后再租给承租企业使用的一种融资租赁方式。融资性售后回租，是指承租方以融资为目的，将资产出售给从事融资性售后回租业务的企业后，从事融资性售后回租业务的企业将该资产出租给承租方的业务活动。其他租赁方式包括转租赁、委托租赁、分成租赁等。根据《商务部2015年中国融资租赁业发展报告》，从业务模式看，融资性售后回租融资额占比61.7%，直接租赁融资额占比22.4%，其他租赁方式融资额占比15.9%。由此可见，融资性售后回租是当前我国融资租赁市场的主流业务模式。

12.2 营改增对融资租赁企业的影响

营改增后，直租业务，包括有形动产和不动产融资租赁属于“现代服务业”税目中的租赁服务，税率分别为17%和11%；融资性售后回租业务属于“金融服务业”中的贷款服务，税率为6%。

从税率上看，售后回租业务税率从17%降至6%，降了11个百分点，这是一个好消息。但是根据财政部　国家税务总局《关于全面推开营业税改征增值税试点的通知》（财税〔2016〕36号）附件1《营业税改增值税试点实施办法》第二十七条：贷款服务的进项税额不得从销项额度中抵扣。即承租人无法抵扣进项税了，这对回租会产生很大的影响。

贷款利息不能作为进项税额抵扣，而银行贷款所收取的利息又要按照6%的增值税税率缴纳增值税，所以增值税的链条在利息这个环节实际上是断裂了，一旦链条断裂，就会有一方成为增值税的负税人。

此外，财税〔2016〕36号附件2第（三）项销售额的规定：“贷款服务，以提供贷款服务取得的全部利息及利息性质的收入为销售额。”承租人如果购进的是售后回租服务，进项税额不能进行抵扣会导致里边含有投资顾问费、手续费等费用，即便名称上不叫“贷款利息”，也会在性质上等同于“贷款利息”，从而也不允许抵扣增值税进项税。

12.3 营改增后老项目计税方式选择

财税〔2016〕36号附件2对于营改增前融资租赁企业已签订的有形动

产融资性售后回租业务的销售额计算规定如下：

试点纳税人根据 2016 年 4 月 30 日前签订的有形动产融资性售后回租合同，在合同到期前提供的有形动产融资性售后回租服务，可继续按照有形动产融资租赁服务缴纳增值税。

继续按照有形动产融资租赁服务缴纳增值税的试点纳税人，经人民银行、银监会或者商务部批准从事融资租赁业务的，根据 2016 年 4 月 30 日前签订的有形动产融资性售后回租合同，在合同到期前提供的有形动产融资性售后回租服务，可以选择以下方法之一计算销售额：

① 以向承租方收取的全部价款和价外费用，扣除向承租方收取的价款本金，以及对外支付的借款利息（包括外汇借款和人民币借款利息）、发行债券利息后的余额为销售额。

纳税人提供有形动产融资性售后回租服务，计算当期销售额时可以扣除的价款本金，为书面合同约定的当期应当收取的本金。无书面合同或者书面合同没有约定的，为当期实际收取的本金。

试点纳税人提供有形动产融资性售后回租服务，向承租方收取的有形动产价款本金，不得开具增值税专用发票，可以开具普通发票。

② 以向承租方收取的全部价款和价外费用，扣除支付的借款利息（包括外汇借款和人民币借款利息）、发行债券利息后的余额为销售额。

下面结合一个案例来说明两种销售额计算方式的差异。

甲公司与乙融资租赁公司于 2015 年 7 月签订了一个融资性售后回租业务合同，合同约定甲公司将价值 2 880 万元的标物出售给乙公司，乙公司将该标的物回租给甲公司，租期 4 年，每月固定收取租金 90 万元，其中本金 60 万元，利息及价外费用 30 万元。乙公司购买标的物支付给甲公司的 2 880 万元是向银行借款取得，借款期限为 4 年，每月需向银行支付借款利息 24 万元。乙融资租赁公司为增值税一般纳税人且符合差额征税条件。

（1）乙公司采用“扣除向承租方收取的价款本金”的方式计算销售额：

含税销售额 =900 000 － 600 000 － 240 000 = 60 000（元）

销项税额 =60 000 ÷（ 1 + 17%）× 17%=8 717.95（元）

（2）乙公司采用“不扣除向承租方收取的价款本金”的方式计算销售额：

含税销售额 =900 000−240 000=660 000（元）

销项税额 =660 000 ÷（1+17%）× 17%=95 897.44（元）

本案例中，两种计算方式的销项税额相差 87 179.49 元（95 897.44−8 717.95）。但在第一种方式下（扣除向承租方收取的价款本金），纳税人向承租方收取的有形动产价款本金不得开具增值税专用发票。因此，纳税人在确定销售额的计算方式时，要考虑承租方是否要求增值税专用发票。如果承租方不要求增值税专用发票，纳税人可以采取“扣除向承租方收取的价款本金”的方式计算销售额。

12.4 建议

营改增对融资租赁企业的影响是多方面的，为了尽可能减少营改增对企业税负的影响，笔者建议：

1. 增加直接租赁业务，减少售后回租业务，拓宽租赁业务形式

直接融资租赁是指租赁公司用自有资金、银行贷款或招股等方式，在国际或国内金融市场上筹集资金，向设备制造厂家购进用户所需设备，然后再租给承租企业使用的一种主要融资租赁方式。这种直接租赁方式，是由租赁当事人直接见面，对三方要求和条件都很具体、很清楚。直接租赁方式没有时间间隔，出租人没有设备库存，资金流动加快，有较高的投资效益。增加直接租赁业务，拓宽融资租赁的业务渠道，能够减少营改增后企业税负压力。

2. 提前做好资金规划

营改增后，租赁行业前后期面临税费负担的严重不平衡，建议企业做好税负的综合测算，提前做好未来期间的现金流规划。租赁企业应充分考虑进项税额抵扣完毕时的资金流入和流出水平，合理安排新增资产的采购时点，严格控制进项税额发票的取得时间，避免应缴税费的大幅波动。

3. 加强对人才的培养

由于营改增是新政策，企业容易对政策产生错误理解，这可能会导致企业的税费及成本增加。所以加强对这方面人才的培养，提高其专业能力，能间接降低企业税负及成本。[⊖]

⊖ 吕钊对本案例的写作做出主要贡献。

营改增全新政策

A.1　餐饮行业营改增全新政策归纳

A.1.1　纳税人

自 2016 年 5 月 1 日起，在中华人民共和国境内提供餐饮服务的单位和个人，为增值税纳税人。

注释：自 2016 年 5 月 1 日起，在中国境内通过同时提供饮食和饮食场所的方式为消费者提供饮食消费服务的单位和个人，都是餐饮业的纳税人，应当缴纳增值税。

A.1.2　纳税人分类

增值税纳税人分为一般纳税人和小规模纳税人。

纳税人年应征增值税销售额（以下称应税销售额）超过 500 万元的为一般纳税人，未超过 500 万元的为小规模纳税人。

注释：年应税销售额超过500万元的小规模纳税人，应向主管税务机关申请登记为一般纳税人，未超过500万元的为小规模纳税人，如果会计核算健全，也能够申请登记成为一般纳税人，但一经登记为一般纳税人，不得转为小规模纳税人。

A.1.3 税率和征收率

一般纳税人提供餐饮服务，税率为6%；小规模纳税人提供餐饮服务，征收率为3%。

注释：餐饮业一般纳税人，按照6%适用税率计算应纳税额；小规模纳税人，按照3%征收率计算应纳税额。

A.1.4 计税方法

1. 基本规定

增值税的计税方法，包括一般计税方法和简易计税方法。一般纳税人发生应税行为适用一般计税方法计税。小规模纳税人发生应税行为适用简易计税方法计税。

2. 一般计税方法的应纳税额

一般纳税人发生应税行为适用一般计税方法计税。

应纳税额 = 当期销项税额 − 当期进项税额

当期销项税额小于当期进项税额不足抵扣时，其不足部分可以结转下期继续抵扣。

一般计税方法的销售额不包括销项税额，纳税人采用销售额和销项税额合并定价方法的，按照下列公式计算销售额：

销售额 = 含税销售额 ÷（1+ 税率）

例 A-1：某饭店为增值税一般纳税人，2016 年 7 月，提供餐饮服务收入 31.8 万元（含税）。当月支付电费 2.34 万元（取得增值税专用发票注明价款 2 万元，税额 0.34 万元）；购入餐厅桌椅支付 2.34 万元（取得增值税专用发票注明价款 2 万元，税额 0.34 万元），该月应纳税额为：

不含税销售额 =31.8÷（1+6%）=30（万元）

应纳税额 =30×6%−0.34−0.34=1.12（万元）

对于提供餐饮服务的一般纳税人来说，适用税率由原营业税时的 5% 改为增值税的 6%，税率提高了 1 个百分点，但由于计税依据由含税变为不含税，因此，6% 的增值税税率按营业税口径折算，相当于 5.66% 的营业税税负水平，也就是说，营改增后餐饮业一般纳税人即使没有任何进项可以抵扣，税负最多也只比营业税制度下增加 0.66 个百分点。而改革后，餐饮企业的材料采购、设备采购、服务采购、不动产购置和租赁、办公支出等都可以获得进项抵扣，购进农业生产者自产农产品，也可以使用国税机关监制的农产品收购发票，按照现行规定计算抵扣进项税额，综合以上因素，从总体上看，营改增后提供餐饮服务的一般纳税人税收负担会有不同程度的下降。

3. 简易计税方法的应纳税额

小规模纳税人发生应税行为适用简易计税方法计税。

简易计税方法的应纳税额，是指按照销售额和增值税征收率计算的增值税额，不得抵扣进项税额。应纳税额计算公式：

应纳税额 = 销售额 × 征收率

例 A-2：某民俗餐厅为增值税小规模纳税人，2016 年 7 月，提供餐饮服务收入 10.3 万元（含税）。

不含税销售额 =10.3÷（1+3%）=10（万元）

应纳税额 =10×3%=0.3（万元）

营改增后，对于提供餐饮服务的小规模纳税人来说，适用税率由原营业税时的 5% 改为增值税的 3%，计税依据由含税变为不含税，税负下降约40%。举例来说，某餐饮企业小规模纳税人月营业额10.3万元，营改增前缴纳营业税：应纳税额=10.3×5%=0.515（万元）。营改增后缴纳增值税：应纳税额=10.3÷（1+3%）×3%=0.3（万元），税负下降：（0.515−0.3）÷0.515=41.7%。

A.1.5 销售额及销项发票

纳税人提供餐饮服务，以取得的全部价款和价外费用为销售额。

注释：餐饮业纳税人，以提供餐饮服务取得的全部价款（不含销项税额）和价外费用为销售额，按照相应税率和征收率，缴纳增值税。

因企业购进餐饮服务，进项税额不得从销项税额中抵扣，建议酒店餐饮业提供餐饮服务不开具增值税专用发票，开具增值税普通发票。

营改增后餐饮业主要销售业务内容及其涉及的增值税税率、开具票据情况汇总见表A-1。

表A-1 营改增后餐饮业主要销售业务内容及其涉及的增值税税率、开具票据情况汇总

项目	销项明细	开具增值税凭证类型	税率		备注
			一般纳税人	小规模纳税人	
1	现场消费	增值税普通发票	6%	3%	因企业购进餐饮服务，进项税额不得从销项税额中抵扣，酒店餐饮业提供餐饮服务只开具增值税普通发票
2	外卖	增值税普通发票	6%	3%	

A.1.6 进项税额及进项发票

进项税额，是指纳税人购进货物、加工修理修配劳务、服务、无形资产或者不动产，支付或者负担的增值税额。

（1）下列进项税额准予从销项税额中抵扣：增值税专用发票、海关进口增值税专用缴款书、解缴税款的完税凭证上注明的增值税额；农产品收购发票或者销售发票上注明的农产品买价和扣除率计算的进项税额。

注释：纳税人取得增值税专用发票、海关进口增值税专用缴款书需在规定期限内经税务机关认证或稽核比对，解缴税款的完税凭证需附送相关资料。

（2）下列进项税额不得从销项税额中抵扣：纳税人取得的增值税扣税凭证不符合法律、行政法规或者国家税务总局有关规定的；用于简易计税方法计税项目、免征增值税项目、集体福利或者个人消费的；非正常损失项目的；购进的旅客运输服务、贷款服务、餐饮服务、居民日常服务和娱乐服务；财政部和国家税务总局规定的其他情形。

餐饮行业增值税一般纳税人购进的可以抵扣的进项很多，包括：固定资产、农产品，房租、水电燃气费、烟酒、桌椅板凳、锅碗瓢盆、食用植物油、各类调味品等，只要取得合法的抵扣凭证，都可以抵扣进项。

餐饮行业进项发票种类可能有：① 增值税专用发票，餐饮行业可能取得增值税专用发票税率有 17%、13%、11%、6% 和 5%；② 农副产品销售发票（增值税普通发票）；③ 农副产品收购发票；④ 海关完税凭证。

根据《国家税务总局关于明确营改增试点若干征管问题的公告》（国家税务总局公告 2016 年第 26 号）规定："餐饮行业增值税一般纳税人购进农业生产者自产农产品，可以使用国税机关监制的农产品收购发票，按照现行规定计算抵扣进项税额。"

农副产品收购发票和销售发票可以按照票面金额乘以 13% 作为进项抵扣。虽然都是 13%，但是与专用发票的 13% 计算方式不一样。比如同样是买价金额（含税）10 000 元的发票：

专用发票可以抵扣进项税额 =10 000×13%÷（1+13%）=1 150.44（元）

收购发票或销售发票可以抵扣的进项税额 =10 000×13%=1 300（元）

营改增后餐饮业主要购进业务内容及其涉及的增值税税率、开具票据情况汇总见表 A-2。

表 A-2 营改增后餐饮业主要购进业务内容及其涉及的增值税税率、开具票据情况汇总

项目名称	进项明细	取得增值税凭证类型	是否可以抵扣	税率			备注
				从一般纳税人取得	从小规模纳税人取得	从农业生产者取得	
1	粮	增值税专用发票	是	13%			财税〔2016〕36号规定，购进农产品，除取得增值税专用发票或者海关进口增值税专用缴款书外，按照农产品收购发票或者销售发票上注明的农产品买价和13%的扣除率计算的进项税额。计算公式为：进项税额 = 买价 × 扣除率
2	食用油	增值税普通发票	是		13%		
		农副产品收购发票	是			13%	
		增值税专用发票	是	17% 或 13%			食用植物油是农产品，适用13%的税率
		增值税普通发票	否		13% 或 3%		
		农副产品收购发票	是			13%	
3	部分鲜活肉蛋产品	增值税专用发票	是				财税〔2012〕75号：对从事农产品批发、零售的纳税人销售的部分鲜活肉蛋产品免征增值税。免税情况下开具的普通发票不得作为计算抵扣进项税额的凭证
		增值税普通发票	是	13%	13%		
		农副产品收购发票	是			13%	
4	蔬菜	增值税专用发票	是				财税〔2011〕137号：对从事蔬菜批发、零售的纳税人销售的蔬菜免征增值税。免税情况下开具的普通发票不得作为计算抵扣进项税额的凭证
		增值税普通发票	是	13%	13%		
		农副产品收购发票	是			13%	
5	精制茶	增值税专用发票	是	17%	3%		精制茶不是初级农产品
		增值税普通发票	否		3%		

（续）

项目名称	进项明细	取得增值税凭证类型	是否可以抵扣	税率			备注
				从一般纳税人取得	从小规模纳税人取得	从农业生产者取得	
6	其他农产品	增值税专用发票	是	13%			
		增值税普通发票	是	13%	13%		
		农副产品收购发票	是			13%	
7	天然气	增值税专用发票	是	13%	3%		
		增值税普通发票	否		3%		
8	水费	增值税专用发票	是	13%	3%		财税〔2014〕57号文规定，一般纳税人销售自来水可采用简易计税，增值税税率为3%
		增值税普通发票	否		3%		
9	电费	增值税专用发票	是	17%	3%		财税〔2014〕57号文规定，一般纳税人中县级及县级以下小型水力发电单位生产的电力可采用简易计税，增值税税率为3%
		增值税普通发票	否		3%		
10	桌椅等固定资产	增值税专用发票	是	17%	3%		
		增值税普通发票	否		3%		
11	房屋租金	增值税专用发票	是	11%	5%		
		增值税普通发票	否		5%		
12	劳务派遣	增值税专用发票	是	6%	5%		财税〔2016〕47号
		增值税普通发票	否		3%		
13	运费	增值税专用发票	是	11%	3%		
		增值税普通发票	否		3%		
14	广告费	增值税专用发票	是	6%	3%		
		增值税普通发票	否		3%		

A.1.7 纳税义务发生时间

纳税人发生应税行为并收讫销售款项或者取得索取销售款项凭据的当天为纳税义务发生时间；先开具发票的，为开具发票的当天。

注释：餐饮业纳税人，以收到款项或合同约定的收款时间，为纳税义务发生时间。

A.1.8 纳税地点

固定业户应当向其机构所在地或者居住地主管税务机关申报纳税。总机构和分支机构不在同一县（市）的，应当分别向各自所在地的主管税务机关申报纳税；经财政部和国家税务总局或者其授权的财政和税务机关批准，可以由总机构汇总向总机构所在地的主管税务机关申报纳税。

总分机构不在同一县（市），但在同一省（自治区、直辖市、计划单列市）范围内的，经省（自治区、直辖市、计划单列市）财政厅（局）和国家税务局批准，可以由总机构向汇总向总机构所在地的主管税务机关申报缴纳增值税。

注释：餐饮业纳税人，应向其机构所在地的主管国税机关申报缴纳增值税。总分机构申请汇总缴纳增值税，由财政部、国家税务总局批准（总分机构均在北京市内的，由北京市财政局、北京市国家税务局批准）。

A.1.9 注意事项

1. 采购初级农产品时注意进货渠道

餐饮企业采购的直接材料如果是初级农产品，则来源渠道不同，可以计算抵扣的进项税额也不同。这是因为属于《财政部 国家税务总局关于印发〈农业产品征税范围注释〉的通知》（财税字〔1995〕52 号）中初级农产品范围的，如果是销售自产产品可以免税，而购买方可以按照发票价款的 13% 计算进项税额；如果不是自产产品，购买方需要取得增值税专用发票计算进项税额，二者略有区别。例如，某餐馆既可以从农场购买其自产的面粉，也可以从具有增值税一般纳税人资质的商贸企业购买，价格都是 10 万元，则向前者购买面粉可以根据前者开具的普通发票注明的价款计算进项税额：10×13%=1.3（万元），向后者购买面粉可以根据后者开具的增值税专用发票计算进项税额：10÷（1+13%）×13%=1.15（万元），比向前者购买少抵扣了约 12%。所以，纳税人购进原材料时不能只比较价格，还要考虑到进项税额的影响。

2. 注意采购原材料加工程度不同，税率不同，可以抵扣的进项税额也不同

如果原材料加工程度较高，已经不符合 52 号文件所规定的“初级农产品”范围，则适用税率为 17% 而不是 13%，餐饮企业购买相应产品可以相应抵扣进项税额。例如，某餐馆既可以花 10 万元购买生牛肉自己加工，也可以花 15 万元购买已经加工好的熟牛肉，假设购买生牛肉自己加工还需花费 4 万元，表面上看来购买生牛肉可以节省 1 万元。但是前者的进项税额 =10÷（1+13%）×13%=1.15（万元），后者的进项税额 =15÷（1+17%）×17%=2.18（万元），比前者高 1.03 万元，超过了节省的成本。因此，纳税人决策采购初级农产品还是加工程度高的产品时，要把不同产品税率差异的因素考虑进去。

3. 对从事农产品批发、零售的纳税人销售的蔬菜、部分鲜活农产品免征增值税

根据《财政部 国家税务总局〈关于免征部分鲜活肉蛋产品流通环节增值税政策〉的通知》（财税〔2012〕75 号）：对从事农产品批发、零售的纳税人销售的部分鲜活肉蛋产品免征增值税。免征增值税的鲜活肉产品，是指猪、牛、羊、鸡、鸭、鹅及其整块或者分割的鲜肉、冷藏或者冷冻肉，内脏、头、尾、骨、蹄、翅、爪等组织。免征增值税的鲜活蛋产品，是指鸡蛋、鸭蛋、鹅蛋，包括鲜蛋、冷藏蛋以及对其进行破壳分离的蛋液、蛋黄和蛋壳。上述产品中不包括《中华人民共和国野生动物保护法》所规定的国家珍贵、濒危野生动物及其鲜活肉类、蛋类产品。从事农产品批发、零售的纳税人既销售规定的部分鲜活肉蛋产品又销售其他增值税应税货物的，应分别核算上述鲜活肉蛋产品和其他增值税应税货物的销售额；未分别核算的，不得享受部分鲜活肉蛋产品增值税免税政策。

根据《财政部　国家税务总局〈关于免征蔬菜流通环节增值税有关问题〉的通知》对从事蔬菜批发、零售的纳税人销售的蔬菜免征增值税。蔬菜是指可作副食的草本、木本植物，包括各种蔬菜、菌类植物和少数可作副食的木本植物。蔬菜的主要品种参照《蔬菜主要品种目录》执行。经挑选、清洗、切分、晾晒、包装、脱水、冷藏、冷冻等工序加工的蔬菜，属于本文所述蔬菜的范围。各种蔬菜罐头不属于本通知所述蔬菜的范围。蔬菜罐头是指蔬菜经处理、装罐、密封、杀菌或无菌包装而制成的食品。纳税人既销售蔬菜又销售其他增值税应税货物的，应分别核算蔬菜和其他增值税应税货物的销售额；未分别核算的，不得享受蔬菜增值税免税政策。

批发、零售纳税人享受免税政策后开具的普通发票不得作为计算抵扣进项税额的凭证。

A.1.10 建议

1. 做好进项发票管理

餐饮企业在采购时，应尽可能地选择可以取得进项发票的渠道。一般来讲，能够开具增值税专用发票和农副产品销售发票的，都是比较大型的或正规的供应商，要么是工厂，要么是经销商，或者是农副产品生产销售合作社等。选择大型或正规的渠道，对于餐饮行业的食品安全也是有保障的。

餐饮行业也可能直接向农产品生产者（农户）收购。营改增后，餐饮行业可以向国税部门申请领取农副产品收购发票。在收购农副产品时由餐饮企业自行开具。对于农副产品收购发票各地管理都比较严格，对于农夫资格、产品范围等有较严格的限制，餐饮行业企业初次领取使用时需要特别注意。

2. 成立农副产品配送公司

餐饮行业从批发市场购进农副产品经常存在无法取得增值税专用发票或销售发票的现象。因此，建议餐饮企业将采购部独立出来，成立一个小型的农副产品配送公司，由农副产品配送公司负责去批发市场采购然后销售给餐饮企业，配送公司开具农副产品销售发票，餐饮企业凭销售发票申请抵扣13%的进项税额。但是配送公司需要把销售额控制在一定范围内，保持为小规模纳税人，这样配送公司只需要缴纳3%的增值税，这之间才可以存在“低纳高抵”的获利行为。

3. 转变营业税模式下的旧思维

营业税模式下，一些企业在采购付款中经常出现现金付款、第三方付款等情况，因为营业税没有“三流合一”的要求。虽然“三流合一”有争议，但是基层国税机关还是很看重“三流合一”的，为了减少不必要的麻烦最好做到“三流合一”。

4. 研读税收政策，进行税务筹划

餐饮行业属于劳动密集型企业，厨师、保洁等岗位可以安置残疾人，残疾人达到一定数量，可以享受税收优惠政策。

餐饮企业应选择合理的价格优惠手段：打折销售直接用销售后的价款

计算销项税额，减少了销项税额；赠送商品行为中所赠送的商品也视同销售，多增加了一份销项税额；返现销售不仅需要按销售价格计算销项税额，还需要代为偶然所得扣缴个人所得税。

5. 合理进行纳税申报和发票管理

增值税的纳税申报环节主要包括抄税、报税、认证和缴纳。纳税人使用金税盘开具发票，使用报税盘领购发票。抄报税，征期于每月1日必须抄税，否则无法开票，非征期抄税时间虽不受限制，但在下次抄税前必须报税。认证是扫描仪录入待认证发票（或者手工录入）。待认证发票，导出待认证文件，纳税人进入办税大厅上传待认证发票文件，查询是否通过验证，下载认证结果同时导入企业电子报税管理系统。

A.2 酒店业营改增全新政策归纳

A.2.1 纳税人

自2016年5月1日起，在中华人民共和国境内提供住宿服务的单位和个人，为增值税纳税人。

A.2.2 纳税人分类

增值税纳税人分为一般纳税人和小规模纳税人。

纳税人年应征增值税销售额（以下称应税销售额）超过500万元的为一般纳税人，未超过500万元的为小规模纳税人。

注释：年应税销售额超过500万元的小规模纳税人，应向主管税务机关申请登记为一般纳税人，未超过500万元的为小规模纳税人，如果会计核算健全，也能够申请登记成为一般纳税人，但一经登记为一般纳税人，不得转为小规模纳税人。

A.2.3 税率和征收率

一般纳税人提供住宿服务税率为 6%，小规模纳税人提供住宿服务，征收率为 3%。

A.2.4 计税方法

1. 基本规定

增值税的计税方法，包括一般计税方法和简易计税方法。一般纳税人发生应税行为适用一般计税方法计税。小规模纳税人发生应税行为适用简易计税方法计税。

2. 一般计税方法的应纳税额

一般纳税人发生应税行为适用一般计税方法计税。

应纳税额 = 当期销项税额 – 当期进项税额

当期销项税额小于当期进项税额不足抵扣时，其不足部分可以结转下期继续抵扣。

一般计税方法的销售额不包括销项税额，纳税人采用销售额和销项税额合并定价方法的，按照下列公式计算销售额：

销售额 = 含税销售额 ÷（1+ 税率）

例 A-3：A 酒店为增值税一般纳税人，2016 年 5 月提供酒店服务销售收入（含税）106 万元，同期采购设备、材料等成本支出 11.7 万元，取得增值税专用发票上注明的进项税额为 1.7 万元。纳税人当月应缴纳的增值税 =106 ÷（1+6%）×6%−1.7=4.3（万元）。

3. 简易计税方法的应纳税额

小规模纳税人发生应税行为适用简易计税方法计税。

简易计税方法的应纳税额，是指按照销售额和增值税征收率计算的增值税额，不得抵扣进项税额。应纳税额计算公式：

应纳税额 = 销售额 × 征收率

例 A-4： B 酒店为增值税小规模纳税人，2016 年 6 月，提供住宿服务收入 20.6 万元（含税）。不含税销售额 =20.6÷（1+3%）=20（万元），应纳税额 =20×3%=0.6（万元）。

A.2.5　营改增前后税负变化

酒店业征收营业税时，纳税人无论其经营规模大小，都应以其取得的全部收入（销售额），包括房费、服务费等，按照 5% 的税率计算缴纳营业税。改征增值税后，酒店业的纳税人可以分为两类：

第一类，年销售额在 500 万元以下的酒店，将其归为增值税小规模纳税人。按政策规定，这部分纳税人适用简易计税方法依照 3% 的征收率计算缴纳增值税（销售额 ×3%），与原先 5% 的营业税税率相比，其税收负担直接下降约 40%。

第二类，年销售额在 500 万元以上的酒店，将其归为增值税一般纳税人。这部分纳税人适用 6% 的增值税税率，增值税是价外征收而营业税是价内征收的，因此，6% 的增值税税率按营业税口径折算，相当于 5.66% 的营业税税负水平。也就是说，营改增后酒店业增值税一般纳税人，即使没有任何进项税可以抵扣，税负最多也只比营业税制度下增加 0.66 个百分点。而改革后，酒店的材料采购、设备采购、服务采购、不动产购置和租赁、办公支出等都可以获得进项抵扣，总体上看，纳税人的税收负担一般都有不同程度的下降。

例 A-5： 承接例 A-3，在营业税制度下，该纳税人当月应缴纳的营业税 =106×5%=5.3（万元）；在增值税制度下，纳税人当期应缴纳的增值税 =106÷（1+6%）×6%−1.7=4.3（万元）。同样的收入水平，改革后增值税相比较营业税少负担税款 1 万元。

A.2.6 进项税额及进项发票

进项税额，是指纳税人购进货物、加工修理修配劳务、服务、无形资产或者不动产，支付或者负担的增值税额。

（1）下列进项税额准予从销项税额中抵扣：增值税专用发票、海关进口增值税专用缴款书、解缴税款的完税凭证上注明的增值税额；农产品收购发票或者销售发票上注明的农产品买价和扣除率计算的进项税额。

注释：纳税人取得增值税专用发票、海关进口增值税专用缴款书需在规定期限内经税务机关认证或稽核比对，解缴税款的完税凭证需附送相关资料。

（2）下列进项税额不得从销项税额中抵扣：纳税人取得的增值税扣税凭证不符合法律、行政法规或者国家税务总局有关规定的；用于简易计税方法计税项目、免征增值税项目、集体福利或者个人消费的；非正常损失项目的；购进的旅客运输服务、贷款服务、餐饮服务、居民日常服务和娱乐服务；财政部和国家税务总局规定的其他情形。

根据国家税务总局《关于部分地区开展住宿业增值税小规模纳税人自开增值税专用发票试点工作有关事项的公告》(国家税务总局公告 2016 年第 44 号）规定：全国 91 个城市月销售额超过 3 万元（或季销售额超过 9 万元）的住宿业增值税小规模纳税人提供住宿服务、销售货物或发生其他应税行为，需要开具专用发票的，可以通过增值税发票管理新系统自行开具，主管国税机关不再为其代开，但销售其取得的不动产，需要开具专用发票的，仍须向地税机关申请代开。

主管税务机关为试点纳税人核定的单份专用发票最高开票限额不超过 1 万元。试点纳税人所开具的专用发票应缴纳的税款，应在规定的纳税申报期内，向主管税务机关申报纳税。在填写增值税纳税申报表时，应将当期开具专用发票的销售额，按照3%和5%的征收率，分别填写在《增值税纳税申报表》（小规模纳税人适用）第2栏和第5栏“税务机关代开的增值税专用发票不含税销售额”的“本期数”相应栏次中。

酒店业增值税一般纳税人购进的可以抵扣的进项很多，只要取得合法的抵扣凭证，都可以抵扣进项。全面营改增后，酒店业主要购进业务内容及其涉及的增值税税率、开具票据情况汇总如表A-3所示。

A.2.7 销项税额及销项发票

纳税人提供住宿服务，以取得的全部价款和价外费用为销售额，按照相应税率和征收率，缴纳增值税。

注：因企业购进餐饮服务，进项税额不得从销项税额中抵扣，建议酒店企业提供餐饮服务不开具增值税专用发票，开具增值税普通发票。

全面营改增后酒店业主要销售业务内容及其涉及增值税税率、开具票据情况汇总如表A-4所示。

A.2.8 纳税义务发生时间

纳税人发生应税行为并收讫销售款项或者取得索取销售款项凭据的当天为纳税义务发生时间；先开具发票的，为开具发票的当天。

表 A-3 营改增后酒店业主要购进业务内容及其涉及的增值税税率、开具票据情况汇总

项目	进项明细	取得增值税凭证类型	是否可以抵扣	税率			备注
				从一般纳税人取得	从小规模纳税人取得	从农业生产者取得	
1	房屋租赁	增值税专用发票	是	11%	5%	—	财税〔2016〕36 号规定：一般纳税人出租其 2016 年 4 月 30 日前取得的不动产，可以选择适用简易计税方法，按照 5% 的征收率计算应纳税额。若一般纳税人采用简易计税方法，则取得的增值税发票税率为 5%。小规模纳税人出租其取得的不动产（不含个人出租住房），应按照 5% 的征收率计算应纳税额
		增值税普通发票	否	11%	5%	—	
2	增值税税控系统专用设备	增值税专用发票	是	17%	—	—	财税〔2012〕15 号规定：增值税纳税人非初次购买增值税税控系统专用设备支付的费用，由其自行负担，不得在增值税应纳税额中抵减
		增值税普通发票	否	17%	—	—	
3	装修设计	增值税专用发票	是	6%	3%	—	
		增值税普通发票	否	6%	3%	—	
4	装修施工	增值税专用发票	是	11%	3%	—	
		增值税普通发票	否	11%	3%	—	
5	电梯设备	增值税专用发票	是	17%	3%	—	
		增值税普通发票	否	17%	3%	—	
6	电器设备（如：空调、电视）	增值税专用发票	是	17%	3%	—	
		增值税普通发票	否	17%	3%	—	
7	家具设备（如：床、桌、椅）	增值税专用发票	是	17%	3%	—	
		增值税普通发票	否	17%	3%	—	
8	厨具设备（如：灶具、锅碗）	增值税专用发票	是	17%	3%	—	
		增值税普通发票	否	17%	3%	—	

9	办公设备（如：桌椅、电脑）	增值税专用发票	是	17%	3%	—	
		增值税普通发票	否	17%	3%	—	
10	办公用品（如：笔、纸、本）	增值税专用发票	是	17%	3%	—	
		增值税普通发票	否	17%	3%	—	
11	安装费用	增值税专用发票	是	6%	3%	—	财税〔2016〕36号的规定：若安装服务与购买设备属于混合销售行为，则按照购买设备缴纳增值税，即获得增值税发票税率为17%
		增值税普通发票	否	6%	3%	—	
12	维修费用	增值税专用发票	是	6%	3%	—	
		增值税普通发票	否	6%	3%	—	
13	设备租赁	增值税专用发票	是	17%	3%	—	
		增值税普通发票	否	17%	3%	—	
14	分包劳务	增值税专用发票	是	11%	3%	—	
		增值税普通发票	否	11%	3%	—	
15	用水费用	增值税专用发票	是	13%	3%	—	财税〔2014〕57号规定：一般纳税人销售自来水可采用简易计税，增值税税率为3%
		增值税普通发票	否	13%	3%	—	
16	用电费用	增值税专用发票	是	17%	3%	—	财税〔2014〕57号规定：一般纳税人中县级及县级以下小型水力发电单位生产的电力可采用简易计税，增值税税率为3%
		增值税普通发票	否	17%	3%	—	
17	燃气费用	增值税专用发票	是	13%	3%	—	
		增值税普通发票	否	13%	3%	—	
18	初级农产品（如：瓜果蔬菜、粮油作物、鱼、肉、虾）	初级农产品收购或销售发票（增值税专用发票/增值税普通发票）	是	13%	13%	13%	财税〔2016〕36号规定：购进农产品，除取得增值税专用发票或者海关进口增值税专用缴款书外，按照农产品收购发票或者销售发票上注明的农产品买价和13%的扣除率计算的进项税额。计算公式为：进项税额＝买价 × 扣除率

（续）

项目	进项明细	取得增值税凭证类型	是否可以抵扣	税率			备注
				从一般纳税人取得	从小规模纳税人取得	从农业生产者取得	
19	粮食、食用植物油	增值税专用发票	是	13%	3%	—	《中华人民共和国增值税暂行条例》规定：纳税人销售或者进口粮食、食用植物油，税率为13%
		增值税普通发票	否	13%	3%	—	
20	调料制品	增值税专用发票	是	17%	3%	—	
		增值税普通发票	否	17%	3%	—	
21	材料运费（一票制）	增值税专用发票	是	17%	3%	—	货物和运费合计开在一张发票
		增值税普通发票	否	17%	3%	—	
22	材料运费（两票制）	增值税专用发票	是	11%	3%	—	货物和运费分别开在两张发票
		增值税普通发票	否	11%	3%	—	
23	广告费	增值税专用发票	是	6%	3%	—	
		增值税普通发票	否	6%	3%	—	
24	咨询费	增值税专用发票	是	6%	3%	—	
		增值税普通发票	否	6%	3%	—	
25	车辆购置费	增值税专用发票	是	17%	3%	—	
		增值税普通发票	否	17%	3%	—	
26	燃油费	增值税专用发票	是	17%	—	—	《成品油零售加油站增值税征收管理办法》（国家税务总局令第2号）规定：企业购买加油卡，凭卡或加油凭证加油后，根据加油卡或加油凭证回笼记录，向购油单位开具增值税专用发票
		增值税普通发票	否	17%	—	—	
27	车辆保险费	增值税专用发票	是	6%	3%	—	
		增值税普通发票	否	6%	3%	—	
28	餐饮费用	增值税普通发票	否	6%	3%	—	
29	娱乐服务费	增值税普通发票	否	6%	3%	—	

表 A-4 营改增后酒店业主要销售业务内容及其涉及增值税税率、开具票据情况汇总

项目	销项明细	开具增值税凭证类型	税率		备注
			一般纳税人	小规模纳税人	
1	住宿服务	增值税专用发票	6%	3%	
		增值税普通发票	6%	3%	
2	餐饮服务（堂食）	增值税普通发票	6%	3%	
3	餐饮服务（外卖）	增值税普通发票	17%	3%	
4	会议服务	增值税专用发票	6%	3%	
		增值税普通发票	6%	3%	
5	娱乐服务	增值税专用发票	6%	3%	
		增值税普通发票	6%	3%	
6	停车服务	增值税专用发票	11%	3%	
		增值税普通发票	11%	3%	
7	房屋出租	增值税专用发票	11%	5%	财税〔2016〕36号规定：一般纳税人出租其2016年4月30日前取得的不动产，可以选择适用简易计税方法，按照5%的征收率计算应纳税额。小规模纳税人出租其取得的不动产（不含个人出租住房），应按照5%的征收率计算应纳税额
		增值税普通发票	11%	5%	
8	设备租赁	增值税专用发票	17%	3%	
		增值税普通发票	17%	3%	
9	酒店式公寓出租	增值税专用发票	6%	3%	《国家税务总局关于在境外提供建筑服务等有关问题的公告》国税公告〔2016〕69号。对一般纳税人开增值税专用发票
		增值税普通发票	6%	3%	

A.2.9 纳税地点

固定业户应当向其机构所在地或者居住地主管税务机关申报纳税。总机构和分支机构不在同一县（市）的，应当分别向各自所在地的主管税务机关申报纳税；经财政部和国家税务总局或者其授权的财政和税务机关批准，可以由总机构汇总向总机构所在地的主管税务机关申报纳税。

总分机构不在同一县（市），但在同一省（自治区、直辖市、计划单列市）范围内的，经省（自治区、直辖市、计划单列市）财政厅（局）和国家税务局批准，可以由总机构向汇总向总机构所在地的主管税务机关申报缴纳增值税。

A.2.10 注意事项

1. 多档税率并存，应分开核算

营改增全面铺开之后，增值税不同的税目对应 17%、13%、11%、6% 以及 0 等几档税率，同时还有 3% 的征收率。就酒店业目前的业务种类而言，一般纳税人主要涉及 17%、11% 和 6% 三档税率。例如，酒店客房中定价销售食品、饮料、酒水等，按照 17% 的税率缴纳增值税；出租会场、报告厅的租金收入、停车场停放费用等，按照 11% 的税率缴纳增值税。而兼营销售货物、服务或者不动产，适用不同税率或者征收率的，应当分别核算适用不同税率或者征收率的销售额；未分别核算的，从高适用税率。

餐饮迷你吧、酒店客房中的小吧台，比如销售食品、饮料、酒水之类的，并不是住宿服务过程中必要的消耗品，与住宿服务不是混合销售关系，应与住宿服务区分开来单独核算，实际上很多酒店的账单系统中，这部分收入也是可以单独计量的。

2. 混合销售、视同销售潜藏风险

酒店业业态复杂，例如客人住店时可能享受的服务，包括接送机、住

宿、电话、Wi-Fi、迷你吧和餐饮服务等。财税〔2016〕36号重新引入了混合销售和兼营的规定，即一项销售行为如果既涉及服务又涉及货物的视为混合销售，酒店业应按照销售服务的税率缴纳增值税。因此，营改增后，酒店业需要准确判断哪些业务属于混合销售，可以适用6%的税率，哪些则属于兼营，需要按照不同的税率分别核算。

此外，增值税下视同销售概念适用范围广泛，如果酒店向其他单位或者个人无偿提供服务，则有视同销售的可能性，但用于公益事业或者以社会公众为对象的除外。那么酒店业务中常见的免费早餐和免费升级等促销手段需要考虑增值税的相关处理。

对于"住宿免费送早餐"这样的问题已经有部分地区以《指引》的形式表示"不应列为视同销售范围，不需另外组成计税价格征收增值税"。对于政策不明确的地区，企业在制定销售政策时，需要特别注意，企业在广告中要尽量避免出现"赠送""免费"等字眼，如使用"××服务/产品已包含在本合同所列明的收费中"。

3. 住宿、餐饮、娱乐等如何开票

财税〔2016〕36号规定，增值税一般纳税人购进的旅客运输服务、贷款服务、餐饮服务、居民日常服务和娱乐服务，不得抵扣相应进项税，其中并不包括住宿服务。因此，营改增后，酒店业可以就其提供的住宿服务，向因公出差住宿、会务培训的客人开具增值税专用发票。同时，需要注意的是，增值税专用发票不能开具给个人，也就是说，住宿服务的增值税专用发票抬头只能开成单位，而不能开成客人名字。此外，由于餐饮与住宿税率均为6%，建议酒店在财务处理上分别核算餐饮与住宿项目，防止开票不当产生的税务风险。

对于"向消费者个人销售服务、无形资产或者不动产"等事项明确规定不得开具增值税专用发票。还有，对于"购进餐饮服务""购进娱乐服务"

等政策规定不得进行抵扣，那么酒店能开具增值税专用发票吗？根据财税〔2016〕36 号“不得开具增值税专用发票”的情形，并未包含此类行为，因此，对于此类行为开具增值税专用发票并非禁止事项。

4. 如何区分混合销售和兼营行为

混合销售和兼营行为在交易实质上存在根本区别。混合销售中既涉及货物又涉及服务，由于该货物销售和服务销售之间存在因果关系和内在联系，混合销售实质上是一项应税行为。而兼营行为的纳税人销售货物、劳务、服务、无形资产或者不动产之间没有这种因果关系和内在联系，兼营应视为多项应税行为。正是由于两者之间存在这种根本区别，税法对于混合销售和兼营行为的规定也不同，混合销售的本质是一项纳税行为，其税务处理原则是按企业的主营项目的性质划分增值税税目；而兼营行为的本质是多项应税行为，应当分别核算适用不同税率或者征收率应税行为的销售额，从而计算相应的增值税应缴税额。

由于酒店经营范围较为多元，其提供的住宿服务中，通常还会包括美容、健身、游泳、影院、棋牌、歌厅和游艺等项目，此时是否需要将上述收入进行明细拆分？笔者认为，如果这些项目发生时需要另外收费，则属于兼营行为；如果住宿费用已包括相关消费，即客户进行游泳、健身等消费时不需另行付费，则无须对此划分，可直接按照餐饮、住宿服务征税。

5. 增值税发票使用、管理是一项挑战

营改增不仅改变了企业整个会计核算体系，还带来了开票系统、报税系统、认证抵扣、税款缴纳等操作方面的一系列新变化，稍有不慎便会产生税收风险。其中，需要重点关注的是增值税发票使用不当产生的风险。例如，开具增值税专用发票时填写要素不全、不按规定索取合规的扣税凭证、对能够取得合规扣税凭证的情形却没有取得，丧失了抵扣机会，取得了合规凭证却未能在规定时间内到主管税务机关认证，造成不能抵扣等。增值税专用发票使用上的最大风险当属虚开发票。虚开增值税专用发票，不仅是发票管理办法和增值税专用发票使用规定严厉禁止的行为，还可能构成犯罪。目前，在刑事立法上，针对虚开增值税专用发票定罪量刑都较为严厉，有统计显示，企业负责人涉税犯罪，70% 以上涉及虚开增值税专用发票。虚开增值税专用发票主要包括为他人虚开、为自己虚开、让他人为自己虚开、介绍他人虚开四种情形。

6. 取得合规的扣税凭证，合理降低税负

营改增后，酒店业的材料采购、设备采购、服务采购、不动产购置和租赁、办公支出等，在取得合规的扣税凭证后，可以获得进项抵扣。同时，根据《国家税务总局关于明确营改增试点若干征管问题的公告》（国家税务总局公告 2016 年第 26 号）规定，餐饮行业增值税一般纳税人购进农业生产者自产农产品，可以使用国税机关监制的农产品收购发票，按照现行规定计算抵扣进项税额。增值税扣税凭证包括：增值税专用发票、海关进口增值税专用缴款书、农产品收购发票、农产品销售发票和完税凭证。水电、材料、用具、设备、不动产的购置等，都属于抵扣项目。企业应在进项端合理选择供应商，取得合规的扣税凭证。

7. 规范不得抵扣进项税额的处理

根据税法规定，扣税凭证不合规、纳税人身份不符、用于简易计税、免税项目或者进入最终用途的，不能抵扣进项税额。财税〔2016〕36 号附件 1：《营业税改征增值税试点实施办法》第二十七条规定，下列项目的进项税额不得从销项税额中抵扣：

（1）用于简易计税方法计税项目、免征增值税项目、集体福利或者个人消费。其中涉及的无形资产、不动产，仅指专用于上述项目的无形资产（不包括其他权益性无形资产）、不动产。

（2）纳税人的交际应酬消费属于个人消费；购进的旅客运输服务、贷款服务、餐饮服务、居民日常服务和娱乐服务。

根据上述规定，酒店为员工提供的员工宿舍、员工餐、员工巴士等属于不得抵扣规定中的“集体福利或者个人消费”，酒店的上述支出与企业的生活经营活动没有直接关系，不得抵扣进项税额。对于不得抵扣的进项税额需要按照相关规定“转出”或进入成本项。

（备注：“A.2.10 注意事项”整理自华税《酒店业：如何开具增值税发票等 9 大疑难杂症详解》。）

A.3 建筑业营改增全新政策归纳

A.3.1 纳税人

自 2016 年 5 月 1 日起，在中华人民共和国境内销售建筑服务的单位和个人，为增值税纳税人。

A.3.2 纳税人分类

增值税纳税人分为一般纳税人和小规模纳税人。

纳税人年应征增值税销售额（以下称应税销售额）超过 500 万元的为一般纳税人，未超过 500 万元的为小规模纳税人。

注释：建筑业增值税纳税人通常为一般纳税人。

A.3.3 税率和征收率

一般纳税人适用税率为 11%；小规模纳税人提供建筑服务，以及一般纳税人提供的可选择简易计税方法的建筑服务，征收率为 3%。

注释：建筑业一般纳税人适用税率为11%；但清包工纳税人、甲供工程纳税人、建筑老项目纳税人可以选择适用简易计税方法，按3%简易征收，小规模纳税人适用征收率为3%。

A.3.4 计税方法

1. 基本规定

增值税的计税方法，包括一般计税方法和简易计税方法。一般纳税人发生应税行为适用一般计税方法计税。小规模纳税人发生应税行为适用简易计税方法计税。

2. 一般计税方法的应纳税额

一般纳税人发生应税行为（除清包工纳税人、甲供工程纳税人，建筑老项目外）适用一般计税方法计税。

应纳税额 = 当期销项税额 − 当期进项税额

当期销项税额小于当期进项税额不足抵扣时，其不足部分可以结转下期继续抵扣。

一般计税方法的销售额不包括销项税额，纳税人采用销售额和销项税额合并定价方法的，按照下列公式计算销售额：

销售额 = 含税销售额 ÷（1+ 税率）

例A-6：某建筑公司为增值税一般纳税人，2016年7月，提供建筑新项目收入555万元（含税）。当月购入建筑材料117万元（取得增值税专用发票注明价款100万元，税额17万元），相应支付运费55.5万元（取得增值税专业发票注明运费50万元，税额5.5万元）；购入机器设备234万元（取得增值税专用发票注明价款200万元，税额34万元），该月应纳税额为：

不含税销售额 =555÷（1+11%）=500（万元）

应纳税额 =500×11%−5.5−34=15.5（万元）

对于建筑业的一般纳税人来说，采用一般计税方法适用税率由原营业税时的 3% 改为增值税的 11%，税率提高了 8 个百分点，但由于计税依据由含税变为不含税，因此，11% 的增值税税率按营业税口径折算，相当于 9.91% 的营业税税负水平，也就是说，营改增后建筑业一般纳税人在没有任何进项可以抵扣的情况下，税负最多也只比营业税制度下增加 6.91 个百分点。而且改革后，建筑企业的材料采购、设备采购、服务采购、不动产购置、办公支出等都可以获得进项抵扣，按照现行规定计算抵扣进项税额，存在部分“低纳高抵”的情况。

3. 简易计税方法的应纳税额

小规模纳税人发生应税行为，及一般纳税人发生清包工纳税人、甲供工程纳税人、建筑老项目的应税行为适用简易计税方法计税。

简易计税方法的应纳税额，是指按照销售额和增值税征收率计算的增值税额，不得抵扣进项税额。应纳税额计算公式：

应纳税额 = 销售额 × 征收率

例 A-7：某建筑服务公司为增值税一般纳税人，2016 年 7 月，提供甲供服务收入 206 万元（含税）。

不含税销售额 =206÷（1+3%）=200（万元）

应纳税额 =200×3%=6（万元）

营改增后，对于简易方法纳税的建筑业纳税人来说，适用税率由原营业税时的 3% 改为增值税的 3%，计税依据由含税变为不含税，整体税负下降 3%。举例来说，某建筑企业采用简易方法纳税的一般纳税人月营业额 206 万元，营改增前缴纳营业税：应纳税额 =206×3%=6.18（万元）。营改增后缴纳增值税：应纳税额 =206÷（1+3%）×3%=6（万元），税负下降：（6.18−6）÷6.18=3%。

A.3.5 销售额及销项发票

纳税人提供建筑服务，以取得的全部价款和价外费用为销售额。

注释：建筑业纳税人，以提供建筑服务取得的全部价款（不含销项税额）和价外费用为销售额，按照相应税率和征收率，缴纳增值税。

营改增后建筑业主要销售业务内容及其涉及的增值税税率、开具票据情况汇总见表 A-5。

表 A-5 营改增后建筑业主要销售业务内容及其涉及的增值税税率、开具票据情况汇总

项目	销项明细	开具增值税凭证类型	税率		备注
			一般纳税人	小规模纳税人	
建筑服务	工程服务	增值税专用发票	11%	3%	
	安装服务	增值税专用发票	11%	3%	
	修缮服务	增值税专用发票	11%	3%	
	装饰服务	增值税专用发票	11%	3%	
	其他建筑服务	增值税专用发票	11%	3%	
勘探设计服务	工程勘察勘探服务	增值税专用发票	6%	3%	
	设计服务	增值税专用发票	6%	3%	
咨询鉴证服务	工程造价鉴证	增值税专用发票	6%	3%	
	建筑图纸审核	增值税专用发票	6%	3%	
	咨询建议服务	增值税专用发票	6%	3%	
一般纳税人简易计税项目	清包工	增值税普通发票	3%		
	甲供材料	增值税普通发票	3%		
	老项目	增值税普通发票	3%		

A.3.6 进项税额及进项发票

进项税额，是指纳税人购进货物、加工修理修配劳务、服务、无形资产或者不动产，支付或者负担的增值税额。

（1）下列进项税额准予从销项税额中抵扣：增值税专用发票、海关进口增值税专用缴款书、解缴税款的完税凭证上注明的增值税额；农产品收购发票或者销售发票上注明的农产品买价和扣除率计算的进项税额。

注释：上述凭证是指：① 从分包方取得的 2016 年 4 月 30 日前开具的建筑业营业税发票。（上述建筑业营业税发票在 2016 年 6 月 30 日前可作为预缴税款的扣除凭证）；② 从分包方取得的 2016 年 5 月 1 日后开具的，“备注”栏注明建筑服务发生地所在县（市、区）、项目名称的增值税发票。

纳税人取得增值税专用发票、海关进口增值税专用缴款书需在规定期限内经税务机关认证或稽核比对，解缴税款的完税凭证需附送相关资料。

（2）下列进项税额不得从销项税额中抵扣：纳税人取得的增值税扣税凭证不符合法律、行政法规或者国家税务总局有关规定的；用于简易计税方法计税项目、免征增值税项目、集体福利或者个人消费的；非正常损失项目的；购进的旅客运输服务、贷款服务、餐饮服务、居民日常服务和娱乐服务；财政部和国家税务总局规定的其他情形。

注释：非正常损失的不动产，以及该不动产所耗用的购进货物、设计服务和建筑服务；非正常损失的不动产在建工程（纳税人新建、改建、扩建、修缮、装饰不动产）所耗用的购进货物、设计服务和建筑服务。其中所称货物，是指构成不动产实体的材料和设备，包括建筑装饰材料和给水排水、采暖、卫生、通风、照明、通信、煤气、消防、中央空调、电梯、电气、智能化楼宇设备及配套设施。

建筑行业增值税一般纳税人购进的可以抵扣的进项很多，包括：房屋、建筑物、机器设备、分包成本、分包费用、建筑材料等，只要取得合法的抵扣凭证，都可以抵扣进项。

建筑行业进项发票种类可能有：① 增值税专用发票，建筑行业可能取得增值税专用发票税率有17%、11%和6%；②海关完税凭证；③购进农产品，除取得增值税专用发票或者海关进口增值税专用缴款书外，按照农产品收购发票或者销售发票上注明的买价和13%的扣除率计算的进项税额。(购进农产品，按照《农产品增值税进项税额核定扣除试点实施办法》抵扣进项税额的除外)；④从境外单位或者个人购进服务、无形资产或者不动产，自税务机关取得解缴税款的中华人民共和国税收缴款凭证上注明的增值税额。

根据《财政部 国家税务总局关于进一步明确全面推开营改增试点有关劳务派遣服务、收费公路通行费抵扣等政策的通知》(财税〔2016〕47号)：

一般纳税人提供劳务派遣服务，可以按照《财政部 国家税务总局关于全面推开营业税改征增值税试点的通知》(财税〔2016〕36号)的有关规定，以取得的全部价款和价外费用为销售额，按照一般计税方法计算缴纳增值税；也可以选择差额纳税，以取得的全部价款和价外费用，扣除代用工单位支付给劳务派遣员工的工资、福利和为其办理社会保险及住房公积金后的余额为销售额，按照简易计税方法依5%的征收率计算缴纳增值税。

小规模纳税人提供劳务派遣服务，可以按照《财政部 国家税务总局关于全面推开营业税改征增值税试点的通知》(财税〔2016〕36号)的有关规定，以取得的全部价款和价外费用为销售额，按照简易计税方法依3%的征收率计算缴纳增值税；也可以选择差额纳税，以取得的全部价款和价外费用，扣除代用工单位支付给劳务派遣员工的工资、福利和为其办理社会保险及住房公积金后的余额为销售额，按照简易计税方法依5%的征收率计算缴纳增值税。

选择差额纳税的纳税人，向用工单位收取用于支付给劳务派遣员工工资、福利和为其办理社会保险及住房公积金的费用，不得开具增值税专用发票，可以开具普通发票。

营改增后建筑业主要购进业务内容及其涉及的增值税税率、开具票据情况汇总见表A-6。

表 A-6　营改增后建筑业主要购进业务内容及其涉及的增值税税率、开具票据情况汇总

项目名称	进项明细	取得增值税凭证类型	是否可以抵扣	税率			备注
				从一般纳税人取得	从小规模纳税人取得	从农业生产者取得	
房屋、建筑物	外购	增值税专用发票	是	11%	5%		分两年抵扣
		增值税普通发票	否		5%		
原材料	钢材、水泥、混凝土	增值税专用发票	是	17%	3%		如为商品混凝土（仅限于以水泥为原料生产的水泥混凝土）适用增值税简易征收办法
		增值税普通发票	否		3%		
	油品、火工品	增值税专用发票	是	17%	3%		
		增值税普通发票	否		3%		
	原木、原竹	初级农产品是农产品收购 / 销售发票	是			13%	
	地材（沙、土、石料等）	增值税专用发票	是	17%	3%		以自己采掘的砂、土、石料或其他矿物连续生产的砖、瓦、石灰（不含黏土实心砖、瓦）适用增值税简易征收办法
		增值税普通发票	否		3%		
周转材料	自购	增值税专用发票	是	17%	3%		
		增值税普通发票	否		3%		
	外租	增值税专用发票	是	17%	3%		
		增值税普通发票	否		3%		
运输费	外购材料、设备	增值税专用发票	是	11%	3%		
		增值税普通发票	否		3%		
临时设施	按建筑劳务合同签订	增值税专用发票	是	11%	3%		
		增值税普通发票	否		3%		

劳务工程分包	分包方为有建筑资质的公司	增值税专用发票	是	11%	3%		
		增值税普通发票	否		3%		
	分包方为有建筑劳务资质的公司	增值税专用发票	是	11%	3%		
		增值税普通发票	否		3%		
劳务派遣	劳务派遣费用	增值税专用发票	是	6%	3%		财税〔2016〕47号
		增值税普通发票	否	6%	3%		差额开票为5%
	对劳务的考核和奖励	增值税专用发票	是	5%/6%	3%/5%		作为价外费用开票抵扣
		增值税普通发票	否		3%		
租赁费	房屋、不动产租赁费	增值税专用发票	是	11%	5%		
		增值税普通发票	否		5%		
	汽车租赁及其他设备租赁	增值税专用发票	是	17%	3%		
		增值税普通发票	否		3%		
其他生产费用	电费	增值税专用发票	是	17%	3%		
		增值税普通发票	否		3%		
	水费	增值税专用发票	是	13%	3%		
		增值税普通发票	否		3%		

A.3.7 纳税义务发生时间

纳税人发生应税行为并收讫销售款项或者取得索取销售款项凭据的当天为纳税义务发生时间；先开具发票的，为开具发票的当天。

注释：建筑业纳税人，采取预收款方式的，其纳税义务发生时间为收到预收款的当天。

A.3.8 纳税地点

固定业户应当向其机构所在地或者居住地主管税务机关申报纳税。总机构和分支机构不在同一县（市）的，应当分别向各自所在地的主管税务机关申报纳税；经财政部和国家税务总局或者其授权的财政和税务机关批准，可以由总机构汇总向总机构所在地的主管税务机关申报纳税。

总分机构不在同一县（市），但在同一省（自治区、直辖市、计划单列市）范围内的，经省（自治区、直辖市、计划单列市）财政厅（局）和国家税务局批准，可以由总机构向汇总向总机构所在地的主管税务机关申报缴纳增值税。

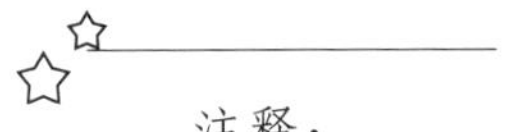

注释：

（1）一般纳税人跨县（市）提供建筑服务，适用一般计税方法计税的，应以取得的全部价款和价外费用为销售额计算应纳税额。纳税人应以取得的全部价款和价外费用扣除支付的分包款后的余额，按照2%的预征率在建筑服务发生地预缴税款后，向机构所在地主管税务机关进行纳税申报。

（2）一般纳税人跨县（市）提供建筑服务，选择适用简易计税方法计税的，应以取得的全部价款和价外费用扣除支付的分包款后的余额为销售额，按照3%的征收率计算应纳税额。纳税人应按照上述计税方法在建筑服务发生地预缴税款后，向机构所在地主管税务机关进行纳税申报。

（3）试点纳税人中的小规模纳税人（以下称小规模纳税人）跨县（市）提供建筑服务，应以取得的全部价款和价外费用扣除支付的分包款后的余额为销售额，按照3%的征收率计算应纳税额。纳税人应按照上述计税方法在建筑服务发生地预缴税款后，向机构所在地主管税务机关进行纳税申报。

（4）一般纳税人跨省（自治区、直辖市或者计划单列市）提供建筑服务或者销售、出租取得的与机构所在地不在同一省（自治区、直辖市或者计划单列市）的不动产，在机构所在地申报纳税时，计算的应纳税额小于已预缴税额，且差额较大的，由国家税务总局通知建筑服务发生地或者不动产所在地省级税务机关，在一定时期内暂停预缴增值税。

A.3.9 注意事项

建筑业可以免征增值税项目包括：

（1）工程项目在境外的建筑服务。

（2）工程项目在境外的工程监理服务。

（3）工程、矿产资源在境外的工程勘察勘探服务。

A.3.10 建议

1. 做好进项发票管理

因建筑业属于人工密集型行业，其中人工成本占较大比重，不可抵扣进项税额，增加企业的税务负担。所以在可进行进项抵扣的项目时，建筑企业要更加注重票据的管理工作，尽量取得可抵扣的增值税专用发票。

2. 改变一些业务模式

资质共享与联营等业务模式在当下已成为建筑企业的常见业务模式。但在实务中，该业务模式的操作方式，不仅违背了建筑法，也违背了合同法，在营改增后还将存在极大的税法合规性风险。

风险主要表现在：一是合同签约方与劳务提供方不一致，导致业务流、发票流、资金流“三流不一致”，招致虚开增值税专用发票风险，同时甲方也会面临着进项税额无法抵扣的风险，进而有可能倒逼施工方变革业务模式。二是销项主要体现在合同签约方（总包），进项主要体现在实际施工方，从而导致进销项不匹配，合同签约方税负增大、利润下降。

应对建议：一是对集团旗下子公司和非法人独立核算分公司的资质进行梳理，将不具有任何资质的非法人独立核算的分公司的税务登记证注销，转变为事业部，并注销部分无发展潜力的子公司。二是改变现有业务模式，加强资质管理，限制资质共享，建议建筑企业采取总分包模式、联合体模式、集中管理等模式，完善增值税抵扣链条。

A.4 房地产业营改增全新政策归纳

A.4.1 纳税人及其分类

自 2016 年 5 月 1 日起，在中华人民共和国境内销售自己开发的房地产项目的企业，为增值税纳税人。

增值税纳税人分为一般纳税人和小规模纳税人。

纳税人年应征增值税销售额（以下称应税销售额）超过 500 万元（含本数）的为一般纳税人，未超过 500 万元的为小规模纳税人。

注释：年应税销售额超过 500 万元的小规模纳税人，应向主管税务机关申请登记为一般纳税人，未超过 500 万元的为小规模纳税人，如果会计核算健全，也能够申请登记成为一般纳税人，但一经登记为一般纳税人，不得转为小规模纳税人。

A.4.2 征税范围

1. 根据《销售服务、无形资产、不动产注释》规定，房地产业主要涉及以下税目

（1）房地产企业销售自己开发的房地产项目适用销售不动产税目。

（2）房地产企业出租自己开发费房地产项目（包括如商铺、写字楼、公寓等），适用租赁服务税目中的不动产经营租赁服务税目和不动产融资租赁服务税目（不含不动产售后回租融资租赁）。

2. 不征收增值税的项目

下列情形不属于在境内销售服务或者无形资产：

（1）境外单位或者个人向境内单位或者个人销售完全在境外发生的服务。

（2）境外单位或者个人向境内单位或者个人销售完全在境外使用的无形资产。

（3）境外单位或者个人向境内单位或者个人出租完全在境外使用的有形动产。

（4）财政部和国家税务总局规定的其他情形。

A.4.3 税率和征收率

（1）房地产企业销售、出租不动产适用的税率均为11%。

（2）小规模纳税人销售、出租不动产，以及一般纳税人提供的可选择简易计税方法的销售、出租不动产业务，征收率为5%。

（3）境内的购买方为境外单位和个人扣缴增值税的，按照适用税率扣缴增值税。

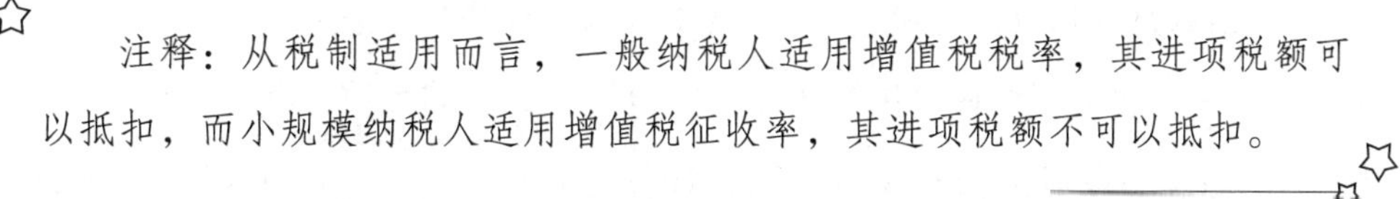

注释：从税制适用而言，一般纳税人适用增值税税率，其进项税额可以抵扣，而小规模纳税人适用增值税征收率，其进项税额不可以抵扣。

A.4.4 计税方法

1. 基本规定

增值税的计税方法，包括一般计税方法和简易计税方法。一般纳税人发生应税行为适用一般计税方法计税。一般纳税人发生财政部和国家税务总局规定的特定应税行为，可以选择适用简易计税方法计税，但一经选择，36 个月内不得变更。小规模纳税人发生应税行为适用简易计税方法计税。

2. 一般计税方法的应纳税额

一般纳税人发生应税行为适用一般计税方法计税。

应纳税额 = 当期销项税额 − 当期进项税额

当期销项税额小于当期进项税额不足抵扣时，其不足部分可以结转下期继续抵扣。

一般计税方法的销售额不包括销项税额，纳税人采用销售额和销项税额合并定价方法的，按照下列公式计算销售额：

销售额 = 含税销售额 ÷（1+ 税率）

房地产开发企业中的一般纳税人（以下简称一般纳税人）销售自行开发的房地产项目，适用一般计税方法计税，按照取得的全部价款和价外费用，扣除当期销售房地产项目对应的土地价款后的余额计算销售额。销售额的计算公式如下：

销售额 =（全部价款和价外费用 − 当期允许扣除的土地价款）÷（1+11%）

当期允许扣除的土地价款按照以下公式计算：

当期允许扣除的土地价款 =（当期销售房地产项目建筑面积 ÷ 房地产项目可供销售建筑面积）× 支付的土地价款

当期销售房地产项目建筑面积，是指当期进行纳税申报的增值税销售额对应的建筑面积。房地产项目可供销售建筑面积，是指房地产项目可以出售的总建筑面积，不包括销售房地产项目时未单独作价结算的配套公共设施的建筑面积。支付的土地价款，是指向政府、土地管理部门或受政府委托收取土地价款的单位直接支付的土地价款。在计算销售额时从全部价款和价外费用中扣除土地价款，应当取得省级以上（含省级）财政部门监

（印）制的财政票据。一般纳税人应建立台账登记土地价款的扣除情况，扣除的土地价款不得超过纳税人实际支付的土地价款。

例 A-8： 某房地产企业为增值税一般纳税人，2016年8月，销售房产收入7 770万元（含税）。当月支付广告费530万元（取得增值税专用发票注明价款500万元，税额30万元）；购入原材料支付3 510万元（取得增值税专用发票注明价款3000万元，税额510万元），该月应纳税额为：

不含税销售额 =7 770÷（1+11%）=7 000（万元）

应纳税额 =7 000×11%−30−510=230（万元）

3. 简易计税方法的应纳税额

（1）简易计税方法的应纳税额，是指按照销售额和增值税征收率计算的增值税额，不得抵扣进项税额。应纳税额计算公式：

应纳税额 = 销售额 × 征收率

（2）简易计税方法的销售额不包括其应纳税额，纳税人采用销售额和应纳税额合并定价方法的，按照下列公式计算销售额：

销售额 = 含税销售额 ÷（1+ 征收率）

例 A-9： 某房地产企业为增值税一般纳税人，2016年7月，销售自行开发的开工日期在2016年4月30日前的房地产项目，取得销售收入4 200万元（含税）。

不含税销售额 =4 200÷（1+5%）=4 000（万元）

应纳税额 =4 000×5%=200（万元）

A.4.5 销售额的确定

1. 基本规定

纳税人发生应税行为取得的全部价款和价外费用。财政部和国家税务总局另有规定的除外。

价外费用，是指价外收取的各种性质的收费，但不包括以下项目：

（1）代为收取并符合财税2016年36号文件附件1《营业税改增值税

试点实行办法》第十条规定的政府性基金或者行政事业性收费。

（2）以委托方名义开具发票代委托方收取的款项。

2. 具体方法

（1）房地产开发企业中的一般纳税人销售其开发的房地产项目（选择简易计税方法的房地产老项目除外），以取得的全部价款和价外费用，扣除受让土地时向政府部门支付的土地价款后的余额为销售额。一般纳税人销售自行开发的房地产老项目适用简易计税方法计税的，以取得的全部价款和价外费用为销售额，不得扣除对应的土地价款。

房地产老项目，是指：

1）《建筑工程施工许可证》注明的合同开工日期在2016年4月30日前的房地产项目。

2）《建筑工程施工许可证》未注明合同开工日期或者未取得《建筑工程施工许可证》但建筑工程承包合同注明的开工日期在2016年4月30日前的建筑工程项目。

（2）房地产开发企业中的一般纳税人，销售自行开发的房地产老项目，可以选择适用简易计税方法按照5%的征收率计税。

（3）房地产开发企业中的小规模纳税人，销售自行开发的房地产项目，按照5%的征收率计税。

（4）房地产开发企业采取预收款方式销售所开发的房地产项目，在收到预收款时按照3%的预征率预缴增值税。

（5）房地产开发企业中的一般纳税人销售房地产老项目，适用一般计税方法计税的，应以取得的全部价款和价外费用，按照3%的预征率在不动产所在地预缴税款后，向机构所在地主管税务机关进行纳税申报。

3. 试点前发生的业务

（1）试点纳税人发生应税行为，按照国家有关营业税政策规定差额征收营业税的，因取得的全部价款和价外费用不足以抵减允许扣除项目金额，截至纳入营改增试点之日前尚未扣除的部分，不得在计算试点纳税人增值税应税销售额时抵减，应当向原主管地税机关申请退还营业税。

（2）试点纳税人发生应税行为，在纳入营改增试点之日前已缴纳营业税，营改增试点后因发生退款减除营业额的，应当向原主管地税机关申请退还已缴纳的营业税。

（3）试点纳税人纳入营改增试点之日前发生的应税行为，因税收检查等原因需要补缴税款的，应按照营业税政策规定补缴营业税。

4. 销售使用过的固定资产

一般纳税人销售自己使用过的、纳入营改增试点之日前取得的固定资产，按照现行旧货相关增值税政策执行。

使用过的固定资产，是指纳税人符合《营业税改征增值税试点实施办法》第二十八条规定并根据财务会计制度已经计提折旧的固定资产。

5. 视同销售的处理

纳税人发生应税行为价格明显偏低或者偏高且不具有合理商业目的的，或者发生单位或者个体工商户向其他单位或者个人无偿转让不动产而无销售额的（用于公益事业或者以社会公众为对象的除外），主管税务机关有权按照下列顺序确定销售额：

（1）按照纳税人最近时期销售同类服务、无形资产或者不动产的平均价格确定。

（2）按照其他纳税人最近时期销售同类服务、无形资产或者不动产的平均价格确定。

（3）按照组成计税价格确定。组成计税价格的公式为：

$$组成计税价格=成本\times(1+成本利润率)$$

纳税人兼营免税、减税项目的，应当分别核算免税、减税项目的销售额；未分别核算的，不得免税、减税。

营改增后房地产业主要销售业务内容及其涉及的增值税税率、开具票据情况汇总见表A-7。

表 A-7 营改增后房地产业主要销售业务内容及其涉及的增值税税率、开具票据情况汇总

项目	销项明细	开具增值税凭证类型	税率		备注
			一般纳税人	小规模纳税人	
1	销售自行开发的开工日期在2016年4月30日前的房地产项目	增值税普通发票	5%	5%	可以选择简易办法征收
2	出租其2016年4月30日前取得的不动产	增值税普通发票	5%	5%	可以选择简易办法征收
3	销售2016年5月1日后取得的房地产项目	增值税专用发票	11%	5%	不适用于个人销售住房
4	销售新开发房地产项目	增值税专用发票	11%	5%	不适用于个人销售住房

A.4.6 进项税额及进项发票

1. 增值税抵扣凭证

纳税人取得的增值税扣税凭证不符合法律、行政法规或者国家税务总局有关规定的，其进项税额不得从销项税额中抵扣。

增值税扣税凭证，是指增值税专用发票、海关进口增值税专用缴款书、农产品收购发票、农产品销售发票和完税凭证。

纳税人凭完税凭证抵扣进项税额的，应当具备书面合同、付款证明和境外单位的对账单或者发票。资料不全的，其进项税额不得从销项税额中抵扣。

2. 准予从销项税额中抵扣的进项税额

（1）从销售方取得的增值税专用发票（含税控机动车销售统一发票，下同）上注明的增值税额。

（2）从海关取得的海关进口增值税专用缴款书上注明的增值税额。

（3）购进农产品，除取得增值税专用发票或者海关进口增值税专用缴款书外，按照农产品收购发票或者销售发票上注明的农产品买价和13%的扣除率计算的进项税额。计算公式为：

$$进项税额 = 买价 \times 扣除率$$

买价，是指纳税人购进农产品在农产品收购发票或者销售发票上注明的价款和按照规定缴纳的烟叶税。

购进农产品，按照《农产品增值税进项税额核定扣除试点实施办法》抵扣进项税额的除外。

（4）从境外单位或者个人购进服务、无形资产或者不动产，自税务机关或者扣缴义务人取得的解缴税款的完税凭证上注明的增值税额。

3. 不得从销项税额中抵扣的进项税额

（1）用于简易计税方法计税项目、免征增值税项目、集体福利或者个人消费的购进货物、加工修理修配劳务、服务、无形资产和不动产。其中涉及的固定资产、无形资产、不动产，仅指专用于上述项目的固定资产、无形资产（不包括其他权益性无形资产）、不动产。

纳税人的交际应酬消费属于个人消费。

（2）非正常损失的购进货物，以及相关的加工修理修配劳务和交通运输服务。

（3）非正常损失的在产品、产成品所耗用的购进货物（不包括固定资产）、加工修理修配劳务和交通运输服务。

（4）非正常损失的不动产，以及该不动产所耗用的购进货物、设计服务和建筑服务。

（5）非正常损失的不动产在建工程所耗用的购进货物、设计服务和建筑服务。

纳税人新建、改建、扩建、修缮、装饰不动产，均属于不动产在建工程。

（6）购进的旅客运输服务、贷款服务、餐饮服务、居民日常服务和娱乐服务。

（7）财政部和国家税务总局规定的其他情形。

本条第（4）项、第（5）项所称货物，是指构成不动产实体的材料和设备，包括建筑装饰材料和给水排水、采暖、卫生、通风、照明、通信、煤气、消防、中央空调、电梯、电气、智能化楼宇设备及配套设施。

只有登记为增值税一般纳税人的房地产企业才涉及增值税进项税额抵扣。

一般纳税人销售自行开发的房地产项目，兼有一般计税方法计税、简易计税方法计税、免征增值税的房地产项目而无法划分不得抵扣的进项税额的，应以《建筑工程施工许可证》注明的“建设规模”为依据进行划分。

不得抵扣的进项税额 = 当期无法划分的全部进项税额 ×
（简易计税、免税房地产项目建设规模 ÷ 房地产项目总建设规模）

营改增后房地产业主要购进业务内容及其涉及的增值税税率、开具票据情况汇总见表 A-8。

A.4.7 纳税义务发生时间

（1）纳税人销售、出租不动产，为发生应税行为并收讫销售款项或者取得索取销售款项凭据的当天；先开具发票的，为开具发票的当天。

收讫销售款项，是指纳税人销售、出租不动产过程中或者完成后收到款项。

取得索取销售款项凭据的当天，是指书面合同确定的付款日期；未签订书面合同或者书面合同未确定付款日期的，为不动产权属变更的当天。

（2）纳税人提供租赁服务采取预收款方式的，其纳税义务发生时间为收到预收款的当天。

A.4.8 纳税地点

属于固定业户的纳税人销售租赁不动产应当向其机构所在地或者居住地的主管税务机关申报纳税。总机构和分支机构不在同一县（市）的，应当分别向各自所在地的主管税务机关申报纳税；经财政部和国家税务总局或者其授权的财政和税务机关批准，可以由总机构汇总向总机构所在地的主管税务机关申报纳税。

表 A-8 营改增后房地产业主要购进业务内容及其涉及的增值税税率、开具票据情况汇总

项目名称	进项明细	取得增值税凭证类型	是否可以抵扣	税率			备注
				从一般纳税人取得	从小规模纳税人取得	从农业生产者取得	
1	5月1日之后购入的不动产	增值税专用发票	是	11%	5%		这部分可抵进项分摊在不动产购入后两年内抵扣，第一年可抵扣60%，余下的40%可于第二年抵扣。此规定同样适用于2016年5月1日后取得的不动产在建工程，但不适用于不包括房地产企业自行开发的房地产、融资租入的不动产以及在施工现场修建的临时建筑物、构筑物
		增值税普通发票	否		5%		
2	4月30日之前购入不动产						不能抵扣
3	水费	增值税专用发票	是	13%	3%		
		增值税普通发票	否		3%		
4	电费	增值税专用发票	是	17%	3%		
		增值税普通发票	否		3%		
5	运费	增值税专用发票	是	11%	3%		
		增值税普通发票	否		3%		
6	广告费	增值税专用发票	是	6%	3%		
		增值税普通发票	否		3%		
7	销售代理费	增值税专用发票	是	6%	3%		
		增值税普通发票	否		3%		
8	销售推广费	增值税专用发票	是	6%	3%		
		增值税普通发票	否		3%		
9	交易服务费	增值税专用发票	是	6%	3%		
		增值税普通发票	否		3%		

（续）

项目名称	进项明细	取得增值税凭证类型	是否可以抵扣	税率			备注
				从一般纳税人取得	从小规模纳税人取得	从农业生产者取得	
10	劳务派遣	增值税专用发票	是	6%	3%		
		增值税普通发票	否		3%		
11	租车费	增值税专用发票	是	11% 或 17%	3%		如果带司机为 11%，如果不带司机为 17%
		增值税普通发票	否		3%		
12	购买原材料	增值税专用发票	是	17%	3%		
		增值税普通发票	否		3%		
13	修理费	增值税专用发票	是	17%	3%		
		增值税普通发票	否		3%		
14	通讯费	增值税专用发票	是	6%	3%		
		增值税普通发票	否		3%		
15	咨询费	增值税专用发票	是	6%	3%		
		增值税普通发票	否		3%		
16	律师费	增值税专用发票	是	6%	3%		
		增值税普通发票	否		3%		
17	业务招待费						不能抵扣
18	人力资源费支出						不能抵扣

属于固定业户的试点纳税人，总分支机构不在同一县（市），但在同一省（自治区、直辖市、计划单列市）范围内的，经省（自治区、直辖市、计划单列市）财政厅（局）和国家税务局批准，可以由总机构汇总向总机构所在地的主管税务机关申报缴纳增值税。

扣缴义务人应当向其机构所在地或者居住地主管税务机关申报缴纳扣缴的税款。

A.4.9 注意事项

1. 过渡期可自主选择简易计税

营改增新法规包括一系列过渡性政策，其中包括房地产开发企业中的一般纳税人，销售自行开发的开工日期在 2016 年 4 月 30 日前的房地产项目，以及一般纳税人出租其 2016 年 4 月 30 日前取得的不动产，都可以选择适用简易计税方法按照 5% 的征收率计税。

这意味着房地产企业的老项目可以适用和营业税同样的税率。这一安排是为了实现营改增的平稳过渡，增值税率不会突然间提高到 11%。销售 2016 年 5 月 1 日后取得的或新开发房地产项目才适用于 11% 的增值税税率，这一政策不适用于个人销售住房。

过渡性政策可能是房地产业主、出租方、房地产基金和房地产投资公司最为密切关注的重要方面。对政府来说，引入增值税最困难的问题之一是，如何在不影响市场经济秩序的前提下，将增值税适用于存量的房地产和建筑业项目。

过渡期政策期间，供应商可以自主选择简易计税方式，也可选择以行业税率为依据缴纳增值税。供应商也可以按照不同的项目选择适用不同的税率进行缴纳增值税。纳税人一旦选定一种计税方式，则在之后的 36 个月期间不得更改。

2. 对发生的土地采购成本视同进项抵扣

当房地产开发商销售房地产计算增值税额的时候，向政府部门支付的土地价款可以从销售额中扣除。

这个优惠政策将会有效地保证房地产开发商只对其增值的部分进行纳税，但只能用于房地产开发商按照 11% 的增值税税率缴纳增值税，而不适用于开发商选择过渡期政策按征收率缴纳增值税的情况。

对于申请成为一般纳税人的房地产开发商，将可以把从政府采购的土地成本从销售额中扣除，保证房地产开发商只就业务中增值的部分缴纳增值税。但是此规定只能适用于房地产开发商适用于 11% 的增值税税率时，而不适用于 5% 的增值税税率。

当房地产开发商使用预售方式销售房产并收讫预付款时，是否立即产生了增值税纳税义务，实操中预收款可能会发生在任何重大的建筑施工之前。营改增细则并没有就此提出要求，如果收到预收款没有开具增值税发票，销售不动产的纳税义务发生时间为合同规定时间或权属变更时。但是，在收到预收款时需要按 3% 的预征率预缴增值税。

3. 个人出售 2 年以上住房免征增值税

北京、上海、广州和深圳，个人将购买不足 2 年的住房对外销售的，按照 5% 的征收率全额缴纳增值税；个人将购买 2 年以上（含 2 年）的非普通住房对外销售的，以销售收入减去购买住房价款后的差额按照 5% 的征收率缴纳增值税；个人将购买 2 年以上（含 2 年）的普通住房对外销售的，免征增值税。

北上广深以外的城市，个人将购买不足 2 年的住房对外销售的，按照 5% 的征收率全额缴纳增值税；个人将购买 2 年以上（含 2 年）的住房对外销售的，免征增值税。

该政策延续了营业税的规定，这一政策不仅适用于个人自住用房，也适用于投资的住房。个人将购买不足 2 年的住房对外销售的，按照 5% 的征收率全额缴纳增值税，计税基础是住宅销售额。

除北上广深外，个人将购买 2 年以上（含 2 年）的住房对外销售的，免征增值税，目的是鼓励长期持有不动产，抑制市场投机行为。这个政策适用于所有个人持有的“住宅”房地产。因此，对于房地产投资者也将会适用于免税政策，个人出租住房的收入则适用 1.5% 的增值税税率。

4. 分期抵扣适用于 11% 税率的不动产进项税额

5 月 1 日之后购入的不动产将适用 11% 的增值税税率，并且如果购买方是增值税一般纳税人，可以就不动产相关进项税额可以申报抵扣。

政策进一步规定，这部分可抵进项分摊在不动产购入后两年内抵扣，第一年可抵扣 60%，余下的 40% 可于第二年抵扣。此规定同样适用于 2016 年 5 月 1 日后取得的不动产在建工程，但不适用于房地产企业自行开发的房地产、融资租入的不动产以及在施工现场修建的临时建筑物、构筑物。

A.4.10 建议

1. 和具备正规资质的上游企业合作

从上游看，一定要尽可能取得可抵扣的增值税发票，这就要求房地产企业和正规的供应商和建筑企业合作。当然同时也要注意供应商也可能会趁机提高售价，一定要多家询价进行比较。

2. 增加面对企业客户的销售

从下游看，房地产企业面对企业销售会更加有利于销售的完成，因为下游企业在购房后也获得了可抵扣的增值税发票。因此营改增将更有利于商业地产的开发。

3. 提高精装修房销售比例

面对普通购房者，他们是各种税负的最终承担者，增加对精装修房的销售有利于取得更多的固定资产和物料的增值税发票予以抵扣，降低企业税负，增加盈利空间。

4. 改变竞争策略

在抵扣充足、税负总体下降的房地产企业，它们更加有成本优势来进行房屋销售，因此面对这些竞争，房地产企业不可再实行“捂盘惜售”的策略。

5. 提升企业内控水平

房地产企业应：提高纳税意识，杜绝在原材料采购环节和接受劳务过程中不要发票的现象；加强工程决算的管理，及时与施工企业进行工程决算，及时取得发票，不应拖延；提高会计核算质量，做到笔笔账目有合法的原始依据，坚决做到没有发票不得抵扣，提高会计核算的及时性，达到项目竣工验收，会计核算结束。

【补充资料】

根据《纳税人转让不动产增值税征收管理暂行办法》（国家税务总局公告2016年第14号，以下简称“14号公告”），差额计算销售额（或预缴基数）的凭证要求：纳税人符合差额计算销售额（或预缴基数）条件时，从全部价款和价外费用中扣除不动产购置原价或者取得不动产时的作价的，需要取得合法有效凭证，否则不得扣除。这里的合法有效凭证是指：税务部门监制的发票；法院判决书、裁定书、调解书，以及仲裁裁决书、公证债权文书及国家税务总局规定的其他凭证。

（1）税款计算。纳税人按5%的预征率或征收率预缴税款的，按以下公式计算应预缴税款。

1）以全额方式计算预缴基数的：应预缴税款 = 全部价款和价外费用 ÷（1+5%）× 5%

2）以差额方式计算预缴基数的：应预缴税款 =（全部价款和价外费用 − 不动产购置原价或者取得不动产时的作价）÷（1+5%）× 5%

在不动产所在地预缴的增值税税款，可以在当期增值税应纳税额中抵减，抵减不完的，结转下期继续抵减。

（2）发票管理。小规模纳税人转让其取得的不动产，不能自行开具增值税发票的，可向不动产所在地主管地税机关申请代开；纳税人向其他个人转让其取得的不动产，不得开具或申请代开增值税专用发票。

（3）征管罚则。转让不动产时，如果自应当预缴之月起，超过6个月没有向不动产所在地主管地税机关预缴税款的，机构所在地主管国税机关可以按照征管法及相关规定进行处理。

根据《不动产进项税额分期抵扣暂行办法》（国家税务总局公告 2016 年第 15 号，以下简称“15 号公告”），财税〔2016〕36 号规定的分 2 年抵扣政策适用于 2016 年 5 月 1 日后取得，并在会计制度上按固定资产核算的不动产；以及 2016 年 5 月 1 日后发生的不动产在建工程。但下列三种情形（无论取得或发生时间）不包括在内：

1）房地产开发企业自行开发的房地产项目。

2）融资租入的不动产。

3）在施工现场修建的临时建筑物、构筑物。

（1）进项税额范围。对于经建造（含改建等情形）取得不动产的情形，15 号公告明确 2016 年 5 月 1 日后购进货物和设计服务、建筑服务，用于下列项目的，其进项税额可以适用于分 2 年抵扣政策：

1）用于新建不动产。

2）用于改建、扩建、修缮、装饰不动产并增加不动产原值超过 50%。

上述购进货物，是指构成不动产实体的材料和设备，包括建筑装饰材料和给水排水、采暖、卫生、通风、照明、通信、煤气、消防、中央空调、电梯、电气、智能化楼宇设备及配套设施。而且，适用于分 2 年抵扣政策的进项税额，应取得 2016 年 5 月 1 日后开具的合法有效的增值税扣税凭证。

（2）抵扣时点。一般情况下，适用分 2 年抵扣政策的进项税额，60% 的部分于取得扣税凭证当期可进行抵扣，剩余的 40% 部分计入待抵扣进项税额，于取得扣税凭证的当月起第 13 个月获得抵扣。

15 号公告同时规定了以下特殊情形的抵扣时间处理：

1）购进时已全额抵扣进项税额的货物和服务，转用于不动产在建工程的，其已抵扣进项税额的 40% 部分，应于转用的当期从进项税额中扣减，并于转用的当月起第 13 个月从销项税额中抵扣。

2）在 2 年不动产进项税额抵扣期间，如果发生销售该不动产或不动产在建工程的，或发生注销税务登记的，尚未抵扣完毕的待抵扣进项税额，允许于销售当期或注销清算当期从销项税额中抵扣。

（3）进项转出。已抵扣进项税额的不动产，发生非正常损失，或者改变用途以致相关进项税不得抵扣的（例如改为专用于简易计税方法计税项目、免征增值税项目、集体福利或者个人消费），需按下列公式计算不得进行抵扣的进项税额，并进行相关处理：

不得抵扣的进项税额 =（已抵扣进项税额 + 待抵扣进项税额）× 不动产净值率

不动产净值率 =（不动产净值 ÷ 不动产原值）× 100%

不得抵扣的进项税额不大于该不动产已抵扣进项税额的，应于改变用途当期，将不得抵扣的进项税额从进项税额中扣减（即进项税额转出）；大于该不动产已抵扣进项税额的，除作进项税额转出以外，还须相应扣减该不动产的待抵扣进项税额。

不动产在建工程发生非正常损失的，所耗用的购进货物、设计服务和建筑服务已抵扣的进项税额应于当期全部转出，其待抵扣进项税额不得抵扣。

（4）会计核算和台账管理。

不动产待抵扣进项税额（即40%的部分）记入“应交税金——待抵扣进项税额”科目核算，在可抵扣当期转入“应交税金——应交增值税（进项税额）”科目；且对于不同的不动产和不动产在建工程，纳税人应分别核算其待抵扣进项税额。

纳税人应建立不动产和不动产在建工程台账，分别记录并归集不动产和不动产在建工程的成本、费用、扣税凭证及进项税额抵扣情况，留存备查。对用于不得抵扣进项税项目（例如简易计税方法计税项目、免征增值税项目、集体福利或者个人消费等）的不动产和不动产在建工程，也应在建立的台账中记录。

（5）征管罚则。对于纳税人未按照有关规定抵扣不动产和不动产在建工程进项税额的，主管国税机关可以按照征管法及相关规定进行处理。

根据《纳税人提供不动产经营租赁服务增值税征收管理暂行办法》(国家税务总局公告2016年第16号，以下简称“16号公告”）经营租赁不动产：

（1）适用范围。16号公告明确，该公告中的相关规定不适用于纳税人提供道路通行服务的情形。

（2）纳税地点。一般情形下，纳税人出租的不动产所在地与机构所在地不在同一县（市、区）的，纳税人应向不动产所在地国税机关预缴税款，向机构所在地主管国税机关申报纳税。然而，对于不动产所在地与机构所在地虽不在同一县（市、区)，但在同一直辖市或计划单列市的，由该直辖市或计划单列市国家税务局决定是否在不动产所在地预缴税款。

（3）税款计算。需要进行税款预缴的，纳税人应按以下公式计算预缴税款。

适用一般计税方法的：应预缴税款 = 含税销售额 ÷（1+11%）× 3%

适用简易计税方法的：应预缴税款 = 含税销售额 ÷（1+5%）× 5%（或1.5%）

在不动产所在地预缴的增值税税款，可以在当期增值税应纳税额中抵减，抵减不完的，结转下期继续抵减。

（4）纳税时点。纳税人需要根据16号公告预缴税款的，应在取得租金的次月纳税申报期或不动产所在地主管国税机关核定的纳税期限预缴税款。

（5）发票管理。小规模纳税人中的单位和个体工商户出租不动产，不能自行开具增值税发票的，以及其他个人出租不动产，可向不动产所在地主管国税机关申请代开增值税发票。纳税人向其他个人出租不动产，不得开具或申请代开增值税专用发票。

（6）征管罚则。出租不动产时，如果自应当预缴之月起，超过6个月没有向不动产所在地主管国税机关预缴税款的，机构所在地主管国税机关可以按照征管法及相关规定进行处理。

根据《纳税人跨县（市、区）提供建筑服务增值税征收管理暂行办法》（国家税务总局公告 2016 年第 17 号，以下简称“17 号公告”）跨县（市、区）提供建筑服务：

（1）纳税地点。一般情形下，纳税人在其机构所在地以外的县（市、区）提供建筑服务的，应根据 17 号公告的规定向建筑服务发生地国税机关预缴税款，向机构所在地主管国税机关申报纳税。然而，对于建筑服务发生地与机构所在地虽不在同一县（市、区），但在同一直辖市或计划单列市的，由该直辖市或计划单列市国家税务局决定是否适用 17 号公告的有关办法。

（2）差额计算销售额（或预缴基数）的凭证要求。纳税人符合差额计算销售额（或预缴基数）条件时，从全部价款和价外费用中扣除支付的分包款的，需要取得合法有效凭证，否则不得扣除．这里的合法有效凭证是指：

1）从分包方取得的 2016 年 4 月 30 日前开具的建筑业营业税发票。上述建筑业营业税发票在 2016 年 6 月 30 日前可作为预缴税款的扣除凭证。

2）从分包方取得的 2016 年 5 月 1 日后开具的，备注栏注明建筑服务发生地所在县（市、区）、项目名称的增值税发票。

3）国家税务总局规定的其他凭证。

（3）税款计算根据 17 号公告规定，跨县（市、区）提供建筑服务预缴税款的计算公式如下。

适用一般计税方法的：应预缴税款 =（全部价款和价外费用 − 支付的分包款）÷（1+11%）×2%

适用简易计税方法的：应预缴税款 =（全部价款和价外费用 − 支付的分包款）÷（1+3%）× 3%

全部价款和价外费用扣除支付的分包款后的余额为负数的，可结转下次预缴税款时继续扣除。

纳税人应按照工程项目分别计算应预缴税款，分别预缴。

在建筑服务发生地预缴的增值税税款，可以在当期增值税应纳税额中抵减，抵减不完的，结转下期继续抵减。

（4）预缴台账和资料管理。纳税人在预缴税款时，除需填报《增值税预缴税款表》以外，还需提交与发包方签订的建筑合同原件及复印件、与分包方签订的分包合同原件及复印件和从分包方取得的发票原件及复印件。

纳税人还应自行建立预缴税款台账，区分不同县（市、区）和项目逐笔登记全部收入、支付的分包款、已扣除的分包款、扣除分包款的发票号码、已预缴税款以及预缴税款的完税凭证号码等相关内容，留存备查。

（5）征管罚则。纳税人跨县（市、区）提供建筑服务时，如果自应当预缴之月起，超过6个月没有向建筑服务发生地主管国税机关预缴税款的，机构所在地主管国税机关可以按照征管法及相关规定进行处理。

根据《房地产开发企业销售自行开发的房地产项目增值税征收管理暂行办法》（国家税务总局公告2016年第18号，以下简称“18号公告”）房产开发企业销售自行开发房产项目：

（1）适用范围。18号公告适用于房地产开发企业销售自行开发房地产项目的增值税处理。其中“自行开发”，是指在依法取得土地使用权的土地上进行基础设施和房屋建设；以接盘等形式购入未完工的房地产项目继续开发后，以自己的名义立项销售的，也属于18号公告的适用范围。

（2）差额计算销售额。房地产开发企业一般纳税人适用一般计税方法计税时，可以从全部价款和价外费用中扣除当期销售房地产项目对应的土地价款，以计算销售额。其计算公式如下：

销售额 =（全部价款和价外费用 – 当期允许扣除的土地价款）÷（1+11%）

当期允许扣除的土地价款 =（当期销售房地产项目建筑面积 ÷ 房地产项目可供销售建筑面积）× 支付的土地价款

上述公式中：

当期销售房地产项目建筑面积，是指当期进行纳税申报的增值税销售额对应的建筑面积。

房地产项目可供销售建筑面积，是指房地产项目可以出售的总建筑面积，不包括销售房地产项目时未单独作价结算的配套公共设施的建筑面积。

支付的土地价款，是指向政府、土地管理部门或受政府委托收取土地价款的单位直接支付的土地价款，且应当取得省级以上（含省级）财政部门监（印）制的财政票据。一般纳税人应就土地价款扣除情况建立台账，扣除的土地价款不得超过纳税人实际支付的土地价款。

（3）房地产老项目。对于可选择适用简易计税方法的房地产老项目，18号公告在财税〔2016〕36号的基础上对其定义进行了调整，使其接近于建筑业的建筑工程老项目范围。调整后的房地产老项目是指：

1）《建筑工程施工许可证》注明的合同开工日期在2016年4月30日前的房地产项目 。

2）《建筑工程施工许可证》未注明合同开工日期或者未取得《建筑工程施工许可证》但建筑工程承包合同注明的开工日期在2016年4月30日前的建筑工程项目。

（4）税款计算。财税〔2016〕36号规定，房地产开发商采取预收款方式销售自行开发房地产项目的，应按3%的预征率预缴增值税。18号公告明确其计算公式如下：

应预缴税款 = 预收款 ÷（1 + 适用税率 11% 或征收率 5%）× 3%

预缴的增值税税款，可以在当期增值税应纳税额中抵减，抵减不完的，结转下期继续抵减。

（5）纳税时点。纳税人需要预缴税款的，应在取得预收款的次月纳税申报期或主管国税机关核定的纳税期限预缴税款。

（6）进项税划分。一般纳税人销售自行开发的房地产项目，兼有可以抵扣进项税房地产项目（即一般计税方法计税房地产项目）和不得抵扣进项税房地产项目（如简易计税方法计税或免征增值税的房地产项目），但无法划分不得抵扣的进项税额的，应以《建筑工程施工许可证》注明的“建设规模”为依据，按下列公式进行划分：

不得抵扣的进项税额 = 当期无法划分的全部进项税额 ×（简易计税、免税房地产项目建设规模 ÷ 房地产项目总建设规模）

（7）发票管理。

1）一般纳税人销售自行开发的房地产项目，自行开具增值税发票。

2）一般纳税人和小规模纳税人销售自行开发的房地产项目，其2016年4月30日前收取并已向主管地税机关申报缴纳营业税的预收款，未开具营业税发票的，可以开具增值税普通发票，但不得开具或申请代开增值税专用发票。

3）纳税人向其他个人销售自行开发的房地产项目，不得开具或代开增值税专用发票。

4）小规模纳税人销售自行开发的房地产项目，自行开具增值税普通发票。购买方需要增值税专用发票的，小规模纳税人向主管国税机关申请代开。

（8）征管罚则。房地产开发企业销售自行开发的房地产项目，未按规定预缴或缴纳税款的，由主管国税机关按照征管法及相关规定进行处理。

A.5　金融业营改增全新政策归纳

A.5.1　纳税人

自2016年5月1日起，在中华人民共和国境内提供餐饮服务的单位和个人，为增值税纳税人。

A.5.2　纳税人分类

增值税纳税人分为一般纳税人和小规模纳税人。

纳税人年应征增值税销售额（以下称应税销售额）超过500万元的为一般纳税人，未超过500万元的为小规模纳税人。

注释：年应税销售额超过500万元的小规模纳税人，应向主管税务机关申请登记为一般纳税人，未超过500万元的为小规模纳税人，如果会计核算健全，也能够申请登记成为一般纳税人，但一经登记为一般纳税人，不得转为小规模纳税人。

A.5.3 税率和征收率

一般纳税人提供金融服务，税率为6%；小规模纳税人提供金融服务，征收率为3%。

A.5.4 计税方法

1. 基本规定

增值税的计税方法，包括一般计税方法和简易计税方法。

一般纳税人发生应税行为适用一般计税方法计税。

一般纳税人发生财政部和国家税务总局规定的特定应税行为，可以选择适用简易计税方法计税，但一经选择，36个月内不得变更。

小规模纳税人发生应税行为适用简易计税方法计税。

2. 一般计税方法的应纳税额

一般计税方法的应纳税额，是指当期销项税额抵扣当期进项税额后的余额。应纳税额计算公式：

应纳税额 = 销项税额 − 进项税额

当期销项税额小于当期进项税额不足抵扣时，其不足部分可以结转下期继续抵扣。

销项税额，是指纳税人发生应税行为按照销售额和增值税税率计算并收取的增值税额。销项税额计算公式：

销项税额 = 不含税销售额 ×6%

一般计税方法的销售额不包括销项税额，纳税人采用销售额和销项税额合并定价方法的，按照下列公式计算销售额：

不含税销售额 = 含税销售额 ÷（1+6%）

例 A-10：某股份制银行为一般纳税人，2016 年第三季度取得一般贷款业务利息收入 848 万元（含税），支付单位、个人存款利息 100 万元，该季度应纳税额为：

不含税收入 = 848 ÷（1 + 6%）=800（万元）

应纳税额 = 800 × 6% =48（万元）

3. 简易计税方法的应纳税额

小规模纳税人发生应税行为适用简易计税方法计税。

简易计税方法的应纳税额，是指按照销售额和增值税征收率计算的增值税额，不得抵扣进项税额。应纳税额计算公式：

应纳税额 = 不含税销售额 ×3%

不含税销售额 = 含税销售额 ÷（1+3%）

例 A-11：某金融机构为小规模纳税人，2016 年第四季度吸收存款支付利息 50 万元，发放贷款取得利息收入 103 万元（含税），该季度应纳税额为：

不含税收入 = 103 ÷（1+3%）=100（万元）

应纳税额 =100×3%=3（万元）

A.5.5　销售额及销项发票

纳税人提供金融服务，以取得的全部价款（不含销项税额）和价外费用为销售额，按照相应税率和征收率，缴纳增值税。金融服务包括以下几项内容：

1. 贷款服务

以提供贷款服务取得的全部利息及利息性质的收入为销售额。

2. 直接收费金融服务

以提供直接收费金融服务收取的手续费、佣金、酬金、管理费、服务费、经手费、开户费、过户费、结算费、转托管费等各类费用为销售额。

3. 金融商品转让

（1）按照卖出价扣除买入价后的余额为销售额。

（2）转让金融商品出现的正负差，按盈亏相抵后的余额为销售额。若相抵后出现负差，可结转下一纳税期与下期转让金融商品销售额相抵，但年末时仍出现负差的，不得转入下一个会计年度。

（3）金融商品的买入价，可以选择按照加权平均法或者移动加权平均法进行核算，选择后 36 个月内不得变更。

（4）金融商品转让，不得开具增值税专用发票。

4. 经纪代理服务

以取得的全部价款和价外费用，扣除向委托方收取并代为支付的政府性基金或行政事业性收费后的余额为销售额。

向委托方收取的政府性基金或者行政事业性收费，不得开具增值税专用发票。

5. 融资性售后回租

经人民银行、银监会或者商务部批准从事融资租赁业务的试点纳税人，提供融资性售后回租服务，以取得的全部价款和价外费用（不含本金），扣除对外支付的借款利息（包括外汇借款和人民币借款利息）、发行债券利息后的余额作为销售额。

试点纳税人根据 2016 年 4 月 30 日前签订的有形动产融资性售后回租合同，在合同到期前提供的有形动产融资性售后回租服务，可继续按照有形动产融资租赁服务缴纳增值税。

营改增后金融业主要销售业务及其涉及的增值税税率、开具票据情况汇总见表A-9。

表A-9　营改增后金融业主要销售业务及其涉及的增值税税率、开具票据情况汇总

项目	销项明细	开具增值税凭证类型	税率		备注
			一般纳税人	小规模纳税人	
1	贷款服务	增值税专用发票	6%	3%	
2	经纪代理服务	增值税专用发票	6%	3%	向委托方收取的政府性基金或者行政事业性收费，不得开具增值税专用发票
3	直接收费金融服务	增值税专用发票	6%	3%	
4	融资性售后回租	增值税专用发票	6%	3%	有形动产融资性售后回租服务的老合同，选择扣除本金部分后的余额为销售额时，向承租方收取的有形动产价款本金，不得开具增值税专用发票，可以开具普通发票
5	金融商品转让	增值税普通发票	6%	3%	不得开具增值税专用发票

A.5.6　进项税额及进项发票

1. 下列进项税额准予从销项税额中抵扣

（1）从销售方取得的增值税专用发票（含税控机动车销售统一发票，下同）上注明的增值税额。

（2）从海关取得的海关进口增值税专用缴款书上注明的增值税额。

（3）从境外单位或者个人购进服务、无形资产或者不动产，自税务机关或者扣缴义务人取得的解缴税款的完税凭证上注明的增值税额。

2. 下列进项税额不得从销项税额中抵扣

（1）纳税人取得的增值税扣税凭证不符合法律、行政法规或者国家税务总局有关规定的，其进项税额不得从销项税额中抵扣。

增值税扣税凭证，是指增值税专用发票、海关进口增值税专用缴款书、农产品收购发票、农产品销售发票和完税凭证。

纳税人凭完税凭证抵扣进项税额的，应当具备书面合同、付款证明和境外单位的对账单或者发票。资料不全的，其进项税额不得从销项税额中抵扣。

（2）用于简易计税方法计税项目、免征增值税项目、集体福利或者个人消费的购进货物、加工修理修配劳务、服务、无形资产和不动产。其中涉及的固定资产、无形资产、不动产，仅指专用于上述项目的固定资产、无形资产（不包括其他权益性无形资产）、不动产。

纳税人的交际应酬消费属于个人消费。

（3）非正常损失的购进货物，以及相关的加工修理修配劳务和交通运输服务。

（4）非正常损失的不动产，以及该不动产所耗用的购进货物、设计服务和建筑服务。

（5）非正常损失的不动产在建工程所耗用的购进货物、设计服务和建筑服务。

纳税人新建、改建、扩建、修缮、装饰不动产，均属于不动产在建工程。

（6）购进的旅客运输服务、贷款服务、餐饮服务、居民日常服务和娱乐服务。

（7）财政部和国家税务总局规定的其他情形。

营改增后金融业主要购进业务内容及其涉及的增值税税率、开具票据情况汇总见表 A-10。

表 A-10　营改增后金融业主要购进业务内容及其涉及的增值税税率、开具票据情况汇总

项目名称	进项明细	取得增值税凭证类型	是否可以抵扣	税率	
				从一般纳税人取得	从小规模纳税人取得
1	水费	增值税专用发票	是	13%	3%
		增值税普通发票	否		3%
2	电费	增值税专用发票	是	17%	3%
		增值税普通发票	否		3%

（续）

项目名称	进项明细	取得增值税凭证类型	是否可以抵扣	税率	
				从一般纳税人取得	从小规模纳税人取得
3	桌椅等固定资产	增值税专用发票	是	17%	3%
		增值税普通发票	否		3%
4	房屋租金	增值税专用发票	是	11%	5%
		增值税普通发票	否		5%
5	广告费	增值税专用发票	是	6%	3%
		增值税普通发票	否		3%

A.5.7 纳税义务发生时间

纳税人发生应税行为并收讫销售款项或者取得索取销售款项凭据的当天为纳税义务发生时间；先开具发票的，为开具发票的当天。

纳税人从事金融商品转让的，为金融商品所有权转移的当天。

A.5.8 纳税地点

属于固定业户的试点纳税人，总分支机构不在同一县（市），但在同一省（自治区、直辖市、计划单列市）范围内的，经省（自治区、直辖市、计划单列市）财政厅（局）和国家税务局批准，可以由总机构汇总向总机构所在地的主管税务机关申报缴纳增值税。

A.5.9 注意事项

1. 以下利息收入

（1）2016年12月31日前，金融机构农户小额贷款。

小额贷款，是指单笔且该农户贷款余额总额在10万元（含本数）以下的贷款。

所称农户，是指长期（一年以上）居住在乡镇（不包括城关镇）行政管理区域内的住户，还包括长期居住在城关镇所辖行政村范围内的住户和户口不在本地而在本地居住一年以上的住户，国有农场的职工和农村个体工商户。位于乡镇（不包括城关镇）行政管理区域内和在城关镇所辖行政村范围内的国有经济的机关、团体、学校、企事业单位的集体户；有本地户口，但举家外出谋生一年以上的住户，无论是否保留承包耕地均不属于农户。农户以户为统计单位，既可以从事农业生产经营，也可以从事非农业生产经营。农户贷款的判定应以贷款发放时的承贷主体是否属于农户为准。

（2）国家助学贷款。

（3）国债、地方政府债。

（4）人民银行对金融机构的贷款。

（5）住房公积金管理中心用住房公积金在指定的委托银行发放的个人住房贷款。

（6）外汇管理部门在从事国家外汇储备经营过程中，委托金融机构发放的外汇贷款。

（7）统借统还业务中，企业集团或企业集团中的核心企业以及集团所属财务公司按不高于支付给金融机构的借款利率水平或者支付的债券票面利率水平，向企业集团或者集团内下属单位收取的利息。

统借方向资金使用单位收取的利息，高于支付给金融机构借款利率水平或者支付的债券票面利率水平的，应全额缴纳增值税。

2. 被撤销金融机构以货物、不动产、无形资产、有价证券、票据等财产清偿债务

被撤销金融机构，是指经人民银行、银监会依法决定撤销的金融机构及其分设于各地的分支机构，包括被依法撤销的商业银行、信托投资公司、财务公司、金融租赁公司、城市信用社和农村信用社。除另有规定外，被撤销金融机构所属、附属企业，不享受被撤销金融机构增值税免税政策。

3. 保险公司开办的一年期以上人身保险产品取得的保费收入

一年期以上人身保险，是指保险期间为一年期及以上返还本利的人寿保险、养老年金保险，以及保险期间为一年期及以上的健康保险。

人寿保险，是指以人的寿命为保险标的的人身保险。

养老年金保险，是指以养老保障为目的，以被保险人生存为给付保险金条件，并按约定的时间间隔分期给付生存保险金的人身保险。养老年金保险应当同时符合下列条件：

（1）保险合同约定给付被保险人生存保险金的年龄不得小于国家规定的退休年龄。

（2）相邻两次给付的时间间隔不得超过一年。

健康保险，是指以因健康原因导致损失为给付保险金条件的人身保险。

上述免税政策实行备案管理，具体备案管理办法按照《国家税务总局关于一年期以上返还性人身保险产品免征营业税审批事项取消后有关管理问题的公告》(国家税务总局公告2015年第65号）规定执行。

4. 下列金融商品转让收入

（1）合格境外投资者（QFII）委托境内公司在我国从事证券买卖业务。

（2）香港市场投资者（包括单位和个人）通过沪港通买卖上海证券交易所上市A股。

（3）对香港市场投资者（包括单位和个人）通过基金互认买卖内地基金份额。

（4）证券投资基金（封闭式证券投资基金，开放式证券投资基金）管理人运用基金买卖股票、债券。

（5）个人从事金融商品转让业务。

（6）人民币合格境外投资者（RQFII）委托境内公司在我国从事证券买卖业务，以及经人民银行认可的境外机构投资银行间本币市场取得的收入。

5. 金融同业往来利息收入

（1）金融机构与人民银行所发生的资金往来业务。具体包括：人民银行对一般金融机构贷款，人民银行对商业银行的再贴现，商业银行购买央行票据、与央行开展货币掉期和货币互存等业务。

（2）银行联行往来业务。具体包括：同一银行系统内部不同行、处之间所发生的资金账务往来业务，境内银行与其境外的总机构、母公司之间，以及境内银行与其境外的分支机构、全资子公司之间的资金往来业务。

（3）金融机构间的资金往来业务。它是指经人民银行批准，进入全国银行间同业拆借市场的金融机构之间通过全国统一的同业拆借网络进行的短期（一年以下含一年）无担保资金融通行为。

（4）金融机构之间开展的转贴现业务。

（5）同业存款。它是指金融机构之间开展的同业资金存入与取出业务，其中资金存入方仅为具有吸收存款资格的金融机构。

（6）同业借款。它是指法律法规赋予此项业务范围的金融机构开展的同业资金借出和借入业务。此条款所称“法律法规赋予此项业务范围的金融机构”主要是指农村信用社之间以及在金融机构营业执照列示的业务范围中有反映为“向金融机构借款”业务的金融机构。

（7）同业代付。它是指商业银行（受托方）接受金融机构（委托方）的委托向企业客户付款，委托方在约定还款日偿还代付款项本息的资金融通行为。

（8）买断式买入返售金融商品。它是指金融商品持有人（正回购方）将债券等金融商品卖给债券购买方（逆回购方）的同时，交易双方约定在未来某一日期，正回购方再以约定价格从逆回购方买回相等数量同种债券等金融商品的交易行为。

（9）持有金融债券。金融债券，是指依法在中华人民共和国境内设立的金融机构法人在全国银行间和交易所债券市场发行的、按约定还本付息的有价证券。

（10）同业存单。它是指银行业存款类金融机构法人在全国银行间市场上发行的记账式定期存款凭证。

（11）质押式买入返售金融商品。质押式买入返售金融商品，是指交易双方进行的以债券等金融商品为权利质押的一种短期资金融通业务。

（12）持有政策性金融债券。政策性金融债券，是指开发性、政策性金融机构发行的债券。

A.5.10 建议

针对营改增后部分银行可能出现的税负上升，银行应该积极进行税收筹划进行合理避税，具体措施包括：从销项端和进项端入手进行税负转嫁；拆分出不征收、免征收增值税的业务从而合理降低税负；将不能进项抵扣的业务外包给其他企业，以购进服务的方式取得增值税发票获得进项抵扣等。

1. 税负转嫁

（1）根据客户类型区别处理。首先，应该区分客户是增值税一般纳税人还是小规模纳税人。因为小规模纳税人取得发票后不能进项抵扣，所以税负较难转嫁；而一般纳税人取得增值税专用发票后可以获得进项抵扣，在原来同等收费价格下，客户的税费降低了，所以可以与之沟通协商，将原约定的含税价改成不含税价，或者提高价格。

此外，不同行业适用的增值税税率不同，进项税额抵扣的程度也就不同，可以通过增加对高税率行业企业的服务，转嫁部分高额税负，降低相关成本。

（2）密切关注同行价格动向。增值税属于价外税，但是连同收入一起向购货方收取，想增加收入，增值税就会连同增长，却不能让购货方觉得价格增加得突兀而损失客源，所以应根据不同业务中买卖双方的强弱地位、市场竞争情况及价格透明度等因素，综合评估转嫁的可接受程度，在保护原有市场份额的前提下，适时调整价格策略和信用政策。

2. 业务拆分

拆分出不征收、免征收增值税的业务，以及适用不同税率的业务，合理降低税负。因为纳税人兼营免税、减税项目的，应当分别核算免税、减税项目的销售额；未分别核算的，不得免税、减税。而且纳税人兼营销售货物、劳务、服务、无形资产或者不动产，适用不同税率或者征收率的，应当分别核算适用不同税率或者征收率的销售额；未分别核算的，从高适用税率。

3. 业务外包

对于不能进项抵扣的业务，可以考虑外包给其他企业，以购进服务的方式取得增值税发票获得进项抵扣。

职工薪酬节税筹划案例分享

Chapter 13

13

第13章

职工薪酬节税筹划案例

职工薪酬的财税处理是每一个企业都必须涉及的基本会计业务。新的《企业所得税法》实施后，取消了计税工资，采取“合理工资”的扣除政策。但什么是“合理工资”却是一个模糊的概念。再就是，在企业领取报酬的人也非清一色的员工，而员工也经常流动，为此涉及的财税问题如何处理？我们想结合现行政策，来系统探讨一下。

13.1 职工薪酬涉及的财税问题及其处理方法

在企业实务中，职工薪酬的核算并不像会计教科书上列举得那么简单，原因是企业实务太“丰富多彩”了，总有一些特殊情况出现；特殊情况一出现，会计就必须处理。若政策跟不上或财会人员对政策的理解不一样，那处理的结果可能就“千姿百态”了。

1. 合理工资及其工资总额的确定

《国家税务总局关于企业工资薪金及职工福利费扣除问题的通知》（国税函〔2009〕3号）第一条“关于合理工资薪金问题”对合理工资进行了界定：

《实施条例》第三十四条所称的“合理工资薪金”，是指企业按照股东大会、董事会、薪酬委员会或相关管理机构制订的工资薪金制度规定实际发放给员工的工资薪金。税务机关在对工资薪金进行合理性确认时，可按以下原则掌握：

（一）企业制订了较为规范的员工工资薪金制度。

（二）企业所制订的工资薪金制度符合行业及地区水平。

（三）企业在一定时期所发放的工资薪金是相对固定的，工资薪金的调整是有序进行的。

（四）企业对实际发放的工资薪金，已依法履行了代扣代缴个人所得税义务。

（五）有关工资薪金的安排，不以减少或逃避税款为目的。

这里强调的是“合理工资”要在规范薪酬制度下发放，要符合行业和地区的工资水平；若进行工资调整必须符合一定的规范和程序；企业要履行代扣个人所得税的义务；工资的发放不以避税为目的。这就相当于做了一个框子，把“合理工资”框在了里面。企业发放工资的行为超出框子，税务机关就可以认定为不是“合理工资”。

国税函〔2009〕3号文第二条又对工资总额进行了界定：

《实施条例》第四十、四十一、四十二条所称的“工资薪金总额”，是指企业按照本通知第一条规定实际发放的工资薪金总和，不包括企业的职工福利费、职工教育经费、工会经费以及养老保险费、医疗保险费、失业保险费、工伤保险费、生育保险费等社会保险费和住房公积金。属于国有性质的企业，其工资薪金，不得超过政府有关部门给予的限定数额；超过部分，不得计入企业工资薪金总额，也不得在计算企业应纳税所得额时扣除。

这里说得也比较清晰，职工领取的工资中，不包括的项目一应俱全。但需要强调的是：工资总额包括个人所得税。

2. 薪酬发放特殊情况的财税处理

正常的薪酬发放，一般财税人员都会核算。但遇到特殊情况，就可能茫然了。我们列举一些特殊情况的薪酬发放，并给出财税处理方法，希望对大家有所帮助。

（1）在两处取得薪酬的财税处理。

在一些上规模的企业中，普遍存在人员派驻、派驻人员在两处或两处以上取得工资的现象。对这种情况，《个人所得税法》第八条规定："个人所得税，以所得人为纳税义务人，以支付所得的单位或者个人为扣缴义务人。个人所得超过国务院规定数额的，在两处以上取得工资、薪金所得或者没有扣缴义务人的，以及具有国务院规定的其他情形的，纳税义务人应当按照国家规定办理纳税申报。扣缴义务人应当按照国家规定办理全员全额扣缴申报。"第三十九条规定："在中国境内两处或者两处以上取得税法第二条第一项、第二项、第三项所得的，同项所得合并计算纳税。"

《个人所得税自行纳税申报办法》（国税发〔2006〕162号）第二条第（二）项规定："从中国境内两处或者两处以上取得工资、薪金所得的，应当按照本办法的规定办理纳税申报。"第三条第二款规定："本办法第二条第二项至第四项情形的纳税人，均应当按照本办法的规定，于取得所得后向主管税务机关办理纳税申报。"第十一条第（一）项规定："从两处或者两处以上取得工资、薪金所得的，选择并固定向其中一处单位所在地主管税务机关申报。"

为了说清楚这个问题，我们举例讲解一下：

张某为一企业总部人员被派遣到子公司工作。2014年10月，企业总部支付张某10 000元薪金，同月，张某还收到子公司发放的工资4 000元。张某实际应缴的个人所得税额计算如下：

1）企业总部应为张某扣缴的个人所得税为：

$$扣缴税额 = 每月收入额 \times 适用税率 - 速算扣除数$$
$$=10\ 000 \times 25\% - 1\ 005 = 1\ 495（元）$$

2）雇用单位应为张某扣缴的个人所得税为：

$$扣缴税额 = （每月收入额 - 费用扣除额） \times 适用税率 - 速算扣除数$$
$$=（4\ 000 - 3\ 500） \times 3\% = 15（元）$$

3）张某实际应缴的个人所得税为：

应纳税额 =（每月收入额 −3 500）× 适用税率 − 速算扣除数

=（10 000+4 000−3 500）×25%−1 005=1 620（元）

因此，张某到税务机关申报时，还应补缴 110 元（1 620−1 495−15）。

在两处以上取得工资，也只能在一处扣除，比照上述案例进行纳税申报。

（2）内部员工薪酬的财税处理。

在一些学习型企业中，普遍存在“员工内部兼职取酬”的现象。比如，一些企业让专家型员工利用业余时间给其他员工讲课并领取课时酬金，就属于内部兼职取酬。依据现行税法精神，员工在本单位取得的任何应税所得，都应并入当月工资薪金所得计算缴纳个人所得税。因此，内部兼职取酬不属于劳务报酬性质，不能走劳务费发放。

（3）农民工薪酬的财税处理。

很多企业雇用农民工，根据《中共中央国务院关于进一步做好下岗失业人员再就业工作的通知》（中发〔2002〕12 号）的规定：“各类企业招用农民工，应签订劳动合同，必须依法缴纳社会保险费。”国家税务总局没有专门针对农民工的工资扣除问题发过文件，但是农民工也属于企业员工，发放给农民工的工资，要与企业正常员工一样进行财税处理。

（4）临时工薪酬的财税处理。

临时工的报酬应计入劳务报酬。劳务报酬与工资的差别在于：劳务报酬所得是个人独立从事各种技艺，因某一特定事项临时为外单位工作取得的报酬，企业与个人之间不存在雇用与被雇用的关系；而工资则是员工在就业单位取得的工作报酬，单位与员工之间存在雇用与被雇用的关系。是否存在雇用与被雇用的关系，是判断一种收入属于工资所得还是劳务报酬所得的重要标准。临时工与企业不存在雇用与被雇用的关系，故其取得的报酬属于劳务报酬。

临时工取得劳务报酬需要到税务机关代开发票。根据 2011 年 2 月 1 日起施行的《中华人民共和国发票管理办法》(修订）的第十六条规定："需要临时使用发票的单位和个人，可以凭购销商品、提供或者接受服务以及从事其他经营活动的书面证明、经办人身份证明，直接向经营地税务机关申请代开发票。依照税收法律、行政法规规定应当缴纳税款的，税务机关应当先征收税款，再开具发票。企业依据发票入账并在税前扣除。"

（5）离退休人员再任职薪酬的财税处理。

企业雇用离退休人员再任职也是一个普遍现象。对于离退休人员再任职取得工资，要区别情况分别处理。

《财政部、国家税务总局关于高级专家延长离休退休期间取得工资薪金所得有关个人所得税问题的通知》(财税〔2008〕7 号）明确：

一、《财政部国家税务总局关于个人所得税若干政策问题的通知》(财税字〔1994〕20 号）第二条第（七）项中所称延长离休退休年龄的高级专家是指：

（一）享受国家发放的政府特殊津贴的专家、学者；

（二）中国科学院、中国工程院院士。

二、高级专家延长离休退休期间取得的工资薪金所得，其免征个人所得税政策口径按下列标准执行：

（一）对高级专家从其劳动人事关系所在单位取得的，单位按国家有关规定向职工统一发放的工资、薪金、奖金、津贴、补贴等收入，视同离休、退休工资，免征个人所得税；

（二）除上述第（一）项所述收入以外各种名目的津补贴收入等，以及高级专家从其劳动人事关系所在单位之外的其他地方取得的培训费、讲课费、顾问费、稿酬等各种收入，依法计征个人所得税。

三、高级专家从两处以上取得应税工资、薪金所得以及具有税法规定应当自行纳税申报的其他情形的，应在税法规定的期限内自行向主管税务机关办理纳税申报。

根据《国家税务总局关于离退休人员再任职界定问题的批复》（国税函〔2006〕526 号）："退休人员再任职"应同时符合下列条件：

一、受雇人员与用人单位签订一年以上（含一年）劳动合同（协议），存在长期或连续的雇用与被雇用关系；

二、受雇人员因事假、病假、休假等原因不能正常出勤时，仍享受固定或基本工资收入；

三、受雇人员与单位其他正式员工享受同等福利、社保、培训及其他待遇；国家税务总局关于离退休人员再任职界定问题的批复；

四、受雇人员的职务晋升、职称评定等工作由用人单位负责组织。

同时符合以上四个条件，离退休人员再任职取得的所得按"工资薪金所得"核算——在计税时也可以扣除起征点 3 500 元；否则按劳务报酬核算。

13.2　薪酬稽查的重点及其节税筹划思路

1. 薪酬稽查的重点

从税收的角度来看，工资薪酬稽查的重点主要放在工资总额的确定、个人所得税的扣除以及工资的发放三个方面。分述如下：

（1）工资总额确定的稽查。工资总额是在企业所得税税前扣除的"合理工资"总数，其大小以及准确与否，直接影响企业所得税的计算和缴纳；同时，工资总额又是计算职工福利和保险的基数，其大小直接影响职工社保基金的缴纳额以及企业所得税税额。所以，企业工资总额的真实与否，与企业所得税关系重大，是税务稽查包括审计稽查的重点。

（2）个人所得税扣除的稽查。依据税法精神，企业发放个人所得，应履行代扣代缴个人所得税的义务。但个人所得税总是牵动员工个人和企业的利益，在利益驱动下，一些企业就出现了"失职"行为，比如擅自提高税前扣除标准，让员工拿发票报销所得等，而这些违规行为的盛行，也就逐渐成为税务稽查的重点。

（3）工资发放的稽查。这主要是审查企业发放工资的形式。一些企业为了逃避纳税，在工资发放时大做手脚，比如“阴阳工资”(账面发一部分，账外小金库发一部分)，“票证工资”（账面发一部分，用发票报销一部分)，以及冒领工资等问题，随着这些问题在企业实务中的泛滥，也逐渐成为税务稽查的重点。

2. 薪酬的节税筹划思路

从目前我国各行各业的薪酬发放来看，普遍存在“不均衡”的问题，忽高忽低的薪酬发放现象，势必虚增了纳税人的税负，同时也违背了“公平纳税”的法理。解决这个问题的出路是全民实行“年薪制”，但“年薪制”遥遥无期，我们只能建议薪酬的发放要遵守“分开发”和“平均发”两个原则。

（1）分开发。就是把员工一年的收入分为工资和奖金两种形式发放。工资每月发放，按月计税；奖金年终发放，可以享受国税发〔2005〕9号文的优惠政策，除以12个月后，按适应的税率计算个人所得税。两种形式比一种形式发放薪酬能起到减轻个人税负的作用。

（2）平均发。例如：某员工年收入78 000元，如果42 000元发工资(分12个月正好是起征点不纳税)，36 000元发奖金（适用税率10%)，则全年纳税3 495元。但如果60 000元发工资（月收入5 000元，适用税率3%)，每月纳税45元，一年为540元；18 000元发奖金，适用税率也是3%，纳税540元；全年纳税1 080元，这就节约了2 415元（3 495-1 080）。

节约的原因是：通过发放调整18 000元收入从适用10%的年终奖税率降到适用3%的月工资税率。

Chapter 14

14

第14章

职工福利节税筹划案例

职工福利是企业员工享受的工资之外的待遇，也是体现社会主义优越性的一项“温暖费用”，其中涉及的财税问题处理得是否得当，直接关系到企业和员工两方面的利益，更牵扯国家利益。鉴于近几年国家财政和税收政策的不断调整，职工福利的相关规定也随之发生了变化，我们想就其中的特殊问题，集中探讨一下。

14.1 职工福利的基本规定及其财税处理

1. 基本规定

对于职工福利，在基本政策的基础上，财政部和国家税务总局近两年均出台了相关法规，对其予以进一步规范。

财政部《关于企业加强职工福利费财务管理的通知》(财企〔2009〕242号)，明确要将职工福利费纳入工资总额管理，目的是堵塞因滥发职工福利而导致的个人所得税的流失。

国家税务总局《关于企业工资薪金及职工福利费扣除问题的通知》(国税函〔2009〕3号)第三条“关于职工福利费扣除问题”进一步明确职工福利费的内容：

《实施条例》[⊖]第四十条规定的企业职工福利费，包括以下内容：

（一）尚未实行分离办社会职能的企业，其内设福利部门所发生的设备、设施和人员费用，包括职工食堂、职工浴室、理发室、医务所、托儿所、疗养院等集体福利部门的设备、设施及维修保养费用和福利部门工作人员的工资薪金、社会保险费、住房公积金、劳务费等。

（二）为职工卫生保健、生活、住房、交通等所发放的各项补贴和非货币性福利，包括企业向职工发放的因公外地就医费用、未实行医疗统筹企业职工医疗费用、职工供养直系亲属医疗补贴、供暖费补贴、职工防暑降温费、职工困难补贴、救济费、职工食堂经费补贴、职工交通补贴等。

（三）按照其他规定发生的其他职工福利费，包括丧葬补助费、抚恤费、安家费、探亲假路费等。

第四条则强调了单独核算的问题：

四、关于职工福利费核算问题

企业发生的职工福利费，应该单独设置账册，进行准确核算。没有单独设置账册准确核算的，税务机关应责令企业在规定的期限内进行改正。逾期仍未改正的，税务机关可对企业发生的职工福利费进行合理的核定。

财政部与国家税务总局的这两个文件是相辅相成的。在具体实务操作中，企业的会计处理要执行财企〔2009〕242号文件的规定；企业的纳税处理要依据国税函〔2009〕3号的规定。尽管文件的规定很具体，但相对于复杂的企业实务来说，还有一些具体实务处理需要探讨、明确。

2. 一些具体福利业务的财税处理

员工在企业享受的福利，概括起来无非是两种形式：货币性福利和非货币性福利。其中非货币性福利又可以细分为实物福利和非实物福利。

（1）货币性福利的财税处理。对于发给员工的合理（不是统一发放）的货币性福利，依据目前的税收政策，在工资总额14%以内的，可以据实在企业所得税税前扣除，超过部分则不得在税前扣除。

⊖ 全称是《中华人民共和国企业所得税法实施条例》。

对于取得货币福利的员工来说，依据现行的税收政策，除了丧葬补助费、抚恤费以及安家费、探亲假路费外，一些货币福利要并入工资总额纳税。例如，在误餐费补贴方面，《征收个人所得税若干问题的规定》(国税发〔1994〕89 号）规定：差旅费津贴、误餐补助不属于工资、薪金性质的补贴、津贴或者不属于纳税人本人工资、薪金所得项目的收入，不征税。《财政部、国家税务总局关于误餐补助范围确定问题的通知》(财税字〔1995〕82 号）对（国税发〔1994〕89 号）进一步明确：一些单位以误餐补助名义发给职工的补贴、津贴，应当并入当月工资、薪金所得计征个人所得税。国税发〔1998〕155 号规定：从福利费和工会经费中支付给单位职工的人人有份的补贴、补助，不属于免税的福利费范围，应当并入纳税人的工资、薪金收入计征个人所得税。在住房、医疗补贴方面，财税字〔1997〕144 号文规定："企业以现金形式发给个人的住房补贴、医疗补助应全额计入领取人当月工资、薪金收入计征个人所得税"。

职工福利是否要并入领取人的工资总额纳税，取决于两点：一是判定该福利是否属于公共福利，属于公共福利（比如食堂补贴）就不涉及个人所得税。二是个人领取的货币税法是否认同，领取了税法认同的货币，也不涉及个人所得税；领取了税法不认同的货币，就要并入工资总额纳税。

（2）非货币福利的财税处理。非货币性福利是指企业把自产产品发给职工作福利；企业拥有资产无偿提供给职工使用（如上下班班车、集体宿舍)；企业为职工无偿提供医疗服务等。

非货币福利包括实物福利和非实物福利。对于实物福利，视同货币福利，税法认同的，可以在税前扣除，并减免个人所得税；税法不认同的，一般都属于超标发放，则要进行纳税调整，计缴个人所得税（国税函〔2009〕3 号文对此规定得比较详细，大家可以参照执行)。

对于非实物福利，比如奖励员工免费旅游等，国家税务总局也出台过相关规定。《关于企业以免费旅游方式提供对营销人员个人奖励有关个人所得税政策的通知》(财税〔2004〕11 号）规定：

按照我国现行个人所得税法律法规有关规定，对商品营销活动中，企业和单位对营销业绩突出人员以培训班、研讨会、工作考察等名义组织旅游活动，通过免收差旅费、旅游费对个人实行的营销业绩奖励（包括实物、有价证券等），应根据所发生费用全额计入营销人员应税所得，依法征收个人所得税，并由提供上述费用的企业和单位代扣代缴。其中，对企业雇员享受的此类奖励，应与当期的工资薪金合并，按照“工资、薪金所得”项目征收个人所得税；对其他人员享受的此类奖励，应作为当期的劳务收入，按照“劳务报酬所得”项目征收个人所得税。

非实物福利一般都是变相的福利，对变相的福利，税法是明文限制的，企业发生这样的费用，应并入个人的工资总额，并履行代扣代缴义务；超过标准的，还要进行纳税调整。

14.2 职工福利财税处理应注意的问题

在职工福利的财税处理中，还有一些特殊问题需要正确处理：

（1）企业将自产产品当福利发放给职工。比如，食品生产企业给员工发放企业生产的食品，这要当作“视同销售”来进行财税处理。

（2）企业将租来的房子当福利给员工居住。对于这种情况，尽管国税函〔2009〕3号第三条第二款规定职工福利费包括：“为职工卫生保健、生活、住房、交通等所发放的各项补贴和非货币性福利。”但企业租来的房子，员工居住可以；如果给那些没有居住的员工发放住房补贴，则要并入工资总额计税。

（3）企业变相福利发放现金。这种行为要计征个人所得税。例如，企业组织旅游，不去的员工可发两个月的工资。那这工资就应并入员工当月的工资总额计税。

（4）企业给职工购买保险。这要区别对待。根据《中华人民共和国企业所得税法实施条例》第三十五条规定：“企业依照国务院有关主管部门或者省级人民政府规定的范围和标准为职工缴纳的基本养老保险费、基本医疗保险费、失业保险费、工伤保险费、生育保险费等基本社会保险费和住房公积金，准予扣除。

企业为投资者或者职工支付的补充养老保险费、补充医疗保险费，在国务院财政、税务主管部门规定的范围和标准内，准予扣除。

第三十六条　除企业依照国家有关规定为特殊工种职工支付的人身安全保险费和国务院财政、税务主管部门规定可以扣除的其他商业保险费外，企业为投资者或者职工支付的商业保险费，不得扣除。”

（5）企业给离退休人员发放福利。国税函〔2008〕723 号规定：离退休人员从任职单位领取得的各类补贴、奖金、实物，不属于《个人所得税法》规定的免税退休工资，离休工资，离休生活补助，应在减除费用扣除标准后，按工资、薪金所得，缴纳个人所得税。

14.3 职工福利的稽查重点和节税建议

1. 职工福利的稽查重点

财税稽查的重点一般都是目前存在的主要问题。我国企业职工福利目前主要存在两个方面问题：

（1）企业职工福利与工资及其他成本费用边界不清。有些企业随意调整职工福利开支范围和开支标准，这其中既存在侵蚀国家税基和侵害企业投资者权益的问题，也存在任意压缩开支而侵害职工合法权益的问题。

（2）部分企业职工福利发放或支付随意，扩大了社会收入分配差距。比如，富裕的企业可着劲发放福利费用，而手头拮据的企业过年也不发一盒点心。据 2008 年央企财务决算数据反映，中央企业人均福利支出为 3 387 元，占工资总额的 7%，其中最高的企业人均福利支出为 4.46 万元，占工资总额的 26%，最低的企业人均福利费支出为 149 元，仅占工资总额的 0.6%。

鉴于职工福利目前存在的问题，其稽查的重点就应该放在企业福利制度是否完善，福利支出在税前扣除是否超标，福利发放是否合理，以及企业是否履行了代扣代缴个人所得税的义务等方面。

2. 职工福利的节税建议

职工福利支出的政策性较强，我们的节税建议有三：

（1）企业要熟悉相关政策尤其是税收法规，把福利费用的列支控制在法规规定的标准之内；规避了超标行为，就防范了税收风险。

（2）调整行为，减轻税负。比如，依据现行税法，职工在食堂吃饭，补贴是免税的，而发放现金则要纳税。那么，企业就可以选择在食堂吃饭的方式享受职工福利，同时也减轻了职工的个人税负。

（3）注意费用的界限。福利费用属于限制性费用，超标了要进行纳税调整或计缴个人所得税；但销售费用和管理费用中，有些项目则属于非限制性费用。在一些临界问题上，比如销售人员去郊区的伙食补助，可以用制度或合同把其定性为市场费用（非限制费用）。这样即使多花了也不涉及纳税调整。

Chapter 15

15

第15章

全年报酬的节税筹划案例

每到年关将至，一些财务负责人又要开始琢磨如何发钱了。特别是那些效益较好的单位，如何将年终报酬“足额”(少纳税或缓纳税）发到员工手中，可能已经上了领导们议事的案头。其手法多是“改头换面”：把部分业绩提成改为劳务报酬发放；或“以票冲账”，让员工找发票通过“报销”的方式领取其高额的工资、奖金或分红等；更有甚者，直接从小金库发放年终报酬，偷逃国家税款。这显然是违法乱纪行为。但这种行为在我国的一些企业或单位、部门已经成为“习惯”；法不责众，也就成了税收监管部门的无奈。

我们认为：在高税负的现实环境中，与其让一些单位违法乱纪地胡来，不如给他们指出一条正道，在税收政策的约束范围内，合法地减轻税负。

鉴于此，我们想在现行税法环境下，分别从工资与福利、奖金与分红，以及劳务报酬三个方面，系统探讨年终报酬的发放问题，并提出相应的节税建议。

15.1 工资与福利的发放及其节税建议

1. 工资的节税建议

企业的薪酬制度与工资的税负密切相关。在实务中，企业一般根据薪酬制度确定发放方法，进而产生相应的纳税基数及其税负。所以，要想节约工资涉及的企业所得税和个人所得税，必须从设计薪酬制度入手，依据现行的税收政策，制定更为节税的薪酬制度。

（1）工资税前扣除的范围。依据现行税法，合理工资薪金才能在企业所得税税前扣除；不合理的部分，不允许在税前扣除。这就影响了企业所得税的纳税成本。所以，明确税法规定的“合理工资薪金”范围，才能让发放的工资薪金全额在税前扣除。

国家税务总局《关于企业工资薪金及职工福利费扣除问题的通知》（国税函〔2009〕3号）第一条“关于合理工资薪金问题”明确：“合理工资薪金”是指企业按照股东大会、董事会、薪酬委员会或相关管理机构制订的工资薪金制度规定实际发放给员工的工资薪金。税务机关在对工资薪金进行合理性确认时，可按以下原则掌握：

（一）企业制订了较为规范的员工工资薪金制度；

（二）企业所制订的工资薪金制度符合行业及地区水平；

（三）企业在一定时期所发放的工资薪金是相对固定的，工资薪金的调整是有序进行的；

（四）企业对实际发放的工资薪金，已依法履行了代扣代缴个人所得税义务；

（五）有关工资薪金的安排，不以减少或逃避税款为目的。

这就要求企业必须依据上述五条原则，设计、制定工资薪金制度，确保工资薪金全额在税前扣除。

（2）工资薪酬制度要具有节税功能。现代企业的工资薪酬制度，除了激励功能外，还应具备节税功能。依据国税函〔2009〕3号“五条原则”，企业可以最大限度地减轻企业所得税。在此基础上，若遵循“分开发”（分工资和奖金两部分报酬发放）和“平均发”（每月的工资薪酬尽量平均发放）两点设计原则，又可减轻个人所得税。这也是我们的一贯主张。

举例说明如下：假设某位员工（或高管）年薪160 000元，为了减轻其个人所得税，依据现行税率（见表 15-1）和相关制度，我们可以将这 160 000 元分为工资、奖金和扣除款项三部分处理。比如，每月工资发放 8 000 元，扣除 3 500 元起征点，应税收入为 4 500 元，适用 10% 的税率，全年工资总额 =8 000 × 12=96 000（元）；年终奖设计为 54 000 元（不超过此临界点），依据国税发〔2005〕9 号的规定，除以 12 个月，为 4 500 元，适用税率仍为 10%；余下的 10 000 元，可以作为经营风险保证金予以扣除，攒在一起以后发放。这样设计，就能把该员工的个人所得税税负控制在 10% 之内，达到最好的节税效果。

（3）工资薪酬制度应考虑的相关问题。

1）一些单位在年终发放“第 13 个月工资”，依据税法该工资应并入当月工资薪金所得合并纳税。所以，作为“第 13 个月工资”发放是否合适，要不要改为年终奖（可以享受财税发〔2005〕9 号的优惠政策），各个单位要算一算账，根据结果进行选择。

2）工资与社保基金密切相关，很多地方的社保基金就是跟着工资走的，所以要考虑工资变动引起的社保基金的变化及其相关成本。

3）企业发放实物、有价证券等非货币工资，应并入当月工资总额纳税。

表 15-1 税率表（工资、薪金所得适用）

级数	全月应纳税所得额		税率（%）	速算扣除数（元）
	含税级距	不含税级距		
1	不超过 1 500 元的	不超过 1 455 元的	3	0
2	超 1 500 ～ 4 500 元的部分	超过 1 455 ～ 4 155 元的部分	10	105
3	超过 4 500 ～ 9 000 元的部分	超过 4 155 ～ 7 755 元的部分	20	555
4	超过 9 000 ～ 35 000 元的部分	超过 7 755 ～ 27 255 元的部分	25	1 005
5	超过 35 000 ～ 55 000 元的部分	超过 27 255 ～ 41 255 元的部分	30	2 755
6	超过 55 000 ～ 80 000 元的部分	超过 41 255 ～ 57 505 元的部分	35	5 505
7	超过 80 000 元的部分	超过 57 505 元的部分	45	13 505

2. 福利费的节税建议

财政部《关于企业加强职工福利费财务管理的通知》(财企〔2009〕242

号）对企业福利费的范围界定得比较宽泛，甚至包括了“符合企业职工福利费定义但没有包括在本通知各条款项目中的其他支出”。但现行税法规定，只有符合规定的福利费在工资总额的14%内允许在税前列支，这就锁定了福利费的税前扣除比例；国税函〔2009〕3号更是对财企〔2009〕242号进行了“瘦身”，将允许在税前扣除的14%福利费的范围缩小为：

（一）尚未实行分离办社会职能的企业，其内设福利部门所发生的设备、设施和人员费用，包括职工食堂、职工浴室、理发室、医务所、托儿所、疗养院等集体福利部门的设备、设施及维修保养费用和福利部门工作人员的工资薪金、社会保险费、住房公积金、劳务费等。

（二）为职工卫生保健、生活、住房、交通等所发放的各项补贴和非货币性福利，包括企业向职工发放的因公外地就医费用、未实行医疗统筹企业职工医疗费用、职工供养直系亲属医疗补贴、供暖费补贴、职工防暑降温费、职工困难补贴、救济费、职工食堂经费补贴、职工交通补贴等。

（三）按照其他规定发生的其他职工福利费，包括丧葬补助费、抚恤费、安家费、探亲假路费等。

至于发放给职工的福利费要不要缴纳个人所得税，依据国税函〔2009〕3号并参照《关于生活补助费范围确定问题的通知》（国税发〔1998〕155号），我们总结出不征收个人所得税的福利费仅仅包括职工困难补贴、救济费、葬补助费、抚恤费、安家费、探亲假路费等。而“从超出国家规定的比例或基数的福利费、工会经费中支付给个人的各种补贴、补助；从福利费和工会经费中支付给本单位职工的人人有份的补贴、补助；单位为个人购买汽车、住房、电子计算机等不属于临时性生活困难补助性质的支出”，都要征收个人所得税。

对于年终发放的征收个人所得税的福利费，在纳税上也有个选择：那就是并入工资纳税还是并入年终奖纳税，这其中的税负应该是不一样的。各单位可依据自己的工资薪酬制度，计算之后再进行选择。

15.2　奖金与分红的发放及其节税建议

1. 年终奖的节税建议

年终发放的奖金即为年终奖。在现行税率体系下，两档税率能差 10 个百分点，或者说，发放的年终奖一旦超出低档税率的临界点——哪怕是 1 元钱，就要按高档税率纳税，之间的税率最大相差 10%。所以，我们建议年终奖的发放要遵循“不超标”的原则。

举例说明如下：依据财税发〔2005〕9 号，年终奖可以除以 12 个月，按得到的数额适用相应的税率。假设某单位发给职工小李年终奖 18 000 元，除以 12 个月，为 1 500 元，适用 3% 的税率，纳税额 = 18 000 × 3%=540（元），小李拿到手的奖金 =18 000−540=17 460（元）；而发给小张年终奖 18 001 元，除以 12 个月，为 1 500.08 元，适用 10% 的税率，速算扣除数 105 元，纳税额 =18 001 × 10%−105=1 695.1（元），小张拿到手的奖金为 16 305.9 元（18 001−1 695.1）。

因多领 1 元钱，小张比小李净损失 1 154.1 元（17 460−16 305.9）。这是比较冤的。为便于比较，我们把不同税率下，因多发 1 元钱所带来的纳税成本计算并列为表 15-2。

表 15-2　不同税率超标发放年终奖纳税比较表

临界点（元）	18 000	54 000	108 000	420 000	660 000	960 000	超过 960 000
税率（%）	3	10	20	25	30	35	45
纳税额	540	5 295	21 045	103 995	195 245	330 495	无
若多发 1 元	18 001	54 001	108 001	420 001	660 001	960 001	无
税率（%）	10	20	25	30	35	45	45
纳税额	1 695.1	10 245.2	25 995.25	123 245.3	225 495.35	418 495.45	无
多发 1 元的净损失	1 154.1	4 950.2	4 950.25	19 250.3	30 250.35	88 000.45	−0.55

从表 15-2 可以看出，在现行税率下，多发 1 元钱，最大可增加纳税成本 88 000.45 元。所以，在发放年终奖时，一定要注意临界点，牢牢把握“不超标”的原则。

应该强调的是，财税发〔2005〕9号一年只能使用一次。一些单位按季度发奖金的制度应该调整一下，将奖金的大头放在年终发放，发放时使用财税发〔2005〕9号的优惠，以降低职工的个人所得税。

2. 分红的节税建议

分红是回报股东的方式。但对自然人股东来说，一旦分红，依据现行税法就必须缴纳20%的个人所得税。尽管这是“税后税”，但国家税法不改变，这个人所得税就必须缴纳。

我们认为，对在职的自然人股东来说，其回报是有选择的：分红或者发奖金。

在企业所得税税率为25%，分红个人所得税税率为20%的政策环境下，两道税率带来40%的综合税负，而工资薪酬的个人所得税税率最高才45%，且要减掉速算扣除数。由此可以直观判断，回报在职的自然人股东，发奖金比分红更节约税金。

其实在自然人投资的企业账面上，盈余公积和未分配利润两个账户上所挂的金额，都含有20%的个人所得税。一些企业为了避税，采取不分红的方法规避纳税，其实是很不理智的——那些利润你总得分配，越积越大，以后反而不好处理。在税务征收实践中，我们对合伙企业“未分配利润”的账面利润，超过1年不分配的，视同分红，要缴纳20%的个人所得税；一些地区对存在自然人股份的企业，也比照执行。

15.3 劳务报酬的发放及其节税建议

1. 劳务报酬的“税款抵冲”作用

一些企业年终还要发放很多劳务报酬。其实很多企业的财会人员并不清楚，劳务报酬具有“税款抵冲”的作用。企业在支付劳务报酬时，一方面要代扣代缴领取职工的个人所得税，履行纳税义务；另一方面，缴纳税款后手续完备的劳务报酬支出，又可以依据完税凭证在企业所得税税前扣除，冲减企业所得税。这就形成了个人所得税与企业所得税的“税款抵冲”作用。

举例说明如下：假设企业发放劳务报酬 20 000 元。依据税法代扣代缴个人所得税为：

应纳税额 =（20 000−20 000×20%）×20%=3 200（元）

假设企业所得税税率为 25%，这 20 000 元劳务报酬进入税前扣除后，可抵冲的企业所得税 =20 000×25%=5 000（元）。

通过上述计算可以看出，企业代扣代缴了 3 200 元的个人所得税，却抵冲了 5 000 元的企业所得税，中间还赚了 1 800 元。

2. 劳务报酬“税款抵冲”的平衡点及其发放建议

通过计算，我们找到了三个“税款抵冲”平衡点：

（1）在企业所得税税率为 25% 的条件下，“税款抵冲”的平衡点为 100 000 元。验证如下：

100 000 元劳务报酬缴纳的个人所得税 =（100 000−100 000×20%）×40%−7 000=25 000（元）

100 000 元劳务报酬抵冲的企业所得税 =100 000×25%=25 000（元）

缴抵的税款均为 25 000 元，相等。

（2）在企业所得税税率为 20% 的条件下，“税款抵冲”的平衡点为 50 000 元。验证如下：

50 000 元劳务报酬缴纳的个人所得税 =（50 000−50 000×20%）×30%−2 000=10 000（元）

50 000 元劳务报酬抵冲的企业所得税 =50 000×20%=10 000（元）

缴抵的税款均为 10 000 元，相等。

若低于平衡点发放劳务报酬，缴纳的个人所得税就低于节约的企业所得税，企业就占了便宜。但不是所有企业都知道占这个便宜。

Chapter 16

16

第16章

公司高管薪酬节税筹划案例

依据我国目前的个人所得税征收规定和计算方法，公司在发放高管薪酬时，如果不进行节税筹划，就可能会多缴 5% 的税款；因高管们的薪酬普遍偏高，这 5% 的税款累计起来也不是个小数。而从我们掌握的资料来看，在我国的公司中，鲜见规范为公司高管的薪酬进行节税筹划的案例（违规及违法的筹划行为除外），高管们的部分收入就像从一个没有拧紧的水龙里，哗哗流失，这是很可惜的；更可悲的是，很多人看不到这种流失——这就是普遍存在于我国企业中的“看不见的成本”。

可以说，我国的公司普遍需要针对高管薪酬进行合法、有效的节税筹划，我们的方案也就应运而生。现把某公司高管薪酬的节税方案介绍一下，以便大家共享。

16.1 某公司高管薪酬的发放现状

某公司的经营效益很好，年营业收入超过 20 亿元人民币，在公司拿年薪的高管有 7 人，即总经理，副总经理 A，副总经理 B，副总经理 C，副总经理 D，财务总监和总经理助理；高管们的报酬由基本年薪、效益奖金、资产增值保值奖励以及特别奖励组成，每年按效益奖金和资产增值保值奖励合计数的 30% 扣除经营风险保证金，3 年后再发放并按银行定期存款利率支付利息。2015 年该公司高管的薪酬见表 16-1。

表 16-1　2015 年某公司高管薪酬一览表　（单位：元）

项目	基本年薪	效益奖金	资产增值保值奖励	特别奖励	年收入合计	经营风险保证金	年应税收入合计
总经理	500 000	632 578	523 578	500 000	2 156 156	346 846.80	1 809 309.20
副总经理 A	360 000	523 976	412 363	100 000	1 396 339	280 901.70	1 115 437.30
副总经理 B	360 000	514 822	402 565	100 000	1 377 387	275 216.10	1 102 170.90
副总经理 C	360 000	403 691	303 736		1 067 427	212 228.10	855 198.90
副总经理 D	280 000	413 218	282 356		975 574	208 672.20	766 901.80
财务总监	280 000	412 783	287 089		979 872	209 961.60	769 910.40
总经理助理	280 000	403 530	282 313		965 843	205 752.90	760 090.10
总计	2 420 000	3 304 598	2 494 000	700 000	8 918 598	1 739 579.40	7 179 018.60

说明：年收入合计 = 基本年薪 + 效益奖金 + 资产增值保值奖励 + 特别奖励

经营风险保证金 =（效益奖金 + 资产增值保值奖励）×30%

年应税收入合计 = 年收入合计 − 经营风险保证金

高管们的基本年薪按月发放，发放额为基本年薪除以 12，应纳税额计算依据公式是：

应纳税额 =[（基本年薪 ÷12−3 500）× 适用税率 − 速算扣除数]×12

高管们的各种奖励次年初发放，依据国税发〔2005〕9 号的规定计算、缴纳个人所得税，应纳税额计算依据公式是：

应纳税额 =（各种奖金总额 ÷12）× 适用税率 ×12− 速算扣除数

依据上述两个计算公式，我们计算出该公司高管们 2015 年的纳税额和税负如表 16-2 所示。

表 16-2　2015 年某公司高管年纳税额及税负一览表　（单位：元）

项目	基本年薪	年纳税 1	各种奖金	年纳税 2	合计纳税	个人税负
总经理	500 000	104 340	1 656 156	731 765.20	836 105.20	0.39
副总经理 A	360 000	67 440	1 036 339	452 847.55	520 287.55	0.37
副总经理 B	360 000	67 440	1 017 387	444 319.15	511 759.15	0.37
副总经理 C	360 000	67 440	707 427	242 094.45	309 534.45	0.29
副总经理 D	280 000	47 439.96	695 574	237 945.90	285 385.86	0.29

（续）

项目	基本年薪	年纳税 1	各种奖金	年纳税 2	合计纳税	个人税负
财务总监	280 000	47 439.96	699 872	239 450.20	286 890.16	0.29
总经理助理	280 000	47 439.96	685 843	234 540.05	281 980.01	0.29
总计	2 420 000	448 979.88	6 498 598.00	2 582 962.50	3 031 942.38	0.34

说明：“年纳税 1”为基本年薪的年纳税额，“年纳税 2”为各种奖金的年纳税额。

合计纳税 = 年纳税 1+ 年纳税 2

各种奖金 = 效益奖金 + 资产增值保值奖励 + 特别奖励

个人税负 = 合计纳税 ÷（基本年薪 + 各种奖金）

通过表 16-2 可以看出，该公司的高管们 2015 年纳税总额为 3 031 942.38 元，最高税负为 39%，最低税负为 29%，平均为 34%，接近 1/3。这就有点高了。

16.2 某公司高管薪酬节税筹划方案

针对该公司高管的年薪，我们节税筹划的设计思路是：基本年薪和各种奖金在发放时取整数，杜绝因多发 1 元钱而让税率多上一个档次的现象。

参照表 16-1 高管们的薪酬结构，我们进行节税筹划，先把各种报酬的取值范围确定如下：

基本年薪占年总收入的 30% ～ 40%；

各种奖金占年总收入的 40% ～ 50%；

风险保证金占年总收入的 10% ～ 20%；

关键点在于：基本年薪和各种奖金的具体发放数字要取最利于节税的整数。

设计基本年薪时，要考虑每月的扣除额，再确定年薪数以及每月发放数，以保证其均为整数，最大限度地减轻税负。比如确定财务总监的基本年薪是 462 000 元，一是考虑 420 000 元除以 12 个月等于 35 000 元，适用税率为 25%（超过 1 元即为 30%）；二是考虑每月 3 500 元的扣除额，12 个月即为 42 000 元，420 000 元加上 42 000 元即为财务总监的基本年薪 462 000 元，其每月发放薪酬的计税依据为：（462 000 元 ÷ 12 个月）−

3 500（元），即 35 000 元。

确定发放各种奖金时，要考虑除以 12 个月后为某一税档的最大整数，以保证用足国税发〔2005〕9 号的优惠政策。比如确定财务总监的各种奖金是 660 000 元，就是考虑 660 000 元除以 12 个月等于 55 000 元，适用税率为 30%；若是 55 001 元，其全部奖金要按 35% 的税率计算缴纳个人所得税。

高管们的收入减去基本年薪与各种奖金后的余额，作为高管们的经营风险保证金，即经营风险保证金不再按 30% 的比例扣除，而是把“零头”扣下，这个“零头”原则上要大于按 30% 计算的保证金数额。公司人力资源部门需要依此对高管的薪酬结构进行调整。

依据上述节税思路，我们为该公司高管设计的薪酬结构及其具体数据如表 16-3 所示。

表 16-3　某公司高管考虑节税的薪酬一览表　（单位：元）

项目	基本年薪	各种奖金	年收入合计	扣除风险保证金	年应税收入合计
总经理	702 000	960 000	2 156 156	494 156	1 662 000
副总经理 A	462 000	660 000	1 396 339	274 339	1 122 000
副总经理 B	462 000	660 000	1 377 387	255 387	1 122 000
副总经理 C	462 000	420 000	1 067 427	185 427	882 000
副总经理 D	150 000	660 000	975 574	165 574	810 000
财务总监	150 000	660 000	979 872	169 872	810 000
总经理助理	150 000	660 000	965 843	155 843	810 000
总计	2 538 000	4 680 000	8 918 598	1 700 598	7 218 000

说明：各种奖金 = 效益奖金 + 资产增值保值奖励 + 特别奖励

扣除风险保证金 = 年收入合计 − 基本年薪 − 各种奖金

年应税收入合计 = 年收入合计 − 扣除风险保证金

或 = 基本年薪 + 各种奖金

高管们的基本年薪和各种奖金取整数后，“零头”甩给了经营风险保证金。总体来看，经过设计的薪酬体系中高管们的经营风险保证金多了 40 万元，这符合“原则上要大于按 30% 计算的保证金数额”筹划精神，也可将保证金的应纳税款递延——我国的个人所得税尚属调整时期，整体走向是降低较高税率，若赶上税率降低，晚发的保证金在计税时也能获得一定的节税效益。高管们也“不差钱”，何况保证金还有利息收入。

16.3 节税效果

依据表 16-3 的数据和税法规定的计算公式，我们计算出该公司高管们新的年纳税额和税负如表 16-4 所示。

表 16-4 节税筹划后某公司高管的年纳税额及税负一览表 （单位：元）

项目	基本年薪	年纳税 1	各种奖金	年纳税 2	合计纳税	个人税负
总经理	702 000	164 940	960 000	330 495	495 435	0.30
副总经理 A	462 000	92 940	660 000	195 245	288 185	0.26
副总经理 B	462 000	92 940	660 000	195 245	288 185	0.26
副总经理 C	462 000	92 940	420 000	103 995	196 935	0.22
副总经理 D	150 000	14 940	660 000	195 245	210 185	0.26
财务总监	150 000	14 940	660 000	195 245	210 185	0.26
总经理助理	150 000	14 940	660 000	195 245	210 185	0.26
总计	2 538 000	488 580	4 680 000	1 410 715	1 899 295	0.26

说明：“年纳税 1”为基本年薪的年纳税额，“年纳税 2”为各种奖励的年纳税额。

合计纳税 = 年纳税 1+ 年纳税 2

各种奖金 = 效益奖金 + 资产增值保值奖励 + 特别奖励

个人税负 = 合计纳税 ÷（基本年薪 + 各种奖金）

通过表 16-3 和表 16-4 可以看出，该公司高管们的年纳税额从 3 031 942.38 元降到 1 899 295 元，总体节约个人所得税（3 031 942.38−1 899 295）=1 132 647.38 元，相当于每年给高管们开进了两辆小宝马，节税幅度为（1 132 647.38 ÷ 3 031 942.38）=37.36%，超过 1/3。高管们个人的最高税负从 39% 降为 30%，降低了 9 个百分点；最低税负从 29% 降为 22%，降低了 7 个百分点；平均税负从 34% 降为 26%，降低了 8 个百分点。这都是比较可观的。

为了比较直观得看到各位高管的具体节税额以及不同收入水平的节税幅度，我们计算其收入筹划前后的纳税额、节税额以及节税幅度如表 16-5 所示。

表 16-5　公司高管节税及其节税幅度一览表　（单位：元）

项目	原纳税额	现纳税额	节税额	节税幅度
总经理	836 105.2	495 435	340 670.2	40.74%
副总经理 A	520 287.55	288 185	232 102.55	44.61%
副总经理 B	511 759.15	288 185	223 574.15	43.69%
副总经理 C	309 534.45	196 935	112 599.45	36.38%
副总经理 D	285 385.86	210 185	75 200.86	26.35%
财务总监	286 890.16	210 185	76 705.16	26.74%
总经理助理	281 980.01	210 185	71 795.01	25.46%
总计	3 031 942.38	1 899 295	1 132 647.38	37.36%

说明：节税幅度 = 节税额 ÷ 原纳税

从表 16-5 可以看出，该公司收入高的高管，节税幅度相对较高。但我们也要注意分析其中的一些原因。

（1）副总经理 A 的节税幅度最高，是因为其风险保证金增加了 27 万元，应税收入就减少 27 万元，这就递延了当年的部分税款，所以节税效果明显。

（2）总经理助理的节税幅度最低，是因为该高管之前薪酬与奖金较之其他高管较低，节税空间较小，改变薪酬发放计划之后，其效果相比其他高管较不明显，节税幅度较小。

Chapter 17

17

第17章

企业年金的节税筹划案例

企业年金是指在政府强制实施的公共养老金或国家养老金之外，在国家政策的指导下，企业根据自身经济实力和经济状况建立的、为本企业职工提供一定程度退休收入保障的补充性养老金制度。

我国人口老龄化趋势日益加剧，养老难问题逐步凸显。我国已经初步建立“三支柱”养老保障体系，即基本养老、企业补充养老和个人储蓄性养老。企业年金和职业年金属于企业补充养老保险。发展企业年金可以在一定程度上分散养老社会风险、缓解基本养老保险日益严重的支付压力，降低政府财政负担；同时还可以提高职工退休后的生活品质。

17.1 我国企业年金发展概况及企业年金税收政策的梳理

先展示一组数据如表 17-1 所示。

表 17-1 2006 ～ 2013 年企业年金发展概况

年份	参加企业基本养老保险人数（万人）	企业年金参加职工人数（万人）	企业年金参加人数/参加企业基本养老保险人数	建立企业年金企业数量（万家）	年末企业年金基金累计结存（亿元）
2006 年	16 857	964	5.72%	2.4	910
2007 年	18 235	929	5.09%	3.2	1 519

（续）

年份	参加企业基本养老保险人数（万人）	企业年金参加职工人数（万人）	企业年金参加人数 / 参加企业基本养老保险人数	建立企业年金企业数量（万家）	年末企业年金基金累计结存（亿元）
2008 年	19 951	1 038	5.20%	3.3	1 911
2009 年	21 567	1 179	5.47%	3.35	2 533
2010 年	23 634	1 335	5.65%	3.71	2 809
2011 年	26 284	1 577	6.00%	4.49	3 570
2012 年	28 272	1 847	6.53%	5.47	4 821
2013 年	30 049	2 056	6.84%	6.61	6 035
2014 年（三季度）	—	2 210	—	7.22	7 092

数据来源：人力资源和社会保障事业发展统计公报；2014 年三季度全国企业年金业务数据摘要。为增强与企业年金的可比性，数据选取的是“参加企业基本养老保险人数”，而非“参加基本养老保险人数”。

如表 17-1 所示，2006 ～ 2013 年，我国建立企业年金的企业数量从 2.4 万家增加到 6.61 万家，企业年金参加职工人数占参加企业基本养老保险人数的比例非常低，经过 8 年的发展，才仅仅达到 6.84%，企业年金的普及率很低。由此可以看出，尽管人们预期企业年金的发展势头良好，但不可否认的是企业年金发展仍然比较缓慢，还存在很大的发展空间。

企业年金发展缓慢的原因众多，其中税收政策对企业年金的发展具有重要影响。目前我国养老“三支柱”体系仍处于比较严重的失衡状态，因此制定符合国情的企业年金税收优惠政策，对于企业年金的发展和养老保险制度改革都具有重大的理论与现实意义。

我们首先以企业年金税收政策的变更这条主线来分析税收政策对发展企业年金的影响。

我国企业年金的发展可以追溯到 1991 年，经过 20 多年的发展，我国企业年金制度逐渐过渡到发达国家常用的“EET”模式。我国企业年金税收政策的变革具体可以分为三个阶段。

17.1.1 第一阶段（1991 ～ 1999 年）：出台政策鼓励发展企业年金，但没有匹配税收政策

国发〔1991〕33 号文件，首次提出了“建立基本养老保险与企业补充养老保险和职工个人储蓄养老保险相结合的制度”，企业根据自身的经济能力为本企业职工建立补充养老保险。

此后 1994 年《中华人民共和国劳动法》第 75 条明确规定“国家鼓励用人单位根据本单位实际情况为劳动者建立补充保险”，为建立我国企业补充养老保险制度提供了法律依据。国发〔1995〕6 号文件中也做出类似规定。1997 年和 1998 年国务院又分别在颁布的两个重要文件中，再次强调各地和有关部门要在国家政策指导下，大力发展企业补充养老保障，并将此项工作确定为“劳动和社会保障部”的职能之一。

由以上的政策可知，在此期间国家不断出台政策鼓励发展企业年金，但是并没有出台相对应的税收执行政策和税收优惠政策。在这种政策不明确的情况下，企业年金发展缓慢。直到 2000 年年底，参加企业年金的职工仅为 560 万人。

17.1.2 第二阶段（2000 ～ 2011 年）：企业年金税收政策逐步明确，企业缴费部分在规定标准内可以税前列支

全国统一的税收优惠政策未出台之前，各地颁发了相关年金税收优惠政策以促进企业年金的发展，其中，最高的免税比例达 12.5%，最低的仅为 3%。较高的免税比例可以在很大程度上调动企业员工参加年金的积极性。

国发〔2000〕42 号文件明确了企业缴费在工资总额 4% 以内的部分，可以从成本中列支。不过只在试点地区实施这种优惠。国税发〔2003〕45 号中也明确指出按照规定比例或标准缴纳的补充养老保险、补充医疗保险，可以在税前扣除。

2004 年《企业年金试行办法》（第 20 号令）规定：企业缴费每年不超

过本企业上年度职工工资总额的 1/12。企业和职工个人缴费合计一般不超过本企业上年度职工工资总额的 1/6。

上述国家出台的税收优惠政策仅仅是对企业年金的企业缴费部分做出的，至于企业年金个人缴费部分并没有明确规定，也无个人所得税方面的优惠。

2006 年《企业财务通则》（财政部第 41 号令）中指出，为职工建立补充医疗保险和补充养老保险，所需费用按照省级以上人民政府规定的比例从成本（费用）中提取。超出规定比例的部分，由职工个人负担。”2008 年财企〔2008〕34 号也规定补充养老保险的企业缴费总额在工资总额 4% 以内的部分，从成本（费用）中列支。企业缴费总额超出规定比例的部分，不得由企业负担，企业应当从职工个人工资中扣缴，个人缴费全部由个人负担。

通过 2006 年和 2008 年的两个文件，我们才逐渐明确企业年金企业缴费部分超过规定标准需由个人负担，个人缴费部分由个人负担，但针对个人负担的部分，并没有明确如何纳税。另外，2008 年出台的文件放弃了之前对于各地方自行制定个人缴费税前列支比例这一措施的默许，将个人缴费税前列支比例统一定为 4%。这一政策的出台使税收优惠比例从 8.33% 降至 4%，在很大程度上挫伤了一批想做企业年金计划的企业，使它们陷入停滞或转向观望。

财税〔2009〕27 号又将企业缴费税前列支比例由 4% 提高到 5%，增加企业缴费部分的税收优惠幅度。国税函〔2009〕694 号，首次对职工缴费的税收安排做出规定，明确“企业年金的个人缴费部分，不得在个人当月工资、薪金计算个人所得税时扣除；企业缴费部分属于个人所得税应税收入，在计入个人账户时，应视为个人一个月的工资、薪金**（不与正常工资、薪金合并），不扣除任何费用，**按照“工资、薪金所得”项目计缴个人所得税。

纵观企业年金建立到 2009 年，大部分省市采取职工缴费但不免税的政策，即个人缴纳的补充养老保险由企业从个人税后工资中代扣代缴。提前征收企业年金并缴纳个人所得税，既影响了企业和员工的参与热情，又减少了企业缴费进入基金的总量。

17.1.1 第三阶段（2011 至今）：企业年金税收政策优惠范围扩大至职工个人，个人缴费部分规定标准内可以税前扣除

2011 年国家税务总局发布了《关于企业年金个人所得税有关问题补充规定的公告》（国家税务总局公告 2011 年第 9 号）明确了两种情形下企业年金个人所得税政策。第一种情形是企业年金的企业缴费部分计入职工个人账户时，当月个人工资薪金所得与计入个人年金账户的企业缴费之和未超过个人所得税费用扣除标准的，不征收个人所得税。第二种情形是个人当月工资薪金所得低于个人所得税费用扣除标准，但加上计入个人年金账户的企业缴费后超过个人所得税费用扣除标准的，其超过部分按照国税函〔2009〕694 号第二条规定缴纳个人所得税。

相比之前一系列政策，该政策可以有效减轻中低收入职工的个人所得税负担，可以说是 1991 年以来第一次针对职工的企业年金税收优惠。

财税〔2013〕103 号文件明确规定 2014 年 1 月 1 日起，对于符合规定的企业年金在年金缴费环节和年金基金投资收益环节暂不征收个人所得税，将纳税义务递延到个人实际领取年金的环节。自此，我国企业年金政策从 TEE 模式转变为 EET 模式，可以递延纳税。参加企业年金的职工可以在税前多扣除一些费用，适用的税率可能也会调低一档，对我国企业年金的发展具有很大的推动作用，可以在一定程度上减轻企业职工的个人所得税负担，意义重大。

17.2 现行企业年金税收政策的缺陷

从我国企业年金税收政策的发展历程来看，我国企业年金在不断地发展和完善。财税〔2013〕103 号文件的出台也标志着我国企业年金政策与

国际接轨。但是新政的实施，并没有带来意想中企业年金的快速发展。截止到 2014 年第三季度，参加企业年金职工数仅仅增加了 154 万人。这与现行税收政策的缺陷密切相关。

1. 递延纳税政策与现行税制冲突

在分项征收个人所得税的制度下，递延纳税方案采取从零开始、全额征收的办法，个人退休后如果选择一次性领取企业年金，所缴税额会非常高，与当期缴税相比并不划算。而职工在退休后，生活水平会有所下降，难免会遇到急需大量资金而将企业年金一次性取出的情况。

2. 递延纳税对中低收入职工不利

目前建立企业年金制度的单位，以国企为主，递延纳税可以在一定程度上降低高收入者的负担，并可以递延部分收入，是合理节税的手段之一。但是对于中低收入者，不仅没有得到好处，而且还加重了个人所得税负担。

我们用案例分析这一现象。

小张是北京某民营企业行政助理，每月工资 4 250 元，公司按照北京市标准为小张缴纳五险一金和企业年金。小李在北京某国企从事市场推广工作，每月工资为 8 000 元，公司按标准为其缴纳五险一金和企业年金。假设企业和个人均按 4% 的比例缴纳企业年金。

其中，北京市五险一金的缴费比例为：养老保险是单位缴纳 20%，个人缴纳 8%；医疗保险是单位缴 10%，个人缴纳“2%+3 元”大病统筹；失业保险单位缴纳 1%，个人缴纳 0.2%；工伤保险是单位缴纳 1%，个人不用缴费；生育保险是单位缴纳 0.8%，个人不用缴费。2014 年度（2014 年 7 月 1 日至 2015 年 6 月 30 日）住房公积金缴存比例为 12%。

接下来我们分析小张和小李新政实施前后的税负情况。

（1）小张缴纳个人所得税情况。根据 2011 年国家税务总局发布的《关于企业年金个人所得税有关问题补充规定的公告》，企业年金的企业缴费部分计入职工个人账户时，当月个人工资薪金所得与计入个人年金账户的企业缴费之和未超过个人所得税费用扣除标准的，不征收个人所得税。

1）实施新政策前：小张每月工资为 4 250 元，扣除五险一金 946.5 元，企业为其缴纳的企业年金共计 170 元，个人缴费部分的 170 元不得税前扣除。

应纳税所得额 =4 250−4 250×（8%+2%+0.2%）−3−4 250×12%+4 250×4%=3 473.5（元） 3 473.5 元＜3500（元），按照规定小张不需要缴纳个人所得税。

2）实施新政策后：小张每月工资为 4 250 元，扣除五险一金 946.5 元，企业年金企业缴费部分计入个人账户时无须纳税，个人缴纳部分可以税前扣除。

应纳税所得额 =4 250−4 250×（8%+2%+0.2%）−3−4 250×4%−4 250×12%=3 133.5（元） 3 133.5 元＜3500 元，小张不需缴纳个人所得税。

在新政策下小张当期仍然不需要缴纳个人所得税。但是按照新政策，企业和个人缴纳的企业年金共计 340 元，小张需要在领取环节缴纳个人所得税。而在旧政策下，小张在缴纳、投资和领取年金环节均不需要缴纳个人所得税。毫无疑问，新政策的实施加重了小张的个人所得税负担。小张在新政实施前后缴纳个人所得税情况见表 17-2。

表 17-2 小张在新政实施前后缴纳个人所得税情况

	实施新政前纳税情况	实施新政后纳税情况
缴费环节	×	×
投资环节	×	×
领取环节	×	√
当期缴纳个人所得税金额	0	0

其中，退休后每月领取年金所缴税额需要考虑年工资增长率、领取方式、平均年度投资收益率、退休年龄、当前账户企业年金余额等因素，比较复杂。在此我们仅进行简单计算，不考虑各种复杂、不确定性的因素，以做对比和参考。按照现行税率，每月缴纳 340 元的企业年金在领取环节缴纳的个人所得税 =340×3%=10.2（元），而该部分年金经过多年投资运营获益后，缴纳的税额明显会高于 10.2 元。

（2）小李缴纳个人所得税情况。

国税函〔2009〕694 号规定：企业缴费部分属于个人所得税应税收入，在计入个人账户时，应视为个人一个月的工资、薪金（**不与正常工资、薪金合并**），不扣除任何费用，按照“工资、薪金所得”项目计缴个人所得税。

1）实施新政策前：小李每月工资 8 000 元，扣除五险一金 1 779 元，企业为其缴纳年金 320 元。

工资部分应纳税所得额 =8 000−8 000×（8%+2%+0.2%）−3−8 000×12%−

3 500=2 721（元），适用 10% 税率。

企业年金的企业缴费部分应纳税所得额 =320 元，适用 3% 的税率。

应纳税额 =2 721×10%−105+320×3%=176.7（元）

2）实施新政策后：小李每月工资 8 000 元，扣除五险一金 1 779 元，企业为其缴纳年金 320 元计入个人年金账户时不需缴纳个人所得税，个人缴纳的 320 元企业年金可以税前扣除。

应纳税所得额 =8 000−8 000×（8%+2%+0.2%）−3−8 000×4%−8 000×4%−3 500=2 401（元），适用 10% 的税率，应纳税额 =2 401×10%−105=135.1（元）。

实施新政之后，小李个人所得税税负降低 41.6 元，很明显新政策的实施对小李是有利的。小李在新政实施前后缴纳个人所得税情况见表 17-3。

表 17-3　小李在新政实施前后缴纳个人所得税情况

	实施新政前纳税情况	实施新政后纳税情况
缴费环节	√	×
投资环节	×	×
领取环节	×	√
当期缴纳个人所得税金额	176.7 元	135.1 元

按照现行税率，每月缴纳 640 元的企业年金在领取环节缴纳的个人所得税至少为 19.2 元（640×3%），而该部分企业年金经过投资运营获益后，缴纳的税额会高于 19.2 元。将小李退休后领取年金使所缴税额包括进来，同时考虑货币的时间价值因素，新政下小李的税负仍然低于新政实施前的税负。

通过上述案例分析，我们可以发现递延纳税的新政策可以降低高收入者的个人所得税负担，但是会加重中低收入者的个人所得税负担。国家在制定政策时出发点是好的，但是忽略了我国目前多数职工还是处于中低收入水平这一事实，这种政策的设计违反了公平原则。

目前税收政策的缺陷也在一定程度上解释国有企业的企业年金发展好于民营企业的原因。国企职工工资水平比较高，在递延纳税新政策下不仅可以降低职工的个人所得税负担，还可以递延部分收入。而大部分民营企业的职工工资偏低，递延纳税并没有为民营企业职工带来好处。

17.3 完善我国企业年金税收政策的建议

1. 在制定企业年金税收政策时，应该引入弹性机制，加入人性化的设计

针对退休后遭遇意外灾害等事故急需资金，确需一次性支取企业年金的职工，相关部门应该核实具体情况给予帮助，提前为职工支取部分或全部企业年金，实施优惠税率，降低一次性支取年金的税收负担。这种方法可以有效解决递延纳税后所缴税收不低于 TEE 模式下的税收的难题，调动职工加入企业年金计划的积极性。

2. 针对中低收入者、高收入者，实施双套企业年金制度

企业年金新政策会在一定程度上加重中低收入者的负担，对此可以设计一套专门针对中低收入者的税收制度。为此，我们需要算出实施 EET 模式比实施 TEE 模式税负加重的工资临界点。以北京为例，假设职工工资为 x 元，考虑五险一金因素（参照北京市标准），并假设企业和职工均按 4% 的比例缴纳企业年金。

（1）根据旧政策 2011 年国家税务总局发布的《关于企业年金个人所得税有关问题补充规定的公告》：

$x-x\times(8\%+2\%+0.2\%)-3-x\times12\%+x\times4\%\leqslant3\ 500$，得出 $x\leqslant4\ 282$（元）。

当职工每月工资低于 4 282 元时，按照旧政策，职工在缴纳、投资与领取环节均免税，而依照新政策，职工需在年金的领取环节缴纳个人所得税。

$x-x\times(8\%+2\%+0.2\%)-3-x\times12\%\leqslant3\ 500$，得出 $x\leqslant4\ 502$（元）。

当工资在 4 282 ～ 4 502 元，按照旧政策职工个人的工资薪金在扣除五险一金后低于 3 500 元，加上计入个人账户的企业年金后会超过 3 500 元，仅就其超过部分缴纳个人所得税。而按照新政策，企业年金计入个人账户的部分在领取时全额缴纳个人所得税，不扣除任何费用，税负也会加重。

举例来说，张某每月工资 4 300 元，扣除五险一金 957.6 元之后为 3

342.4 元，企业为其缴纳 4% 的年金 172 元。旧政策下张某应纳税所得额 =3 342.4+172−3 500=14.4（元），适用 3% 的税率，缴费时个人所得税 =14.4×3%=0.432（元）。在新政策之下，张某缴费时无须缴纳个人所得税，领取年金时，仅领取企业缴费部分的个人所得税 =172×3%=5.16（元），如果加上投资收益和个人缴费部分，税负会更高。

结合计算出来的职工工资的两个临界点，我们建议实行企业年金双套制度。当职工工资（依据北京标准）低于 4 282 元时，职工在缴费、收益、领取环节不缴纳个人所得税；当职工工资在 4 282 ～ 4 502 元时，按照原税收政策缴纳个人所得税；当职工工资高于 4 502 元时，按照递延纳税的新政策缴纳个人所得税。这样便综合考虑了不同收入水平职工的个人所得税负担，使企业年金的政策更加公平。但是双重税制在现实执行中比较复杂，如何合理制定和执行企业年金的双重税制，还有待深入研究。

企业年金的发展对完善我国多层次的社会保障体系具有相当重要的现实意义，在我国企业年金整体发展缓慢且不均衡的情况下，完善税收政策对促进企业年金的快速发展至关重要。我国大部分职工还属于中低收入者，发展企业年金的关键在于调动该部分职工的积极性，这就需要制定的政策真正有利于职工，而当前的税收政策却忽略这一点，有待完善。[⊖]

⊖ 周平平对本案例的写作做出主要贡献。

Chapter 18

18 第18章

离职人员取得报酬的节税筹划案例

离职是指员工因各种原因离开单位。员工离职，依据现行劳动法规，一般要获得一定的补偿。但因单位性质不同，任职的时间不同以及离职原因不同，其所获得补偿报酬的数额就不同，财税处理也就不同。而这些不同，会给一些财会人员带来共同的困惑——不清楚如何进行财税处理。鉴于此，我们来系统探讨这个问题。

尽管员工离职的原因很多，但归结起来无外乎两种情况：一是因为年龄正式离退休；二是其他原因的离职。针对这两种情况，我们分别介绍其涉及的财税问题及其处理方法。

18.1 离退休所获补偿报酬的财税处理

因其离职原因和身份不一样，离退休职工所获报酬的财税处理也不一样。

1. 正式离退休员工所获报酬的财税处理

正式离退休员工多是我国机关、事业单位或国有企业的员工。在既定政策下，员工因年龄正式离退休，即可享受规定的离退休工资并免征其个人所得税。其离退休时有无其他补偿，要视国家或单位的具体政策而定：

若有补偿，则应并入当月工资（离退休最后一个纳税月）缴纳个人所得税。因享受离退休工资待遇，这种补偿一般来说不会太多。

对于高级专家离退休报酬的纳税问题，财政部　国家税务总局《关于高级专家延长离休退休期间取得工资薪金所得有关个人所得税问题的通知》财税〔2008〕7 号予以明确：延长离休退休年龄的高级专家是指：（一）享受国家发放的政府特殊津贴的专家、学者；（二）中国科学院、中国工程院院士。

高级专家延长离休退休期间取得的工资薪金所得，其免征个人所得税政策口径按下列标准执行：

（一）对高级专家从其劳动人事关系所在单位取得的，单位按国家有关规定向职工统一发放的工资、薪金、奖金、津贴、补贴等收入，视同离休、退休工资，免征个人所得税。

（二）除上述第（一）项所述收入以外各种名目的津补贴收入等，以及高级专家从其劳动人事关系所在单位之外的其他地方取得的培训费、讲课费、顾问费、稿酬等各种收入，依法计征个人所得税。

高级专家从两处以上取得应税工资、薪金所得以及具有税法规定应当自行纳税申报的其他情形的，应在税法规定的期限内自行向主管税务机关办理纳税申报。

依据文件精神，高级专家除从单位取得的工资薪酬等〔2008〕7 号所列免税收入项目外，其他所得也要纳税；在多处取得报酬还要按不同的收入项目计征个人所得税，同一项目所得要合并纳税。

2. 提前离退休所获报酬的财税处理

企业提前离退休的员工，多会在离退休时一次性获得大额的补偿。对于其纳税计算问题，国家税务总局 2011 年第 6 号公告《国家税务总局关于个人提前退休取得补贴收入个人所得税问题的公告》对此做出最新规定：

一、机关、企事业单位对未达到法定退休年龄、正式办理提前退休手续的个人，按照统一标准向提前退休工作人员支付一次性补贴，不属于免税的离退休工资收入，应按照“工资、薪金所得”项目征收个人所得税。

二、个人因办理提前退休手续而取得的一次性补贴收入，应按照办理提前退休手续至法定退休年龄之间所属月份平均分摊计算个人所得税。计税公式：

应纳税额 ={[（一次性补贴收入 ÷ 办理提前退休手续至法定退休年龄的实际月份数）－费用扣除标准]× 适用税率－速算扣除数 }× 提前办理退休手续至法定退休年龄的实际月份数

解读第 6 号公告，一定要注意其中的三个适用范围：一是单位范围，该文适用于全部机关和企事业单位；二是个人范围，该文只适用于未达到法定退休年龄但却正式办理提前退休手续的个人（个人在未达到法定退休年龄办理内部退养手续而不是退休手续的，以及国有企业买断工龄的职工不适用该公告规定）；三是收入范围，该文只适用于机关、企事业单位按照统一标准向提前退休工作人员支付一次性补贴收入，对于其他收入则不适用。

例 18-1：2011 年 11 月份，张先生至法定离退休年龄还有 1 年零 6 个月，但因身体方面原因，单位依据程序批准其提前退休并按照“统一规定”一次性补贴 90 000 元。张先生当月领取工资、薪金 6 000 元，其中包括法定扣除的住房公积金 685 元、养老保险和医疗保险 515 元；单位发放过年费（包括购物券、现金及实物）价值 5 000 元。张先生应缴纳的个人所得税计算如下：

第一步，计算当月收入应纳个人所得税。将 6 000 元工资、薪金与 5 000 元过年费合并，再扣除住房公积金、养老保险和医疗保险等免征项目和 3 500 元起征点，其当月应纳个人所得税为：

应纳个人所得税 =（6 000 + 5 000 － 685 － 515 － 3 500）×20% － 555=705（元）

第二步，计算一次性补贴收入应纳个人所得税。用 90 000 ÷ 18（即至法定离退休年龄 1 年零 6 个月）得到 5 000 元，再用 5 000 元减去 3 500 元起征点得到 1 500 元，其适用税率为 3%，无速算扣除数，应纳个人所得税为：

应纳个人所得税 =（90 000 ÷ 18 － 3 500）×3%×18=810（元）

第三步，合并申报纳税。将两项合计张先生应缴纳个人所得税为：

应纳个人所得税 =705+810=1 515（元）

应该注意的是，提前离退休员工的补偿报酬因要分摊到“提前”的月份，所以存在如同年终奖一样的纳税临界点，有可能会因多领 1 元钱，致使税率增加一档，这也是各个单位应为员工考虑的问题。

3. 离退休员工再任职薪酬的财税处理

（1）工资的财税处理。企业雇用离退休人员再任职也是一个普遍现象。对于离退休人员再任职取得工资，要针对情况分别处理。

《财政部、国家税务总局关于高级专家延长离休退休期间取得工资薪金所得有关个人所得税问题的通知》(财税〔2008〕7 号）明确：

（一）对高级专家从其劳动人事关系所在单位取得的，单位按国家有关规定向职工统一发放的工资、薪金、奖金、津贴、补贴等收入，视同离休、退休工资，免征个人所得税；

（二）除上述第（一）项所述收入以外各种名目的津补贴收入等，以及高级专家从其劳动人事关系所在单位之外的其他地方取得的培训费、讲课费、顾问费、稿酬等各种收入，依法计征个人所得税。

不符合上述规定的离退休人员返聘工资或自行再就业取得的工资收入应当征税。根据《国家税务总局关于离退休人员再任职界定问题的批复》(国税函〔2006〕526 号)：“退休人员再任职应同时符合下列条件：一、受雇人员与用人单位签订一年以上（含一年）劳动合同（协议），存在长期或连续的雇用与被雇用关系；二、受雇人员因事假、病假、休假等原因不能正常出勤时，仍享受固定或基本工资收入；三、受雇人员与单位其他正式员工享受同等福利、社保、培训及其他待遇；四、受雇人员的职务晋升、职称评定等工作由用人单位负责组织。”

同时符合以上四个条件，离退休人员再任职取得的所得按“工资薪金所得”处理，在计税时也可以扣除起征点 3 500 元，同时也可以享受保险、年金等职工待遇；不符合条件的，其收入要按劳务报酬处理，也不能享受正式职工的其他待遇。

应该注意的是：若聘用提前离退休人员，其在提前退休至正式退休之间取得的工资薪金不属于免税所得；在多处取得的报酬还要合并纳税。员工到达正式退休年龄后，退休工资才免税，即只有正式退休之后的离退休工资才是免税的。

离退休再就业员工若获得税法鼓励的省部级以上重要奖项，其奖金也与正式员工一样享受免征个人所得税的待遇。

（2）福利的财税处理。不论离退休人员是否再就业，都不可避免地要涉及福利问题。对此，《国家税务总局关于离退休人员取得单位发放离退休工资以外奖金补贴征收个人所得税的批复》国税函〔2008〕723 号规定："离退休人员除按规定领取离退休工资或养老金外，另从原任职单位取得的各类补贴、奖金、实物，不属于《中华人民共和国个人所得税法》第四条规定可以免税的退休工资、离休工资、离休生活补助费。根据《中华人民共和国个人所得税法》及其实施条例的有关规定，离退休人员从原任职单位取得的各类补贴、奖金、实物，应在减除费用扣除标准后，按"工资、薪金所得"应税项目缴纳个人所得税。"

例如单位过节给某离退休员工发放价值 5 000 元福利，就需纳税 =（5 000−3 500）×3%=45（元）；若发放的福利不到 3 500 元起征点，则不用纳税。

18.2 其他情况离职所获补偿报酬的财税处理

除正式离退休外，企业员工还有其他的离职情况，比如高管离职、员工解聘或试用员工离职等，都属于解除劳动合同的离职。对此，《国家税务总局关于个人因解除劳动合同取得经济补偿金征收个人所得税问题的通知》国税发〔1999〕178 号规定如下：

一、对于个人因解除劳动合同而取得一次性经济补偿收入，应按"工资、薪金所得"项目计征个人所得税。

二、考虑到个人取得的一次性经济补偿收入数额较大，而且被解聘的人员可能在一段时间内没有固定收入，因此，对于个人取得的一次性经济补偿收入，可视为一次取得数月的工资、薪金收入，允许在一定期限内进行平均。具体平均办法为：以个人取得的一次性经济补偿收入，除以个人在本企业的工作年限数，以其商数作为个人的月工资、薪金收入，按照税法规定计算缴纳个人所得税。个人在本企业的工作年限数按实际工作年限数计算，超过 12 年的按 12 计算。

三、按照上述方法计算的个人一次性经济补偿收入应纳的个人所得税税款，由支付单位在支付时一次性代扣。

四、个人按国家和地方政府规定比例实际缴纳的住房公积金、医疗保险金、基本养老保险金、失业保险基金在计税时应予以扣除。

五、个人在解除劳动合同后又再次任职、受雇的，对个人已缴纳个人所得税的一次性经济补偿收入，不再与再次任职、受雇的工资、薪金所得合并计算补缴个人所得税。

依据此文件精神，我们对相关问题分别从税务处理与会计处理两个方面进行探讨。

1. 员工其他情况离职补偿的税务处理

（1）补偿支出在税前扣除问题。《国家税务总局关于个人提前退休取得补贴收入个人所得税问题的公告》(国家税务总局公告 2011 年第 6 号）规定：

根据《中华人民共和国个人所得税法》及其实施条例的规定，现对个人提前退休取得一次性补贴收入征收个人所得税问题公告如下：

一、机关、企事业单位对未达到法定退休年龄、正式办理提前退休手续的个人，按照统一标准向提前退休工作人员支付一次性补贴，不属于免税的离退休工资收入，应按照“工资、薪金所得”项目征收个人所得税。

二、个人因办理提前退休手续而取得的一次性补贴收入，应按照办理提前退休手续至法定退休年龄之间所属月份平均分摊计算个人所得税。计税公式：

应纳税额 ={〔(一次性补贴收入 ÷ 办理提前退休手续至法定退休年龄的实际月份数）—费用扣除标准〕× 适用税率—速算扣除数 }× 提前办理

退休手续至法定退休年龄的实际月份数

2008年1月1日实施的企业所得税法第八条规定：“企业实际发生的与取得收入有关的、合理的支出，包括成本、费用、税金、损失和其他支出，准予在计算应纳税所得额时扣除。”对其他情况离职的补偿，符合上述条款，可以全部在企业所得税税前扣除。

（2）个人所得税的计算缴纳问题。依据《财政部国家税务总局关于个人与用人单位解除劳动关系取得的一次性补偿收入征免个人所得税问题的通知》财税〔2001〕第157号规定：

一、个人因与用人单位解除劳动关系而取得的一次性补偿收入（包括用人单位发放的经济补偿金、生活补助费和其他补助费用），其收入在当地上年职工平均工资3倍数额以内的部分，免征个人所得税；超过的部分按照《国家税务总局关于个人因解除劳动合同取得经济补偿金征收个人所得税问题的通知》（国税发〔1999〕178号）的有关规定，计算征收个人所得税。

二、个人领取一次性补偿收入时按照国家和地方政府规定的比例实际缴纳的住房公积金、医疗保险费、基本养老保险费、失业保险费，可以在计征其一次性补偿收入的个人所得税时予以扣除。

三、企业依照国家有关法律规定宣告破产，企业职工从该破产企业取得的一次性安置费收入，免征个人所得税。

例18-2：2011年7月李先生离职取得一次性补偿收入，领取时按照国家和地方政府规定的比例实际缴纳的住房公积金、医疗保险费、基本养老保险费和失业保险费共28 000元，假设当地上年职工平均工资为24 000元，要根据其领取的数额和工作年限分别计算个人所得税。

（1）李先生在企业工作不满12年（假设为5年），离职时拿到60 000元补偿金（未超过当地上年职工平均工资3倍），所以补偿金不用缴纳个人所得税。

（2）李先生在企业工作不满12年（假设为5年），离职时拿到120 000元补偿金（超过了当地上年职工平均工资3倍），补偿金应纳个人所得税为：

应纳个人所得税 =[（120 000−24 000×3−28 000）/5 − 3 500］×3%× 5 = 75（元）

（3）李先生在企业工作超过 12 年（假设为 15 年），离职时拿到 200 000 元补偿金（超过了当地上年职工平均工资 3 倍），补偿金应纳个人所得税为：

应纳个人所得税 ={[（200 000−24 000×3−28 000）÷12−3 500]×20%−555}×12=4 940（元）

2. 内部退养人员报酬的财税处理

内部退养是指职工是指按有关政策规定或企业与职工通过协商，职工退出生产、工作岗位，实行企业内部退养，等待达到法定退休年龄时办理退休手续的职工。对于实行内部退养办法人员取得收入，《国家税务总局关于个人所得税有关政策问题的通知》（国税发〔1999〕58 号）就其纳税明确如下：

实行内部退养的个人在其办理内部退养手续后至法定离退休年龄之间从原任职单位取得的工资、薪金，不属于离退休工资，应按“工资、薪金所得”项目计征个人所得税。

个人在办理内部退养手续后从原任职单位取得的一次性收入，应按办理内部退养手续后至法定离退休年龄之间的所属月份进行平均，并与领取当月的“工资，薪金”所得合并后减除当月费用扣除标准，以余额为基数确定适用税率，再将当月工资、薪金加上取得的一次性收入，减去费用扣除标准，按适用税率计征个人所得税。

个人在办理内部退养手续后至法定离退休年龄之间重新就业取得的“工资薪金”所得，应与其从原任职单位取得的同一月份的“工资薪金”所得合并，并依法自行向主管税务机关申报缴纳个人所得税。

例 18-3：王先生于 2011 年 1 月 1 日办理内部退养手续，每月退养费 2 000 元，一次取得补偿金 24 000 元，2011 年 6 月王先生在另一单位任职受雇，每月取得工资、薪金 2 000 元，2012 年 1 月 1 日王先生正式办理了退休手续。其个人所得税分别计算如下：

2011 年 1 月应纳个人所得税 =24 000÷12+2 000−3 500=500（元），余额 500 元来确定 1 月份的适用税率是 3%（无速算扣除数），该月应纳个人所得税 =（24 000+

2 000−3 500）×3%=675（元）；2011 年 2 月到 5 月因为每月退养费 2 000<3 500，故不用缴纳个人所得税；2011 年 6 ～ 12 月应纳个人所得税（从多处取得工资要合并纳税）=（2 000+2 000−3 500）×3%=15（元）。2012 年 1 月 1 日王先生正式办理了退休手续，本单位给的 2 000 元是离退休工资，是免税的。在外单位任职的 2 000 元应该纳税，由于没有超过免征点每月 3 500 元，因此也无须纳税。

应该注意的是：个人内部退养取得的一次性收入及其在办理内部退养手续后至法定离退休年龄之间从原任职单位取得的工资，按工资薪金缴纳个人所得税并计入了工资薪金总额之中，因此可以作为福利费、工会经费及职工教育经费的计算基数。

薪酬节税筹划观点

B.1　个人所得税免征额要统一定在 4 800 元

我国个人所得税的起征点，国人与外籍人员的待遇实际上一直执行“一国两制”。国人的起征点是 800 元的时候，外籍人员执行 4 000 元（税法规定在 800 元起征点上再加 3 200 元）；国人 1 600 元的时候，外籍人员自动等额上涨了 800 元，实际执行了 4 800 元（好像没有下文）；国人 2 000 元的时候，税务机关下文规定外籍人员的起征点为 4 800 元（依据《个人所得税法实施条例》第二十九条在 2 000 元的基础上加上 2 800 元），即整整高于国人 2 800 元。

现在，为了保持经济增长，新一轮的降税风暴又要刮起，其中包括要提高个人所得税的起征点，有的专家甚至呼吁把起征点提高到 8 000 元。但这也不太现实，我们只是追求个“税法面前人人平等”，要求与在我国的外籍人员一视同仁，把国人的起征点也定在 4 800 元。

我们还建议：4 800 元的起征点只是中央确定的一个参考值，各地可以根据物价消费水平，在 4 800 元的基础上，上下浮动 50%，即最高的起征点为 7 200 元，最低为 2 400 元。以后逐步从“按个人收入纳税”，过渡到

“按家庭收入”纳税，考虑到不同家庭的生活成本和家庭负担。

依据新的《个人所得税法实施条例》，能享受 4 800 元的外籍人员为以下五种对象：“在中国境内的外商投资企业和外国企业中工作的外籍人员；应聘在中国境内的企业、事业、社会团体、国家机关工作的外籍专家；在中国境内有住所而在境外任职受雇取得工资薪金所得的个人；财政部确定的其他人员；华侨港澳台同胞比照执行。”

把个人所得税起征点定在 4 800 元的五大理由㊀：

自古税收大问题，轻则伤民重则误国。如何把握“度”，从来都是一个重要问题。中国历史上的盛世，都与把握好了税收的“度”有关。2007 年，我国经济增长在 10% 左右，税收增长却达到 30% 以上，也就是税收增长大于经济增长。在这种历史阶段，国家要实行“藏富于民”的税收政策，减轻税负，让广大人民群众充分享受经济改革的成果，民富国自强。我们眼下修改个人所得税法，据说起征点又要提高，我们认为定在 4 800 元比较合适。理由如下：

（1）目前，在我国工作的外籍人士和港澳台同胞（包括外资企业的人员）的个人所得税扣除标准是 4 800 元，也就是在 1 600 元起征点上再加 3 200 元（依据《中华人民共和国个人所得税法实施条例》第二十六条和二十八条）。这意味着，目前我国个人所得税的征收上，仍有“一国两制”的现实。为维护税法的统一性和严肃性，我们建议“内外采取统一的扣除标准，真正维护税法的统一性”，把扣除标准定为 4 800 元。

（2）我国自 2008 年 1 月 1 日起实行新税法，内外资企业所得税合并。既然企业的税收政策已经统一，那么个人所得税政策也应该统一。国人的扣除标准应与在中国工作的外籍人士一致，在不提高外籍人员扣除标准的前提下，把国人的扣除标准提高到 4 800 元。

（3）从 800 元提高到 1 600 元（与物价远不成正比），工薪阶层减轻了一些税负，但仍是纳税的主体。而高收入阶层低纳税，偷逃严重，这与我

㊀ 摘自“中思网博客”。

们的低扣除标准有关。我们不赞同“劫贫济富”，主张在加强对富人征管的同时，把扣除标准定为4 800元，给工薪阶层带来更多的实惠，而且目前我们也有这个国力。

（4）个人所得税属于地方税种，除中央直管的单位外，个人所得税的收入属于地方财政收入，所以应该“因地制宜”。在确定全国扣除标准4 800元的基础上，让各个地区依据当地经济发展的水平，在50%内向下浮动（我国各地收入差异很大），征多征少让地方政府掌握，因为当地政府最了解当地实情，出台的政策也具有针对性和可行性。

（5）我们每年流失的个人所得税税款，大约有1 000多亿元，差不多相当于国人人均100元。之所以流失这么多税款，除了富人大肆逃税外，一些工薪阶层因为对低扣除标准有抵触情绪，国家机关、事业单位，尤其是企业，也存在偷逃税款的现象。如果把扣除标准定为4 800元，这种“公众式”的违法行为就能有效地遏止，维护税法的严肃性。

B.2　年薪怎么发最省税

一个单位若在工资发放方面存在问题——比如用小金库发钱，或通过报销发票方式、冒名方式领取工资，不仅税务会盯着你，社保也会盯着你；涉及国资的，审计也会盯着你。随着各部门监管体系的完善，这里边的风险是越来越大，违法乱纪的成本也会越来越高。

逃税的动机导致了目前工资发放的乱象，我们称为“蛮干”。其实在我国现行的政策环境下，对员工的报酬是有最省税的发放方法的，我们提出的“分开发和平均发”就是一套切实可行的薪酬发放方法。

分开发就是将员工的年薪分为工资和年终奖两部分，分别发放，这样年终奖就可以利用国税发〔2005〕9号文的优惠政策，除12个月再确定税率，依法大幅度减少纳税额；平均发就是让每个月的工资尽量一致，不要忽高忽低，以便避开高税率，适用低税率，同样也可以减少纳税额。

单位要制定最省税的薪酬制度，就必须考虑薪酬发放中的临界点问题，特别是年终奖的临界点，多发1元，至少要多纳税1 155元，最多会多纳税88 000元，这可不是小数。为解决超过临界点（比如多发1元）的零头问题，我们参考上市公司的薪酬体系，将员工的年薪分为三个部分：工资、奖金和风险保证金。工资按月发放，奖金年终发放，风险保证金每年扣下（主要扣除零头部分），三年一发。

对于工资和奖金的具体发放数额，我们是这样推算的：从税率出发，分工资和奖金给定同档税率的数额，超过税率临界点的零头部分，作为风险保证金予以扣除，三年一发。

比如要把某位员工的薪酬税率控制在3%，每月给他发放的工资最多是5 000元（不考虑社保），减掉免征额3 500元为1 500元，适用税率是3%，全年发放工资60 000元；每年给他发放的年终奖最高是18 000元，除12个月为1 500元，适用税率3%；假如扣他2 000元保证金，这位员工的年收入应是80 000元。倒过来说：若员工的年薪在80 000元左右，就能把他的个人所得税控制在3%这档税率上，但他的年薪必须这样发放：每月工资5 000元（全年60 000元），年终奖18 000元，零头2 000元扣下，攒在一起发放——因为不扣下，每年会增加一档税率；攒下发放，只在发放年度增加一档税率。

以此类推：要把员工的薪酬税率控制在10%，每月给他发放的工资最多是8 000元（不考虑社保），减掉免征额3 500元为4 500元，适用税率是10%，全年发放工资96 000元；每年给他发放的年终奖最高是54 000元，除12个月为4 500元，适用10%的税率；假如扣他10 000元保证金，这位员工的年收入应是160 000元。倒过来说：若员工的年薪在160 000元左右，就能把他的个人所得税控制在10%这档税率上，但他的年薪必须这样发：每月工资8 000元（全年96 000元），年终奖54 000元，零头10 000元扣下，攒在一起以后发放。

要把员工的薪酬税率控制在20%，每月给他发放的工资最多是12 500元（不考虑社保），减掉免征额3 500元为9 000元，适用税率是20%，全年发放工资 150 000 元；每年给他发放的年终奖最高是 108 000 元，除 12 个月为 9 000 元，适用 20% 的税率；假如扣他 12 000 元的保证金，这位员工的年收入应是 270 000 元。倒过来说：若员工的年薪在 270 000 元左右，就能把他的个人所得税控制在 20% 这档税率上，但他的年薪必须这样发：每月工资 12 500 元（全年 150 000 元），年终奖 108 000 元，零头 12 000 元扣下，攒在一起以后发放。

要把员工的薪酬税率控制在 25%，每月给他发放的工资最多是 38 500 元（不考虑社保），减掉免征额 3 500 元为 35 000 元，适用税率是 25%，全年发放工资 462 000 元；每年给他发放的年终奖最高是 420 000 元，除 12 个月为 35 000 元，适用 25% 的税率；假如扣他 18 000 元的保证金，这位员工的年收入应是 900 000 元。倒过来说：若员工的年薪在 900 000 元左右，就能把他的个人所得税控制在 25% 这档税率上，但他的年薪必须这样发：每月工资 38 500 元（全年 462 000 元），年终奖 420 000 元，零头 18 000 元扣下，攒在一起以后发放。

25% 的税率对一般单位的员工来说已经够用了。再往上就是 30%、35% 和 45% 的税率了，不适用大多数人。但如果单位存在这样的高税率，财务人员可以按照我们的思路自己算算。爱心提示：在计算时一定要考虑当地的社保。

再加一档 35% 的薪酬设计，我们把员工最省税的年薪发放设计列表，如表 B-1 所示。

表 B-1　员工最省税的年薪发放设计一览表

年薪（元）	工资（元）	奖金（元）	扣除风险保证金（元）	适用税率
80 000	60 000	18 000	2 000	3%
160 000	96 000	54 000	10 000	10%
270 000	150 000	108 000	12 000	20%
900 000	462 000	420 000	18 000	25%
2 000 000	1 002 000	960 000	38 000	35%

在守法的前提条件下最大限度地节约纳税成本，是很多单位所期许的。

看到我们最省税的年薪发放设计，您是不是动心了？但今年来不及了，给明年的薪酬制度改革做准备吧。

B.3 “年薪制”比“月薪制”省税

我国个人所得税的主要纳税群体——大部分工薪阶层都实行“月薪制”，即按月领取工资并按领取数额计算缴纳个人所得税。若某月领取多月甚至一定时期的劳动报酬，如季度奖、半年销售提成等，数额就比较大，适用税率就会“虚高”，就会“不公平”地增加纳税负担，甚至多达 50%。笔者呼吁，为减少工薪阶层这个诚实纳税群体的负担，公平个人所得税主要纳税群体的税负，在我国推广“年薪制”计税。

“年薪制”是一种薪酬制度，同时也是一种计税制度，即按上一年度的月平均收入来申报纳税，可以把税率降到最低的一档。

比如：某单位 2015 年实行“年薪制”，某员工 2014 年全部收入为 96 000 元，那他 2015 年 1 月个人所得税申报数是 8 000 元（96 000 元除 12 个月），当月纳税 345 元，全年共纳税 4 140 元（为方便计算我们均不考虑社保等费用）。实际上，因为各种原因，这一年的年薪与上年度的年薪不可能一样，那么到 2015 年 12 月再对全年收入计税，当年应缴的个人所得税减去各月已按 8 000 元缴纳的个人所得税，就是 12 月份应缴的个人所得税。

还以这位员工为例。如果按照通常的“月薪制”计税，假设这位员工单月收入 5 000 元，双月收入 11 000 元，年薪还是 96 000 元。那么他单月纳税 45 元，双月纳税 945 元，全年纳税 5 940 元。比“年薪制”多纳税 1 800 元，税负增加 43.48%。这还算相对规律的发放方式，若每月发放工资的差额太大，税负会增加更多，超过 50% 大有人在。

再以笔者所在的行业为例。这个行业是高校。高校教师的工资具有“季节性”特点——教学期收入与假期收入存在较大的差异。高校每年有三个月的假期，也是“淡季”，教师收入普遍较低；教学期是“旺季”，教师收入普遍高于"淡季"。但在"旺季"每个月发放到教师手里的报酬也不均衡，计税忽高忽低。例如某位老师1月份（属于旺季，全年的奖金、学期的课酬都在这月发放）应税所得高达29 885元，纳税5 591.25元；可3月份（是淡季）的应税所得才4 285元，纳税23.55元。两个月工资相差近6倍，纳税则相差236倍。这显然有失公平，违背税法"公平纳税"的法理。

按照现在的"月薪制"计算，这位教师两个月的纳税总额为5 614.8元。如果实行"年薪制"的话，把这两个月的收入平均后计税，该教师纳税总额为4 782.5元，节税832.3元。

高校教师的收入还具有"不固定性"特点，这也是由老师收入的多样性决定的。以笔者所在的高校为例，教师除了基本工资、职称工资等固定收入外，还有课时补助、课题提成、年终奖金以及各种成果奖励等，但这些收入并不都是固定收入，比如课题提成，只有拿到课题的教师才有；尤其是成果奖励，有成果的教师才能获得此类奖励，并且是多少年才享受一次。例如某教师的一本教材，2005年出版，2012年获奖，学校给了10 000元奖金，打进教师当月的工资卡，合并纳税超过3 000元，这就不太公平了。

通过以上分析可以看出，对个人所得税主要纳税群体来说，"年薪制"比"月薪制"益处多多。其实我国个人所得税税法早已明确："收入不均衡或不固定"的行业可以采取"按年计算、分月预缴"的"年薪制"计税。但这优惠政策仅限于采掘业、远洋运输业、远洋捕捞业以及财政部确定的其他行业享受。这就意味着，更多工薪阶层所在的高提成、高奖励的销售行业，即使明显地存在每月收入不均衡现象，也无法享受"年薪制"计税的优惠政策，这显然有失公平。

就工薪收入来说，低于3 500元免征额的人群不纳税，高于几十万上百万的群体又普遍逃税，纳税的主体只剩中间那个收入阶层——这个工薪阶层税负沉重也是一个不争的事实。为公平税负，给这个阶层减负的呼声也越来越高，政府应该关注这个呼声，尽快出台相关政策，为这个阶层减负，以维护税法的公平性。

纳税有失公平，纳税人就有可能不服气，进而采取一些非法动作逃税，这势必会加大税收的监管成本。为此，给每月“收入不均衡”的纳税人一个合法的“出口”就十分必要，也很迫切。“年薪制”计税就是一个合法的“出口”。

为此笔者建议：比照《个人所得税法》第九条“特定行业的工资、薪金所得应纳的税款，可以实行按年计算、分月预缴的方式计征”，即“年薪制”计税的规定，在我国“收入不均衡”行业或单位推广“年薪制”计税，据实减轻主要纳税群体“因计算不当而添加”的税负，体现税法公平纳税的精神，促进我国个人所得税的改革进程。这不但符合为纳税主体减负的时代精神，也可为我国进一步实现“家庭制”计税垫个台阶。

B.4 用税收补贴低工资人群

我国改革开放的巨大成果，足以让每一个中国人过上小康生活。但因分配不均，两极分化严重，一部分人过上了富裕甚至奢侈、腐败的生活；另一部分人则衣食不足，游荡在城市的边缘和社会的底层，甚至用异样的眼光，盯着那些灯红酒绿的人们。

社会的表象往往会反映深刻的问题。骗子盛行、小偷猖獗、盗窃频发，甚至入室抢劫、杀人越货，就在提醒我们：我们这个社会已经存在“雾霾一样严重”的问题，根源就是社会财富分配不公。

“仓廪实而知礼节，衣食足而知荣辱”，中国的百姓，但凡有条正道可走，一般都不会走上邪道。走上邪道，大都是因为正道走不通。先富起来的人们，以及一些决策者，好像忽略了这个致命的问题。

2006 年我国取消农业税，相当于财政每年拿出总收入的 1%，解决了广大农民的负担问题，并推动了广大农村的快速发展。每年中央 1 号文件都在强调“三农”问题，下决心推动农民致富；眼下城乡养老保险并轨，家庭农场推进，都是系列提升农村生活水平，带领农民“奔小康”的举措。

可以说，目前我国农村的问题基本解决或正在解决，作为农业大国的农村基本稳定了。但我们不能忽略那些没有土地，也没有城市户口，游荡在城市边缘或底层的低收入人群，现在也到了该关注他们的时候了。如果这个人群吃不饱穿不暖，不受人待见，会滋生很多不安定的社会因素。

我们以北京为例，了解一下低工资人群的收入状况。据北京市统计局统计，2012 年度北京职工平均工资为 62 677 元，月平均工资为 5 223 元。很多没有拿到这个数的人，肯定被高收入平均了。但这个平均数掩盖了“私营单位和非私营单位员工收入差距巨大”的问题。也是北京市统计局的数据显示，2012 年，北京城镇私营单位和非私营单位的人均收入差距巨大。其中非私营单位 8.47 万元，私营单位仅 4.28 万元，后者仅前者的一半。

较之于北京的物价水平，尽管 4.28 万元（相当于每月 3 567 元）这个数已经较低，但仍有很多员工拿不到这个数，这还是个平均数，因为很多员工被私营单位的高收入群体比如老板和高管等人“平均”了。若仍按“一半”推算的话，很多员工的年收入是 2.14 万元，每月 1 783 元。这个数都不够富人的一瓶酒钱，在北京如何生存？关键是他们当中的很多人，也肩负养家糊口的重任。

北京如此，其他地方可想而知。

对于这个群体，我们要光明正大地给他们“活路”，不能让他们自己或结伙去黑灯瞎火找“活路”。那摆在我们面前的问题是：怎么提高这个群体的收入？

一个从美国回来的学者曾建议“学习美国工会的做法”，用工会组织跟老板谈判、加薪。殊不知，我国很多私营企业的工会主席就是老板一个人兼任的，这种不了解国情的“洋话”除了吸引不明就里的人们外，目前不起任何作用。

我们的税收政策对这些企业尤其是小微企业也有优惠减免，但这种减免的税款，落不到员工身上，基本都归老板享用。

怎么办？基于中国的文化和国情，我们认为通过“企业拿一半，国家拿一半”的方式来提高低工资人群待遇是讲理的，是合道的，也是可行的。理由如下：

（1）单纯让私营企业老板给员工提工资，在目前是行不通的。企业有成本，老板没觉悟。

（2）国家富裕，财力巨大，若拿出1个百分点来，通过减免企业税收方式来补贴低工资人群，就会解决这个问题。中央在反腐，若再给底层老百姓一些实惠，那是最好的呼应。这是治国大计，其作用也是用减免的税款衡量不了的。

（3）我们有现成的税收补助政策，可以参照。财税字2009年70号文件规定：企业安置残疾人员，给残疾人发100元工资，税法让企业在税前扣除200元。若企业所得税税率为25%，企业可以减少200元 ×25%=50元的企业所得税，这就相当于企业给残疾人发100元工资，国家拿出50元税款。我们可以比照这个条款补助低工资人群。当然要设计好具体细则，制定监管措施——比如界定享受补助的低工资人群；按照身份证号码管控低收入员工；制定严格的制度严惩违规行为等，让企业老板“违反不起”，这个制度就能达到预期效果。

无独有偶。北京时间3月3日，巴菲特在CNBC表示，他也希望最低工资能够翻番到每小时15美元，但这不是一个好主意。他认为政府应该通过提高所得税退税方式来帮助穷人；他一直呼吁向富人征收更高的税。

因为我国的低工资人群基本不缴纳个人所得税，所以没法退税。我们只能通过给企业减税并指定减免税款用途的方式，来增加低工资人群的收入——当然这对监管工作也提出了新的要求。

其他节税筹划案例分享

Chapter 19

19

第19章

业务招待费的节税筹划案例

业务招待费是每一个企业都会涉及的费用项目，但限于相关税收政策的繁杂和间隔，又没有系统的解释或引导，对一些企业来说，业务招待费涉及的财税问题仍然很模糊，很多财会人员在处理业务招待费时，仍呈现“五花八门”的现象。鉴于此，我们拟对业务招待费涉及的财税问题进行系统的探讨。

19.1 现行税收制度的基本规定

税收制度是企业处理业务招待费的行为规范，企业的行为必须符合这个规范，才能防范涉税风险。目前涉及业务招待费扣除标准的税收制度基本有二。

1. 双重扣除标准的设定：60% 与 5‰

《企业所得税法实施条例》第四十三条规定：“企业发生的与生产经营活动有关的业务招待费支出，按照发生额的 60% 扣除，但最高不得超过当年销售（营业）收入的 5‰。”

即业务招待费的税前扣除应同时满足以上两个标准。

2. 计算基数的设定：销售（营业）收入包括哪些收入项目

根据《中华人民共和国企业所得税法实施条例》（中华人民共和国国务院令第五百一十二号）第四十三、四十四条规定，广告费、业务招待费的计算基数为销售（营业）收入。

根据《国家税务总局关于企业所得税执行中若干税务处理问题的通知》（国税函〔2009〕202 号）第一条规定："企业在计算业务招待费、广告费和业务宣传费等费用扣除限额时，其销售（营业）收入额应包括《实施条例》第二十五条规定的视同销售（营业）收入额。"

至此，业务招待费税前扣除限额的计算基数就明确了，它包括主营业务收入、其他业务收入以及根据税收规定确认的视同销售收入；但不包括营业外收入。

19.2 "业务招待费"节税筹划案例解析

在现行的税收政策下，业务招待费其实是可以进行节税筹划的。方法之一就是"拉长企业杠杆"，来提高业务招待费的计算基数，消化超标的业务招待费。

例如，某生产企业 2015 年实现营业收入 10 000 万元，按照现行税法规定业务招待费最高可扣除 5‰，即 50 万元，超标部分要进行纳税调整。假如企业按 60% 入账的业务招待费为 90 万元，超标了 40 万元（90−50），需要纳税调整，按 25% 的企业所得税税率计算，要补交企业所得税 10 万元（40 × 25%）。

针对这种情况，在 2016 年，企业可将其销售部门分离出去，成立一个独立核算的销售公司。企业生产的产品以 8 000 万元卖给销售公司，销售公司再以 10 000 万元对外销售，整体上均不影响增值税总额和企业所得税总额。这样，两家企业的业务招待费的计算总基数就从 10 000 万元增加到 18 000 万元。入账的 90 万元业务招待费在两个单位分配：生产企业承担 40 万元业务招待费，其 8 000 万元的收入总额正好消化 40 万元

（8 000×5%）的业务招待费用；销售公司承担50万元业务招待费，其10 000万元的收入总额正好消化50万元（10 000×5%）的业务招待费用。两家企业的业务招待费均不超过各自收入总额的5%，不用进行纳税调整。这就相当于节约了10万元的企业所得税。

但在税收征管实务中，基层税务机关一般要求企业达到一定的税负率，比如3%（纳税额 ÷ 收入 = 税负率），企业“拉长经营杠杆”，分母（收入）从10 000万元增加到18 000元，但分子（纳税额）并没有增加，税负率就会下降，还能否达到税务机关的要求，就不好说了。所以，“拉长企业杠杆”，从税收具体监管的角度看，适合税负率较高的企业——如果企业的税负率为10%，当地税务机关要求税负率为3%，把企业拉出“三截”也是可以的。

19.3 业务招待费与餐费的关系

在很多人尤其是非财务人员的观念中，招待费就是吃吃喝喝的费用。其实不是，业务招待费与餐费既有区别，又有联系，其关系是“你中有我，我中有你”，并不是一种必然的“餐费就是业务招待费”的归属关系。

1. 业务招待费包括餐费，但不仅仅是餐费

顾名思义，业务招待费是招待客人的花费，而招待客人，光吃喝是不够的，衣食住行可能都得管。可我国现行的税收政策对业务招待费的范围却没有做出详细的解释，这就让人摸不着头脑：税法认同哪些业务招待费？

这就要从税收征管实务中来探讨这个问题。在税务执法实践中，税务机关通常将招待费的支付范围界定为餐饮、住宿费、香烟、食品、礼品、正常的娱乐活动、安排客户旅游等项目。例如，《中华人民共和国企业所得税法实施条例释义》中解释：“招待客户的住宿费和景点门票可以作为业务招待费核算；同时也对此进行了说明：必须有大量足够有效凭证证明企业相关性的陈述——比如费用金额、招待、娱乐、旅行的时间和地点、商业目的、企业与被招待人之间的业务关系等。”

由此可以看出，业务招待费是围绕客人的全部合理花费，餐费仅是其中的一个组成部分。

2. 餐费不一定是业务招待费

在企业实务中，也有一个误区，那就是一吃饭就计入业务招待费，有的企业甚至设置了这样的费用三级账：管理费用——业务招待费——员工聚餐。把员工聚餐也不分青红皂白地计入业务招待费，这账算得就有问题。业务招待费是企业为经营活动的需要而合理开支的接待费用，与员工就餐无关。或者说，吃饭不一定属于业务招待。

由于无法对餐费发票进行区分——不知道是招待客户吃的还是自己吃的，也是处于管理的需要，在税收征管实践中，税务机关一见到餐费发票就认定是业务招待费，这种“一刀切”的做法肯定是不合理的。同时也说明企业在进行餐费账务处理时，缺乏准确分类和手续。例如，员工外出工作吃饭、员工加班工作餐、公司年末的员工大会餐等，这些与接待客户根本没有关系花费，就可以记入企业的销售费、福利费等科目核算，但要按要求附足证明。

业务招待费包括餐费，但餐费不一定都是业务招待费。在税收监管越来越严格的环境中，这个问题要搞清楚；不然，吃亏的肯定是企业。

19.4 业务招待费的税务稽查重点

作为限制性费用，业务招待费属于企业主要的纳税调整项目，也是税务稽查的重点。但其中有主动和被动之分：若企业主动调整，则规避的税务风险；若被查出来再调整，则有可能遭受惩罚性的处罚。

要想人不知，除非己莫为。从理论上讲，只要作假，就能查出来。所以，一些企业财会人员用小聪明弄出的小花样，总能被揪出来，也总给企业带来惩罚性的损失。

税务稽查重点，一般都是“高发现象”；业务招待费的“高发现象”大致如下：

（1）混淆业务招待费与会议费用，把业务招待费揉进会议费用中去。例如，有些企业长期在某一固定宾馆招待客人，与宾馆签订会议协定，统一结账，以会议费用的名目开具发票，把这些业务招待费揉进会议费用。

（2）将出差途中发生的业务招待费记入差旅费用。例如，有些企业在外地请客，就故意混淆费用性质，将这些业务招待费记入差旅费用。

（3）将业务招待费记入市场费用或其他支出。例如，有些企业将招待代理商的费用，揉进市场开发费用等。

（4）用餐费发票冲费用，列入业务招待费以外的科目。例如，企业普遍存在的用发票冲账的现象（大额整数报销的费用基本都是冲账行为），其中很多是餐费发票，都记入业务招待费之外的其他科目。

企业应针对上述稽查重点进行排查，有则改之无则加勉。切实执行《会计法》第三条“各单位必须依法设置会计账簿，并保证其真实、完整”的规定，以及国家的税收政策，防范税法惩处风险。

19.5 业务招待费的控制方法

依据我们提出的行为成本控制理论（任何成本都是由人的行为带来的），业务招待费属于行为成本的一种，要控制住人的行为尤其是吃的行为，肯定要“两手一起抓”：一手抓制度，一手抓文化。

1. 建立业务招待费的控制制度

这个制度有两个核心：一是“捆绑”机制，把业务招待费的支出与具体行为人的个人利益“捆绑”在一起，控制其“现场支出行为”。例如，把业务招待费划分到企业的各个部门甚至个人，节约了按比例发奖金，超支了扣工资。那么，员工招待客人时，就会考虑到这费用中有自己的利益，在没有其他因素的干扰下，他往往要采取低成本策略（跟花自己的钱似的）。如此以往，就能在企业中形成良好的节流风气，也有助于建立良好的企业招待文化。二是建立举报制度，遏制铺张浪费的“招待”行为，加大力度查处假公济私等损害企业利益的行为。

企业不同，业务招待费的控制方法也有所不同，但只要善于借鉴，就能制定出适合自己企业的控制措施。一些优秀企业的做法，比如按级别确定招待标准，按招待人数核定业务招待费数额，业务招待费包干，与饭店、宾馆等协议单位合作降低招待成本等，都有可取之处，企业可以依据自身的情况借鉴采用。

2. 逐步建立优秀的招待文化

如果说“制度限制支出”的话，那么“文化就能创造节约”。文化能左右人的思想和行为（这就像春节文化令游子返乡一样），优秀的企业招待文化一旦形成，就能产生节约的作用。例如，在一种节约成风的企业中，员工在招待客人时，其意识里肯定存在“节约光荣浪费可耻”的意念，进而影响其具体行为。这就达到了无为而治的境界。

优秀的企业招待文化是在激励制度的基础上逐步形成的。在这个过程中，企业管理者要带好头，如果出现一次“你在那吃鲍鱼而让员工吃咸菜”的行为，其他人逮着机会就可能要上行下效了。你的企业就可能遭遇折腾了。

Chapter 20

20

第20章

企业借款费用的节税筹划案例

在企业的财务关系中，金融机构、其他企业以及个人，都有可能成为企业的“关系户”——也就是债主。由于这些“关系户”的“个性”不同，涉及的财税问题就比较复杂。我们想系统地理一理，给大家提出一些财税处理建议。

20.1 企业向银行借款的财税处理

1. 基本规定

《中华人民共和国企业所得税法》第八条规定：“企业实际发生的与取得收入有关的、合理的支出，包括成本、费用、税金、损失和其他支出，准予在计算应纳税所得额时扣除。”这费用就包括财务费用。实施条例第三十八条又补充：“企业在生产经营活动中发生的下列利息支出，准予扣除：(一) 非金融企业向金融企业借款的利息支出、金融企业的各项存款利息支出和同业拆借利息支出、企业经批准发行债券的利息支出。”

这些基本规定证明，企业从银行等金融机构借款，其合理利息费用是可以在税前扣除的。

2. 具体扣除项目

在合理的前提条件下，向银行等金融机构借款费用的具体内容包括三个部分：

（1）借款利息，即按银行利率计算的利息支出。

（2）辅助费用。《企业会计准则第 17 号——借款费用（2006）》第十条对借款辅助费用的专门规定："专门借款发生的辅助费用，在所购建或者生产的符合资本化条件的资产达到预定可使用或者可销售状态之前发生的，应当在发生时根据其发生额予以资本化，计入符合资本化条件的资产的成本；在所购建或者生产的符合资本化条件的资产达到预定可使用或者可销售状态之后发生的，应当在发生时根据其发生额确认为费用，计入当期损益。一般借款发生的辅助费用，应当在发生时根据其发生额确认为费用，计入当期损益。"因此，将为项目贷款发生的辅助费用，如测绘费、保险费、评估费、审计费等，计入间接费用符合企业会计准则的规定，也与税收政策一致。

（3）浮动利息。按照中国人民银行规定，金融机构贷款利率包括基准利率和浮动利率，因此，金融机构同类同期贷款利率包括中国人民银行规定的基准利率和浮动利率。利息浮动的部分，也是可以在税前扣除的。

3. 资本化的相关规定

符合资本化条件的资产，是指需要经过相当长时间的购建或者生产活动才能达到预定可使用或者可销售状态的固定资产、投资性房地产和存货等资产。《企业所得税法实施条例》第三十七条明确："企业在生产经营活动中发生的合理的不需要资本化的借款费用，准予扣除。"企业为购置、建造固定资产、无形资产和经过 12 个月以上的建造才能达到预定可销售状态的存货发生借款的，在有关资产购置、建造期间发生的合理的借款费用，应当作为资本性支出计入有关资产的成本，并依照本条例的规定扣除。"其他借款费用不予资本化。另外，购置、建造活动发生非正常中断，但如果中断是使资产达到可使用状态所必需的程序，则中断期间发生的借款费用，仍应予资本化。企业筹建期间发生的长期借款费用，除购置固定资产发生的长期借款费用外，计入开办费，按照长期待摊费用进行税务处理。

这就明确，在会计处理上，企业发生的借款费用，可直接归属于符合资本化条件的资产的购建或者生产的，应当予以资本化，计入相关资产成本；其他借款费用，应当在发生时根据其发生额确认为费用，计入当期损益。

20.2 企业向其他企业借款的财税处理

1. 基本规定

《企业所得税法实施条例》第三十八条明确："非金融企业向非金融企业借款的利息支出，不超过按照金融企业同期同类贷款利率计算的数额的部分。"即不超标的利息准予扣除。

对于关联方之间的借贷，《财政部、国家税务总局关于企业关联方利息支出税前扣除标准有关税收政策问题的通知》（财税〔2008〕121号）明确："在计算应纳税所得额时，企业实际支付给关联方的利息支出，不超过以下规定比例和税法及其实施条例有关规定计算的部分，准予扣除，超过的部分不得在发生当期和以后年度扣除。企业实际支付给关联方的利息支出，符合本通知第二条规定外，其接受关联方债权性投资与其权益性投资比例为：（一）金融企业，5∶1；（二）其他企业，2∶1。"

企业如果能够按照税法及其实施条例的有关规定提供相关资料，并证明相关交易活动符合独立交易原则的；或者该企业的实际税负不高于境内关联方的，其实际支付给境内关联方的利息支出，在计算应纳税所得额时准予扣除。企业自关联方取得的不符合规定的利息收入应按照有关规定缴纳企业所得税。

税法为企业之间的资金拆借进行了界定，在标准之内，发生的利息支出准予扣除。

2. 具体问题的处理

企业之间的拆借活动涉及一些纳税问题，这个必须正确处理，以防范税收风险。

（1）关联企业借款费用的扣除处理。对于关联企业借款费用的扣除问题，税收政策是比较明确的。《财政部、国家税务总局关于企业关联方利息支出税前扣除标准有关税收政策问题的通知》（财税〔2008〕121 号）第二条规定：企业的实际税负不高于境内关联方的，其实际支付给境内关联方的利息支出，在计算应纳税所得额时准予扣除。

例如：假如 A 企业实际税负高于 B 企业，按照《企业所得税法》第六条的规定，A 企业已经将全部利息收入按照高税负缴纳了企业所得税，本着公平税负的原则，对 B 企业支付给 A 企业的利息支出可以全部扣除。如果 A 企业实际税负低于 B 企业，则利息支出不可以当年扣除，也不可以转到以后年度。

（2）扣除依据的获得问题。借款费用扣除的主要凭据是对方提供的利息收入发票，没有这张发票，就不能扣除。《发票管理办法》也明确：交易必须取得对方开具发票，否则，不得入账报销。

20.3 企业向个人借款的财税处理

在企业实务中，一些企业尤其是中小企业向个人借款的现象也比较常见。其中涉及的财税问题也必须正确处理，不然，就会潜伏一定的财税风险。

1. 基本规定

国家税务总局《关于企业向自然人借款的利息支出企业所得税税前扣除问题的通知》（国税函〔2009〕777 号）规定如下：

一、企业向股东或其他与企业有关联关系的自然人借款的利息支出。应根据《中华人民共和国企业所得税法》（以下简称税法）第四十六条及《财政部、国家税务总局关于企业关联方利息支出税前扣除标准有关税收政策问题的通知》（财税〔2008〕121 号）规定的条件，计算企业所得税扣除额。

二、企业向除第一条规定以外的内部职工或其他人员借款的利息支出，其借款情况同时符合以下条件的，其利息支出在不超过按照金融企业同期同类贷款利率计算的数额的部分，根据税法第八条和税法实施条例第二十七条规定，准予扣除。

（一）企业与个人之间的借贷是真实、合法、有效的，并且不具有非法集资目的或其他违反法律、法规的行为；

（二）企业与个人之间签订了借款合同。

国税函〔2009〕777号文明确：企业向自然人借款的利息支出，要履行合法手续并在标准之内，才可以在税前扣除。

2. 涉税问题的处理

企业向自然人借款的涉税问题主要有两个方面：一是个人收入的纳税的问题；二是利息支出在税前扣除的问题。

（1）个人收入的纳税问题。个人借款给企业取得的利息，应按6%的税率缴纳增值税，同时按“利息、股息、红利所得”项目缴纳个人所得税，税率为20%。

（2）在税前扣除问题。企业向个人借款发生的利息支出，必须取得合法的发票才能税前扣除。依据《发票管理办法》规定：销售商品、提供服务以及从事其他经营活动的单位和个人，对外发生经营业务收取款项，收款方应向付款方开具发票；特殊情况下由付款方向收款方开具发票。

在“以票控税”的税收环境中，没有发票，税务机关是不会认可的。所以，个人只有向税务机构申请代开发票，企业取得发票才能据以作为税前扣除的条件；向税务机构申请代开发票时，税务机构要代征个人的税款。此时企业将不再代扣个人所得税。

3. 企业向个人借款应注意的问题

（1）注意这个个人是否是股东，若是股东则涉及关联交易。

（2）注意稳健。在稳定压倒一切的环境中，企业向职工借款，并不是你履行了手续就是合法的，那还得看结果：如果最后皆大欢喜，那你这借款就是合法的；如果企业借了钱无法还上，职工闹上访，那你就是非法集资。

20.4　借款费用的审查重点和节税筹划思路

1. 借款费用的审查重点

从税收和审计的角度来看，借款费用的审查目的是让企业“木直中绳”，不要违反相关法规，侵占国家利益。其审查重点大致包括四个方面：

（1）手续审查，查验借款手续是否完善，是否合法。

（2）资本化审查，主要查看“应该资本化的借款费用是否资本化了”，防止企业把应该资本化的费用列入当期成本，逃避税收。

（3）审查超标扣除，依据规定的指标，查看企业是否超出标准列支借款费用。

（4）审查违规扣除问题，这主要审查那些目无法纪的入账行为，确保国家税基不受侵蚀。此外，个人所得税的代扣代缴也是审查的一个要点。

2. 借款费用的节税筹划思路

节税筹划说白了就是选择纳税低成本的策略。针对借款费用，我们给出一些节税筹划点和思路。

（1）合法扣除，防范风险。要保证企业的长期健康发展，借款费用必须在税前合法扣除，这就要求企业必须履行相关手续，在操作过程中注重其合法性，不被税务惩处，就节约了纳税成本。

（2）注意借款费用资本化的问题。因借款费用资本化有一定的条件，满足条件就要资本化，条件不够则不需要资本化。企业财务人员在实务中注意这些细节，有助于降低纳税成本。

Chapter 21

21

第21章

企业职工食堂支出的节税筹划案例

企业职工食堂依据性质分为三类：第一类属于独立经营的职工食堂。这类食堂除了为本单位员工提供餐饮服务外，还同时对外提供餐饮服务，犹如饭店或餐饮公司。第二类是入驻企业的餐饮公司开办的职工食堂。这类食堂实质上是“外援”——企业将餐饮事务外包，引进餐饮公司为本企业员工提供餐饮服务。第三类为企业内部食堂。这类食堂只为本企业员工提供餐饮服务，功能重在服务而不在经营，属于单位内部行为，无须办理税务登记，当然也没有购买、使用餐饮业发票的权力。

本文主要讨论第三类——企业内部食堂的涉税问题及其财税处理。

21.1 相关政策分析

1. 现行财税政策描述

企业内部食堂属于职工福利的范畴，国家财政、税收政策对此均有明确规定。《财政部关于企业加强职工福利费财务管理的通知》（财企〔2009〕242号）规定：

“企业职工福利费是指企业为职工提供的除职工工资、奖金、津贴、纳入工资总额管理的补贴、职工教育经费、社会保险费和补充养老保险费

(年金)、补充医疗保险费及住房公积金以外的福利待遇支出，包括发放给职工或为职工支付的以下各项现金补贴和非货币性集体福利：

（一）为职工卫生保健、生活等发放或支付的各项现金补贴和非货币性福利，包括职工因公外地就医费用、暂未实行医疗统筹企业职工医疗费用、职工供养直系亲属医疗补贴、职工疗养费用、自办职工食堂经费补贴或未办职工食堂统一供应午餐支出、符合国家有关财务规定的供暖费补贴、防暑降温费等。

（二）企业尚未分离的内设集体福利部门所发生的设备、设施和人员费用，包括职工食堂、职工浴室、理发室、医务所、托儿所、疗养院、集体宿舍等集体福利部门设备、设施的折旧、维修保养费用以及集体福利部门工作人员的工资薪金、社会保险费、住房公积金、劳务费等人工费用。”

上述两条均提到了“职工食堂”。这在强调职工食堂是企业员工的重要福利外，也给广大财务人员处理职工食堂的收支，指明了方向。但该文同时明确：在计算应纳税所得额时，企业职工福利费财务管理同税收法律、行政法规的规定不一致的，应当依照税收法律、行政法规的规定计算纳税。

《国家税务总局关于企业工资薪金及职工福利费扣除问题的通知》国税函〔2009〕3 号“三、关于职工福利费扣除问题”，对福利费用的税前扣除也做出明确规定。

《实施条例》第四十条规定的企业职工福利费，包括以下内容：

“（一）尚未实行分离办社会职能的企业，其内设福利部门所发生的设备、设施和人员费用，包括职工食堂、职工浴室、理发室、医务所、托儿所、疗养院等集体福利部门的设备、设施及维修保养费用和福利部门工作人员的工资薪金、社会保险费、住房公积金、劳务费等。

（二）为职工卫生保健、生活、住房、交通等所发放的各项补贴和非货币性福利，包括企业向职工发放的因公外地就医费用、未实行医疗统筹企业职工医疗费用、职工供养直系亲属医疗补贴、供暖费补贴、职工防暑降温费、职工困难补贴、救济费、职工食堂经费补贴、职工交通补贴等。

（三）按照其他规定发生的其他职工福利费，包括丧葬补助费、抚恤费、安家费、探亲假路费等。”

该文同时规定：“企业发生的职工福利费，应该单独设置账册，进行准确核算。没有单独设置账册准确核算的，税务机关应责令企业在规定的期限内进行改正。逾期仍未改正的，税务机关可对企业发生的职工福利费进行合理的核定。”

依据税法规定，单独核算的职工食堂福利费用，可以在企业所得税税前扣除，但前提是不能超过工资薪金总额14%。国税函〔2009〕3号文明确：“工资薪金总额”不包括企业的职工福利费、职工教育经费、工会经费以及养老保险费、医疗保险费、失业保险费、工伤保险费、生育保险费等社会保险费和住房公积金。”所以，企业在职工福利费中列支的各项食堂支出——包括发放给食堂工作人员的工资，都不应算入企业的工资总额。

2. 福利费用14%列支标准的变化分析

2008年新企业所得税税法实施之前，企业职工福利费用依据企业员工计税工资总额的14%计算提取并在企业所得税税前扣除；或者说，企业计提的福利费不论是否用于职工身上，都可以在税前扣除——这也导致很多企业存在职工福利费“提而不用”的现象，致使职工福利费“福利不到职工身上”。2008年之后，根据《企业所得税法实施条例》第四十条规定：“企业发生的职工福利费支出（注意这里强调的是支出），不超过工资薪金总额14%的部分，准予扣除。”同时也明确了将职工福利费用由计提改为据实支出，没有支出则不允许扣除。

《国家税务总局关于做好2007年度企业所得税汇算清缴工作的补充通知》（国税函〔2008〕264号）对此有明确的衔接规定：“2007年度的企业职工福利费，仍按计税工资总额的14%计算扣除，未实际使用的部分，应累计计入职工福利费余额。2008年及以后年度发生的职工福利费，应先冲减以前年度累计计提但尚未实际使用的职工福利费余额，不足部分按新企业所得税法规定扣除。企业以前年度累计计提但尚未实际使用的职工福利费余额已在税前扣除，属于职工权益，如果改变用途的，应调整增加应纳税所得额。”

税法与会计制度是“相互关照”的。2006 年颁布的《企业会计准则第 9 号——职工薪酬》新准则，就取消了“应付工资”“应付福利费”会计科目，增设“应付职工薪酬”科目，下设“工资”“职工福利”“社会保险费”“住房公积金”“工会经费”“职工教育经费”“解除职工劳动关系补偿”和“其他与获得职工提供的服务相关的支出”八个明细核算，核算企业的应付职工薪酬项目，这也就将职工福利费列入职工薪酬范围核算。

职工福利费用从允许提取到只准直接列支，一方面有助于消除了企业“提而不用”的虚假现象；另一方面也具有“蚕食”企业利益的功能：只要花不到 14%，较之计提老政策，企业所得税税前扣除就少些，纳税就多些。这也许会产生促使企业足额或超额开支福利费用的动力。

21.2　相关涉税问题处理

1. 税前扣除问题及其处理建议

内部食堂福利费用列支的依据是合法票据。企业将福利费用支付给独立经营的职工食堂或入驻餐饮公司，均可取得正规的餐饮业发票并据以入账。但企业内部食堂无权使用发票，企业在列支内部食堂费用时就相对复杂。分述如下：

（1）若企业内部食堂独立核算，企业支付食堂的经费补贴，可用内部资金往来单据入账列支。而内部食堂应建立独立的账务系统，核算其收支行为并备查。账务处理分述如下：企业给食堂拨付费用或为食堂购置设施、支付食堂员工工资等，在企业账上借记“应付职工薪酬——福利费”，贷记“银行存款”；若让职工负担部分餐费，企业要先扣减员工饭费，借记“银行存款”，贷记“其他应付款——食堂”，转交员工饭费给食堂，借记“其他应付款——食堂”，贷记“银行存款”。食堂收到企业及员工交纳的餐费，计入“伙食收入”，日常的各种柴米油盐及原材料支出计入“伙食成本”，其票据入账要求与不独立核算的内部食堂相同。

（2）若企业内部食堂不独立核算，其支出并入企业大账核算，入账票据细分如下：

1）对于工业产品，如在商场、超市等经营单位购买的油盐酱醋等，依据商场开具的商业发票入账。因这些工业产品产品都是应税商品，没有正规发票，则不允许在税前列支。

2）对于农副产品，如青菜、米面、牛羊肉以及鲜活鱼类等，要区别几种情况取得发票。第一，在超市等经营单位购买，可以直接取得商业零售发票入账。第二，通过蔬菜公司配送，也可以取得正规发票入账。第三，农贸市场或集市，取得发票的方式有二：一是农贸市场或集市管理部门出具购买凭证，如苏州，企业内部食堂在农贸市场采购农副产品，持采购清单让市场管理部门"敲个戳子"（盖个章），就可据以入账，当地税务部门对此认可。二是若市场管理部门不给"敲个戳子"，或当地税务部门不认可这些"白条"，企业只能损失一些税点，到相关税务部门代开发票并据以入账。

企业内部食堂列支费用，凭证是关键。依据《国家税务总局关于进一步加强普通发票管理工作的通知》（国税发〔2008〕80号）第八条第二款规定："在日常检查中发现纳税人使用不符合规定发票特别是没有填开付款方全称的发票，不得允许纳税人用于税前扣除、抵扣税款、出口退税和财务报销。对应开不开发票、虚开发票、制售假发票、非法代开发票，以及非法取得发票等违法行为，应严格按照《中华人民共和国发票管理办法》的规定处罚；有偷逃骗税行为的，依照《中华人民共和国税收征收管理法》的有关规定处罚；情节严重触犯刑律的，移送司法机关依法处理。"

对于职工内部食堂经费补贴的税前扣除，税法没有给出一个标准，但在实务中企业必须把握两个原则：一是14%这个总体标准，所有的福利费用加在一起不能超标，超标就要进行纳税调整；二是实事求是，内部食堂发生的费用要符合税法合理性原则，并符合企业的真实情况，弄虚作假也会遭到纳税调整或其他处罚。

一般情况下，非独立核算的食堂不允许经手货币资金，由企业财务代为管理并进行账务处理。食堂收到企业及员工交纳的餐费，借记“财务往来”，贷记“伙食收入”；采购各种柴米油盐等原材料，借记“库存商品”，贷记“财务往来”，领用时借记“伙食成本”，贷记“库存商品”。

2. 涉及其他主要税种的相关问题处理

（1）涉及增值税。依据《中华人民共和国增值税暂行条例》第十条（一）规定：用于非增值税应税项目、免征增值税项目、集体福利或者个人消费的购进货物或者应税劳务，不允许扣除；不允许扣除的还有这些与生产没有直接关系的“货物的运输费用”。内部食堂属于福利部门，其采购的物品不论是存货还是固定资产，其进项税金都不允许抵扣，要计入福利费中。

（2）涉及个人所得税。现行福利政策导向是：公共福利不涉及个人所得税，但若要发放到个人头上，则要并入当月工资薪酬所得，缴纳个人所得税。财企〔2009〕242号对此特别强调：企业给职工发放的节日补助、未统一供餐而按月发放的午餐费补贴，应当纳入工资总额管理。国税函〔2009〕3号所列“合理工资薪金”五大原则也明确：“对于企业未统一供餐而按月发放的午餐费补贴，无论是直接发放给个人，还是个人提供票据报销后支付，都属于对劳动力成本按标准进行的定期补偿，具有“普惠制”的工资性质，应当纳入职工工资总额，一并计算交纳个人所得税。”

对于午餐补助问题，《财政部国家税务总局关于误餐补助范围确定问题的通知》财税字〔1995〕82号早就明确如下：“国税发〔1994〕89号文件规定不征税的误餐补助，是指按财政部门规定，个人因公在城区、郊区工作，不能在工作单位或返回就餐，确实需要在外就餐的，根据实际误餐顿数，按规定的标准领取的误餐费。一些单位以误餐补助名义发给职工的补贴、津贴，应当并入当月工资、薪金所得计征个人所得税。”

3. 内部食堂的附加功能及其实操建议

（1）内部食堂具有减轻业务招待费的功能。业务招待费是限制性费用，很多企业在此超标，那些设立内部食堂的企业，就将招待活动转移到“家宴”上。在饮食不安全的大环境中，内部食堂的“家宴”，除了“价廉物美”节约费用外，还或多或少凝聚了一些亲情。但前提条件是：这些“家宴”的花费，应从福利费用调整到业务招待费用，按照发生额的60%在税前扣除，总额最高不得超过当年销售（营业）收入的5‰。“家宴”的成本较低，会在一定程度上减轻企业的业务招待费用。

（2）内部食堂的实操建议。一些企业在列支福利费用时，往往遭到税务机关的调整。比如，某企业将年终职工聚餐的费用列入职工福利费用——实际也应该记入这个账户，但却被税务机关要求调整列入业务招待费用。原因是：记账凭证所附的一张饭店开具的餐饮业发票，不足以证明这是职工年终聚餐，因此要进行账户调整。记账凭证若再附上“职工年终聚餐签到簿”等相关凭据，相信就不会被调整了。

内部食堂应从中得到启示：除了规范的列支凭证外，要防止被调整，还要积累相关的间接凭证，即证明凭证的凭证，把支出活动证实。这就需要建立一套制度。比如签名制度——借以证明就餐人员与企业有关，以及就餐量等。而发放饭卡、饭票等方式都有可能涉及职工的个人所得税。这要跟当地税务局咨询清楚，再选取员工就餐的福利方式。

应该注意的是，过节时企业通过食堂发放给员工的大米、食用油等福利，应计入员工当月的工资总额中，（扣除社保费用后）若超过3 500元个人所得税起征点，则应代扣代缴其个人所得税；这些大米、食用油等福利若出于公关需要送给企业外部人员，则不能按福利费来处理，而应计入“管理费用——业务招待费”。

Chapter 22

22

第22章

私产公租的节税筹划案例

企业租用职工私有财产，在中小企业比较常见，大企业也会偶见。我们将对其涉税问题进行探讨。

职工的私有财产，有动产和不动产之分。所以企业租用职工的私产，也要分别探讨。我们以常见的车子和房子为例，来探讨其中涉及的财税问题及其处理方法。

22.1 企业租用职工私家车的财税处理

企业租用职工私家车在两个方面涉及纳税问题：一是企业因租车发生的相关费用支出能否在税前扣除的问题；二是员工取得租车收入如何纳税的问题。其中，税前扣除涉及国税，租车收入涉及地税。

“私车公用”是目前很多企业普遍存在的现象。私人将自有车辆用于公务活动，公司为私人报销汽油费、过路费等；或会给私人发放补偿金。涉税问题处理如下：

1. 租车使用费用取得增值税专用发票，企业可以抵扣进项税

根据《中华人民共和国增值税暂行条例》，纳税人购进货物或者接受应税劳务（以下简称“购进货物”或者“应税劳务”）支付或者负担的增值税额，为进项税额。企业使用员工车辆，与员工签订了租赁合同，约定支付给员工车辆租金。在实际发生汽油费、过路费等支出时，取得了开给公司的增值税专用发票，或过路过桥发票，相关的进项税额可以按规定抵扣。

2. 租车发生的相关费用，可以在企业所得税前扣除

《企业所得税法》第八条的规定："企业实际发生的与取得收入有关的、合理的支出，包括成本、费用、税金、损失和其他支出，准予在计算应纳税所得额时扣除。"根据上述规定，私车公用发生的费用可以在企业所得税前列支。但是在实务中，需要满足以下条件：

（1）企业应与员工签订正式的租车协议。协议中约定使用员工个人车辆发生的相关费用由企业承担。

（2）相关的费用支出能够取得正规发票。

3. 私人取得的租车收入，个人所得税要分别处理

公司使用私人车辆，一种是给私人发放车补，另一种是私人和公司签订租赁合同，向私人支付租赁费用。这两种方式的税务处理方式如下：

（1）给私人发放补贴。《个人所得税法实施条例》规定，工资、薪金所得，是指个人因任职或者受雇而取得的工资、薪金、奖金、年终加薪、劳动分红、津贴、补贴以及与任职或者受雇有关的其他所得。此外，根据《国家税务总局关于个人因公务用车制度改革取得补贴收入征收个人所得税问题的通知》（国税函〔2006〕245号）第一条规定："因公务用车制度改革而以现金、报销等形式向职工个人支付的收入，均应视为个人取得公务用车补贴收入，按照'工资、薪金所得'项目计征个人所得税。"因此，企业给员工支付车辆补贴，或者以实报实销的方式支付车辆的相关支出，均应视为个人所得，按照"工资、薪金所得"项目计征个人所得税。

（2）公司与私人签订租赁合同的，支付给私人车辆租金。在这种情况下，根据财税2016年36号《关于全面推开营业税改征增值税试点的通知》，员工提供有形动产租赁服务，需要按照3%的税率缴纳增值税。月租金在3万元以下可以免征增值税。同时，员工应按照"财产租赁所得"税目适用20%的税率按相关规定计算缴纳个人所得税。员工可以携带相关租赁合同，到主管税务机关开增值税发票。

22.2 企业租用职工房屋的财税处理

1. 相关政策

国家税务总局关于发布《纳税人提供不动产经营租赁服务增值税征收管理暂行办法》的公告（国家税务总局公告 2016 年第 16 号）第四条（二）规定："其他个人出租不动产（不含住房），按照 5% 的征收率计算应纳税额，向不动产所在地主管地税机关申报纳税。其他个人出租住房，按照 5% 的征收率减按 1.5% 计算应纳税额，向不动产所在地主管地税机关申报纳税。"

第八条规定：其他个人出租不动产，按照以下公式计算应纳税款：

（一）出租住房：

应纳税款＝含税销售额 ÷（1+5%）×1.5%

（二）出租非住房：

应纳税款＝含税销售额 ÷（1+5%）×5%

针对私房公租，各地税务部门也出台了自己的条款，比如上海市国家税务局公告 2016 年第 7 号颁布了《个人出租不动产代开增值税发票管理办法（试行）》，明确规定：

（1）个人以经营租赁方式出租其取得的不动产（以下简称私房出租），适用本办法。

个人仅指除个体工商户以外的其他个人。

取得的不动产，包括以直接购买、接受捐赠、自建以及抵债等各种形式取得的不动产。

（2）私房出租，按照以下公式计算应纳税款：

应纳税款＝含税销售额 ÷（1+5%）×1.5%

（3）私房出租，出租方可向不动产所在地的委托代征点申请代开增值税发票，委托代征点无法代开增值税专用发票的，出租方可向不动产所在地主管税务机关申请代开。

承租方为个人的，出租方不得申请代开增值税专用发票。

委托代征点是指受税务机关委托并签订委托征管协议的单位。

（4）个人出租不动产取得的月租金收入总计不超过3万元的，可享受小微企业免征增值税优惠政策；采取预收款形式的，可在预收款租赁期内平均分摊，分摊后的月租金收入总计不超过3万元的，可享受小微企业免征增值税优惠政策。

享受小微企业免征增值税优惠政策的租金收入不得申请代开增值税专用发票。

（5）个人取得私房出租收入向不动产所在地主管税务机关或委托代征点申请代开增值税发票时，应提供以下材料：

①《代开增值税发票申请表》；

②不动产产权证明或商品房预售合同、房地产买卖合同等能证明不动产权属的复印件（首次办理时提供）；

③出租方身份证件原件及复印件；

④私房出租合同原件及复印件（首次办理时提供）；

⑤出租方委托代理人申报的，应提供书面委托书及代理人的合法身份证明复印件；

⑥承租方为个人的，提供个人身份证复印件；承租方为单位的，提供税务登记证或社会信用登记证（三证合一）复印件（首次办理时提供）。

私房公租应按财产租赁所得、适用20%的税率缴纳个人所得税。《财政部、国家税务总局关于廉租住房、经济适用住房和住房租赁有关税收政策的通知》（财税〔2008〕24号）进一步明确：

对个人出租住房取得的所得减按10%的税率征收个人所得税。

对个人出租、承租住房签订的租赁合同，免征印花税。

《国务院办公厅关于加快培育和发展住房租赁市场的若干意见》（国办发〔2016〕39号）对房屋租赁给予税收优惠：

对依法登记备案的住房租赁企业、机构和个人，给予税收优惠政策支持。落实营改增关于住房租赁的有关政策，对个人出租住房的，由按照 5% 的征收率减按 1.5% 计算缴纳增值税；对个人出租住房月收入不超过 3 万元的，2017 年底之前可按规定享受免征增值税政策；对房地产中介机构提供住房租赁经纪代理服务，适用 6% 的增值税税率；对一般纳税人出租在实施营改增试点前取得的不动产，允许选择适用简易计税办法，按照 5% 的征收率计算缴纳增值税。对个人出租住房所得，减半征收个人所得税；对个人承租住房的租金支出，结合个人所得税改革，统筹研究有关费用扣除问题。

2. 私产公租应注意的问题

企业租用职工私产，一些重要问题必须明确：

（1）要签署协议或合同。这是正规履行财税处理的前提条件和必要条件；任何私下交易都不能记入大账，并潜伏一定的风险。

（2）要明确责任，尤其是纳税责任，以免纠纷。比如，税法规定出租人承担出租收入的纳税义务，但实务中一般都转嫁到承租人的身上。这在租房协议（合同）上一定要明确税负由谁承担，以免扯皮。

（3）如果是企业租用股东的私产，还要注意关联交易。租赁价格若与市场公允价格差异过大，税务机关有权进行纳税调整。因车和房的公允价格一般都比较好确定，所以，在这个方面做手脚，大都是“搬起石头砸自己的脚”。

3. 私产公租税务稽查的重点

税务稽查的主要目的是减少税款流失，保障国家税收顺利入库。在私产公租方面，税务稽查重点大致有二：一是形式审查；二是内容审查。

（1）形式审查。它主要审查租赁双方的租赁手续是否齐全。比如，是否按规定签署了租赁合同或协议（包括合同贴花）；纳税责任是否明确，是否及时完税；企业是否履行了代扣代缴义务；有无“暗度陈仓”的行为等。

目前的私产公租实务中，确实有很多企业“暗度陈仓”。比如，企业租用职工私产，形式上既无合同，也无协议，顶多有个口头约定。而租赁费用的支出，则采取“让职工拿发票报销”的形式支付。这对企业来说，职工报销费用在税前扣除将存在税务风险；同时根据《中华人民共和国发票管理办法》第三十六条（四）的规定：未按照法规取得发票的单位，由税务机关责令限期改正，没收非法所得，可以并处1万元以下的罚款。而对职工来讲，“拿发票冲账”的行为则存在偷逃税款的嫌疑。因为“实质重于形式”，职工报销的是租赁费，属于个人所得，要依法纳税。

（2）内容审查。内容审查包括很多方面，比如，是否存在关联交易（若出租人是股东则属于关联交易）；是否“潜伏”着转移企业资金的行为；是否有变相发钱的行为；扣除项目是否超标等。

例如，依据税法规定，职工取得的房屋租赁收入要按“每次取得的租赁收入－合理费用－费用扣除标准”计算纳税，其中：合理费用包括纳税人在出租财产过程中缴纳的税金、教育费附加，可凭完税凭证，从财产租赁收入中扣除；而费用扣除标准，比如由纳税人负担的该出租财产实际开支的修缮费用，必须是实际发生并能够提供有效准确凭证的支出，以每次扣除800元为限（每次收入超过4 000元可以扣除收入的20%），一次扣除不完的，可以继续扣除，直至扣完为止。

但在企业实务中，扣除项目有被扩大化的趋势，也逐渐成为税务稽查重点。

22.3 私产公租的节税筹划思路

私产公租也存在节税筹划的空间，我们选择两个“点”来给大家做个提醒。

（1）私产要分开租。私产公租属于租赁行为的一种，但不同的租赁，涉及的税种也不一样，最怕的就是裹在一起，把一项本不涉及某税种的业务也粘上了某税种。比如房产税，只有租房子才涉及，但如果不加区别，把租房租物裹在一起，那“物”就有可能粘上房产税。所以，私产要分开出租，房子和车子要分开租，房子与房子里的物品要分开租，以避免增加额外的税负。

（2）要进行对比选择。对比选择是节税筹划的一个重要方法，其目的就是尽量地减轻总体税负。例如，老板的私产给企业使用但没有签订合同（民营中小企业普遍存在的现象），那么，所发生的费用均不能在企业所得税前扣除。如果想在税前扣除，有两种做法可以考虑：一是租赁；二是过户。这其中就有一个对比选择问题——若企业跟老板签订了车辆或房屋租赁合同，那么像汽车加油费、过路费、水电费、房屋维护费等，就可以在税前扣除；若老板直接把私产过户给企业，那么，私产涉及的所有费用，包括折旧费，全部都可以在税前扣除（若是职工的私产过户给企业，采取分期付款方式支付价款，还可以减轻个人所得税）。

Chapter 23

23

第23章

结余权益转增资本的节税筹划案例

结余权益是指所有者权益除去实收资本之外的权益，包括资本公积、盈余公积和未分配利润。用结余权益转增资本是增加注册资本的常见途径。本文拟探讨三种转增方式的相关政策及其财税处理，比较其税负，并据以提出相关建议。

23.1 结余权益转增资本的相关政策

1. 资本公积

《中华人民共和国公司法》第一百六十九条规定："公司的公积金用于弥补公司的亏损、扩大公司生产经营或者转为增加公司资本。但是，资本公积金不得用于弥补公司的亏损。"但无论根据《企业会计制度》（旧制度）还是《企业会计准则》(新制度)，并不是所有的资本公积都可以转增资本。

新准则下"资本公积"的核算明细科目有两个：资本溢价（或股本溢价）和其他资本公积。

资本溢价的主要来源包括：投资者出资额超出其在注册资本或股本中所占份额的部分；同一控制下控股合并形成的长期股权投资，合并日取得被合并方所有者权益账面价值的份额大于支付的合并对价的账面价值的差额；以权益结算的股份支付换取职工或其他方提供服务的，在行权日按实际行权的权益工具数量计算确定的金额；企业将重组债务转为资本的，债权人放弃债权而享有本企业股份的面值总额与股份的公允价值总额的差额。其他资本公积的来源包括：长期股权投资采用权益法核算的，在持股比例不变的情况下，被投资单位除净损益以外所有者权益的其他变动，企业按持股比例计算应享有的份额；可供出售金融资产在资产负债表日的公允价值大于其账面价值的差额；自用房地产或存货转换为采用公允价值模式计量的投资性房地产，在转换日的公允价值大于其账面价值的差额；以权益结算的股份支付换取职工或其他方提供服务的，在等待期内的每个资产负债表日，按权益工具授予日的公允价值确定的金额；原制度资本公积转入。

以上资本溢价下的所有明细科目以及其他资本公积中原制度资本公积转入部分可以转增资本，其余的则不行。这是因为，其他资本公积具有预提性质，它一般是由特定资产的计价变动而形成的，当特定资产处置时，其他资本公积也应一并处置。因此，其他资本公积（原制度资本公积转入部分除外）不得用于转增资本（或股本）。

2. 盈余公积

盈余公积下设两个明细科目：一是法定盈余公积。上市公司的法定盈余公积按照税后利润的 10% 提取，法定盈余公积累计额已达注册资本的 50% 时可以不再提取。二是任意盈余公积。任意盈余公积主要是上市公司按照股东大会的决议提取。法定盈余公积和任意盈余公积的区别就在于其各自计提的依据不同。前者以国家的法律或行政规章为依据提取；后者则由公司自行决定提取。

盈余公积的提取实际上就是为了限制企业将当期实现的净利润都分配给投资者。提取的盈余公积的用途有三方面：一是弥补亏损；二是转增资本；三是发放现金股利或利润。企业将盈余公积转增资本（股本）时，必须经股东大会或类似机构批准。

3. 未分配利润

未分配利润是企业未作分配的利润。它在以后年度可继续进行分配，在未进行分配之前，属于所有者权益的组成部分。从数量上来看，未分配利润是期初未分配利润加上本期实现的净利润，减去提取的各种盈余公积和分出的利润后的余额。

未分配利润是留存在企业尚未决定用途的净利润，因此，企业对于这部分资金的自主权很大，可以用来弥补亏损，也可以用来购买设备等，当然也可以用来转增注册资本。

23.2 结余权益转增资本的比例限制

《公司法》第一百六十九条规定：“法定公积金转为资本时，所留存的该项公积金不得少于转增前公司注册资本的百分之二十五。”即以资本公积、盈余公积和未分配利润转增资本时，留存的该项公积金均不得少于转增前注册资本的25%。

23.3 结余权益转增资本的涉税问题

结余权益转增资本时由于增加了被投资企业的注册资本，因此主要涉及自然人股东的个人所得税和法人股东的企业所得税问题。

1. 资本公积转增的涉税问题

资本公积的可转增部分（资本溢价）的形成是投资者出资额超出其在注册资本或股本中所占份额的部分。资本溢价转增资本，实际上是投资者取得股权的成本的内部结构的划转，因此既不视同股息红利收入，也不增加股东的计税基础。这就意味着在被投资企业用资本公积转增资本时股东无须缴税，但股东在转让和处置该股权投资时不能扣除转增增加的部分。

（1）自然人股东个人所得税。《国家税务总局关于股份制企业转增股本和派发红股征免个人所得税的通知》（国税发〔1997〕198号）规定：“股份制企业用资本公积金转增股本不属于股息、红利性质的分配，对个人取得的转增股本数额，不作为个人所得，不征收个人所得税。”这里的“资本公积金”的范围，根据《国家税务总局关于原城市信用社在转制为城市合作银行过程中个人股增值所得应纳个人所得税的批复》(国税函〔1998〕289号）的解释，是指股份制企业股票溢价发行收入所形成的资本公积金，将此转增股本由个人取得的数额，不作为应税所得征收个人所得税。而与此不相符合的其他资本公积金分配个人所得部分，应当依法征收个人所得税。

由于新准则下只有资本（溢价）部分（其他资本公积下原制度资本公积转入属于过渡科目，此处不再讨论）可以转增资本，因此，资本公积转增资本不用缴纳个人所得税。外籍个人股东也不属于征税范围。

财税〔2015〕62 号第四条“关于企业转增股本个人所得税政策”第一款规定：

示范地区内中小高新技术企业，以未分配利润、盈余公积、资本公积向个人股东转增股本时，个人股东应按照“利息、股息、红利所得”项目，适用 20% 税率征收个人所得税。个人股东一次缴纳个人所得税确有困难的，经主管税务机关审核，可分期缴纳，但最长不得超过 5 年。

上述示范地区具体包括以下地区。

1）国家自主创新示范区：①中关村；②武汉东湖；③上海张江；④深圳；⑤苏南，包括南京、苏州、无锡、常州、昆山、江阴、武进、镇江 8 个高新技术产业开发区和苏州工业园区；⑥长株潭，包括长沙、株洲、湘潭 3 个国家高新技术产业开发区；⑦天津滨海高新技术产业开发区。

2）合芜蚌自主创新综合试验区。

3）绵阳科技城。

（2）法人股东企业所得税。对于国内法人股东而言，根据国税函〔2010〕79 号第四条第二款的规定：“被投资企业将股权（票）溢价形成的资本公积转为股本的，不作为投资方企业的股息、红利收入，投资方企业也不得增加该项长期投资的计税基础。”因此，被投资以资本溢价转增资本时，法人股东无须缴纳企业所得税。但是因为“投资方企业也不得增加该项长期投资的计税基础”，因此在转让和处置该股权投资时，投资企业不得扣除转增增加的部分。国外法人股东不属于征税范围。

（3）印花税。根据《财政部　国家税务总局关于企业改制过程中有关印花税政策的通知》（财税〔2003〕183号）第一条第五款的规定：“企业其他会计科目记载的资金转为实收资本或资本公积的资金按规定贴花。”也就是按照实收资本和资本公积的合计额增加数贴花，但是用资本公积转增资本时该合计金额并没有发生改变，因此无须缴纳印花税。

2. 盈余公积和未分配利润转增的涉税问题

盈余公积和未分配利润都是来源于企业的税后利润，税法将公司用盈余公积和未分配利润转增资本视为利润分配和投资两项活动，而利润分配就会产生股东的所得税问题。且对于盈余公积和未分配利润转增资本，无论股东取得的收入是否实际纳税，转增资本后均增加股东持有股权的计税基础。这就意味着在被投资企业用盈余公积和未分配利润转增资本时股东需要缴纳相应所得税，但股东在转让和处置该股权投资时可以扣除转增增加的部分。

（1）自然人股东个人所得税。根据国税发〔2000〕118号的规定：“除另有规定者外，不论企业会计账务中对投资采取何种方法核算，被投资企业会计账务上实际做利润分配处理（包括以盈余公积和未分配利润转增资本）时，投资方企业应确认投资所得的实现”。又依照《国家税务总局关于盈余公积金转增注册资本征收个人所得税问题的批复》(国税函〔1998〕333号)：公司将从税后利润中提取的法定公积金和任意公积金转增注册资本，实际上是该公司将盈余公积金向股东分配了股息、红利，股东再以分得的股息、红利增加注册资本。因此，自然人股东所分得并再投入公司的盈余公积和未分配利润应按照“利息、股息、红利所得”项目征收个人所得税。

根据财税字〔1994〕20号的规定：外籍个人从外商投资企业取得的股

息、红利所得暂免征收个人所得税。因此，外商投资企业用盈余公积转增外方个人股东资本不征收个人所得税。

（2）法人股东企业所得税。根据《企业所得税法》第二十六条规定：符合条件的居民企业之间的股息、红利等权益性投资收益以及在中国境内设立机构、场所的非居民企业从居民企业取得与该机构、场所有实际联系的股息、红利等权益性投资收益，为免税收入。因此，被投资企业用盈余公积和未分配利润转增资本时，投资方无须缴纳所得税。但同时应注意的是，《企业所得税法实施条例》第八十三条规定："免税收入不包括连续持有居民企业公开发行并上市流通的股票不足 12 个月取得的投资收益。"因此，除了由上市公司 12 个月以内的股票产生的股息红利外，被投资方以盈余公积转增资本时，投资方所确认的收入免税。

但是，若投资企业与被投资企业对应不同的所得税税率，则根据国税发〔2000〕118 号规定，投资企业应该按要求补缴税款。

外籍法人股东需缴纳预提所得税。另外，由于外资企业的未分配利润转增股本不需要办理售付汇证明，税务无法事前监管，因此它属于税务稽查重点核查项目。

（3）印花税

根据《财政部 国家税务总局关于企业改制过程中有关印花税政策的通知》（财税〔2003〕183 号）关于资金账簿的印花税规定："企业其他会计科目记载的资金转为实收资本或资本公积的资金按规定贴花。"根据税法的相关规定，印花税中"营业账簿"税目的计税依据为"实收资本"与"资本公积"两项的合计金额。

23.4　三种结余权益转增资本的税负比较案例解析

三种结余权益转增资本方式都是所有者权益内部各项之间的转移。相关法规对于它们转增资本的规定既有区别又有一致之处，对比如表 23-1 所示。

表 23-1 三种结余权益转增资本的相关规定比较表

转增项目	资本公积	盈余公积	未分配利润
可转内容	资本（股本）溢价部分等	无限制	无限制
可转比例限制	留存的该项公积金不少于转增前公司注册资本的 25%	留存的该项公积金不少于转增前公司注册资本的 25%	无具体规定
需缴纳税种	无	个人所得税、印花税	个人所得税、印花税

资本公积里面只有资本溢价部分可以转增资本，而盈余公积和未分配利润转增资本的内容则没有限制。三种结余权益转增资本均有比例限制，转增时留存的该项公积金不少于转增前公司注册资本的 25%。以资本公积转增资本时股东无须缴税，而以盈余公积和未分配利润转增资本时则需缴纳相应的所得税和印花税。

明确转增资本的相关规定后，我们还要具体分析这三种结余权益转增资本的税负。首先对于国内自然人股东和法人股东，纳税政策总结见表 23-2。

表 23-2 三种结余权益转增资本时国内股东的应税情况比较表

分红类型	自然人股东	法人股东	是否增加计税基础
资本公积转增资本	免税	免税	否
盈余公积转增资本	个人所得税	免税	是
未分配利润转增资本	个人所得税	免税	是
直接分配利润	个人所得税	免税	

从纳税的规定可以看出，对于国内股东，用资本溢价转增资本时，自然人股东和法人股东都不缴税，也不能增加计税基础。而用盈余公积和未分配利润转增资本时，自然人股东需缴纳个人所得税，法人股东不缴税，但增加计税基础。

下面我们假设国内某上市公司，其所有者权益组成结构如下：实收资本 50 000 万元，资本公积 50 000 万元，盈余公积 30 000 万元，未分配利润 70 000 万元，且股东单一（或为自然人股东或为法人股东）。现在该公司打算转增资本，考虑到转增限制，我们假设转增金额为 17 500 万元（使得金额最少的盈余公积的留存额不少于转增前实收资本的 25%）。我们通过表 23-3 计算比较一下转增股本和直接分红的税负，以及不同转增方式的税负，所用税率为当前适用汇率。

表 23-3 三种结余权益转增资本税负比较表 （单位：万元）

分红类型	自然人股东	法人股东	转增企业	处置时转增部分对应的自然人股东个人所得税	处置时转增部分对应的法人股东企业所得税
资本公积转增资本	0	0	0	3 500	4 375
盈余公积转增资本	3 500	0	8.75	0	0
未分配利润转增资本	3 500	0	8.75	0	0
直接分配利润	1 750	0	0	0	0

注：

（1）按照《中华人民共和国个人所得税法》第二条、第三条的规定，个人股东对公司的税后利润进行分配的应当按照利息、股息、红利所得适用 20% 的税率；依据财税〔2005〕102 号文件规定，个人股东从上市公司取得的股息红利暂减按 50% 确认所得。

（2）企业转增资本和处置股权对应的印花税税率均为 5/10 000。

（3）处置股权时个人股东的个人所得税税率为 20%，企业股东的企业所得税税率为 25%。

从以上表中我们注意到，企业转增资本所涉及的税负主要为股东的所得税，且主要是自然人股东的个人所得税，而法人股东在各种转增情况下都免税。转增企业只涉及印花税且税率较低。

在不处置股权投资的情况下有：① 三种转增方式中用资本公积转增资本对应的税负最低，为零；② 用盈余公积和未分配利润转增对应的税负一样，而直接分配利润对应的税负偏低，因为直接分红时自然人股东减按 50% 确认所得。

若企业打算将来处置股权投资，则有：① 三种转增方式对应的自然人股东的税负一样，而处置股权时法人股东的企业所得税偏高；② 直接分红对应的税负最低。

23.5 三种结余权益转增资本的节税思路

（1）国内股东若不打算转让股权，则在转增资本时应首先考虑用资本公积转增。

（2）由于国内法人股东从被投资公司取得分红时免税，自然人股东可采用“自然人——控股公司——目标公司”架构来间接控制目标公司，在转增资本或分红时省去个人所得税。

（3）由于股权转让收入不允许扣除留存收益，因此法人股东转让股权时，可先对留存收益进行转增资本或利润分配，然后再进行转让，可增加股东收入。

对于国外股东，其涉税规定总结见表23-4。

表23-4　三种结余权益转增资本时国外股东的应税情况比较表

分红类型	自然人股东	法人股东
资本公积转增资本	不属于征税范围	不属于征税范围
盈余公积转增资本	免税	缴纳预提所得税
未分配利润转增资本	免税	缴纳预提所得税
直接分配利润	免税	缴纳预提所得税

从以上表格我们注意到，外商投资企业在进行分红和转增资本时其自然人股东无须缴税，除用资本公积转增资本外，法人股东需缴纳预提所得税，税率为10%。对此，我们有以下筹划建议：

（1）外籍法人股东投资企业转增资本时优先考虑用资本公积转增股本。

（2）若外籍股东以持股分红为目的，不打算转让股权，则应以自然人身份投资，可享受免税待遇。若以财务投资为目的，打算转让股权，应以法人身份进行投资，在转让时适用10%的预提所得税，而不用缴纳股权转让的20%的个人所得税。

（3）外籍法人股东在用盈余公积和未分配利润转增资本的时候，可以在境外先将股权转让给外籍个人，因为此时外籍个人股东免税。

（4）外籍法人股东在用盈余公积和未分配利润转增资本时，也可以采取“境外公司——境内控股公司——目标公司”的架构来进行间接控制，如此即可省去用盈余公积和未分配利润转增时的预提所得税。[⊖]

⊖ 李红润对本案例的写作做出主要贡献。

财智观点文章

C.1 用大禹治水的方式治税

税如水，能载舟也能覆舟，不论是我国历史上陈胜、吴广率领的第一次农民起义，还是美国南北战争打响的第一枪，都是因税而起。

水往低处流，税也往低处流，不论是投资人还是打工仔，他们向往的都是低税国家或地区。香港地区的繁荣发展，就与其低税政策有关，也是“税往低处流”的一个有力证明。

既然税具有水的特性，那我们治税，就不能靠堵了，要靠疏。中国历史上鲧和禹父子治水的迥然结果，已作为经典案例，启示了一代又一代后人。所以，我们在借鉴西方发达国家的先进经验或制度时，不要忘了“我们还是后人”，我们还要从老祖宗那里，学习一些管用的治国理念或技能；在税收治理方面，就是要借鉴大禹，用大禹治水的方式治税。

1.“用大禹治水的方式治税”之理由

按人头、按地亩的传统收税方式离我们已经十分久远；国民党在大陆统治时期的苛捐杂税也已埋入历史的谩骂之中。眼下我们已经构建了自己的税收体系。但说白了，这个体系是个“大拼盘”，并且忽略了一个关键问题：借鉴基础。花秀在丝绸上，那是花；花秀在麻袋上，那就是疤。这就是基础的区别。

1799年英国人开征个人所得税，1917年法国人受德国综合交易税（umsatzsteuer）的启示开征营业税，1935年美国人开征社保税，1954年法国人又改营业税为增值税。可以说，我国现在的主要税种几乎全部借鉴了西方发达国家的现代文明（我国的社保税现在以社保费用的形式收取），且是一个吸收世界各国税种的“大拼盘”。但我们好像忽略了一个基本前提，西方发达国家的税收是建立在严格的法制基础上的，且征纳双方守法意识较强；也就是说，这套税收体系的建立基础是法制。将这套体系嫁接到我国后，由于我们的法制基础相对薄弱，民众纳税和守法意识不强，征纳双方在税收的征管过程中就出现谈判、说情、折扣、私利等现象，并逐渐成为一种税收常态，这就漏洞百出了。这就好比一条水泥砌出的水渠，借鉴到我国后，变成了一个河沟，且堤岸的土质松软，跑冒滴漏在所难免。

我们的治理方法基本是堵，哪儿冒水了，就挖一锹泥土盖住；至于水在其他地方还冒不冒出了，那我不管。比如限制纳税人具体行为的一些税收文件，都基本属于治表不治里的套路。我们都知道，水这种东西，如果不理顺渠道，你这儿堵住了，它再那儿会再冒出来。但我们的税收治理，是堵住再说，好像没有考虑“水再冒出来”的问题。

我国税收体系的“大拼盘”还存在一个“不兼容”的问题，即这个“大拼盘”是由众多“小盘子”构成的，之间缺乏兼容性。比如，我们依据税种相应设立增值税、企业所得税等部门，研究、制定各自部门管辖范围的税种政策；并且，增值税政策的制定者很少会去考虑企业所得税的问题；企业所得税政策的制定者也不会顾及个人所得税的问题。这种“各自为政”格局，肯定会出现“顾此失彼”的问题，给国家造成了重大的税收损失。

其实在目前的税制中，各税种之间还存在众多“低纳高抵”（用较低税率的纳税额抵减较高税率的纳税额，或用上一环节的低税负抵减下一个环节的高税负）的问题，这都是不兼容的证明。

上述问题导致我国中小企业逃税普遍，富人逃税严重，几乎可以说就是洪水，修建一条水泥渠道，引流税源已刻不容缓。

2.“用大禹治水的方式治税”之方法

既然堵的效果不佳，我们就应在疏的方面下功夫。针对我国目前的税收状态，我们认为关键做法就两条。

（1）修渠。就是砌一条税收的“水泥渠道”，严防跑冒滴漏。其实这就是法制建设，在我国搞税法建设，重点是去传统皇权意识，树现代法制观念。要做好的主要工作有三：

一是向纳税人展示税收的去向。我们的税收若用在国防、教育、社会福利等方面，相信绝大多数纳税人是乐意纳税的；但我们的税收若用在重复建设、养育官员或贪污浪费，相信没有一个纳税人乐意纳税。所以，流进国库的“水”，浇了哪些地？饮了哪些人？给民众一个满意的交代，是理顺征收渠道的头等大事。

二是梳理税收文件，减轻社会运行成本。由于税种的“不兼容”以及对于出现的问题实行“头疼医头、脚疼医脚”的做法，我们的税收文件简直是太多了，给社会带来了巨大的运行成本。是以要下大功夫对现行文件进行梳理，例如把相关条款合并在一个文件上，修改相互抵触的文件，撤销无法在实践中执行的文件或条款等。梳理文件，就是新砌水渠，也是一项重要的工作。

三是规范渠道管理人的行为。目前我国税收征管人员这支队伍良莠不齐，尤其是个别基层税务人员，“吃拿卡要”纳税人的现象十分突出；特别是收受或索贿纳税人，跟一些纳税人的“私了”行为，让一些纳税人产生“犯法也能拿钱码平”的心态，助长了逃税甚至骗税的风气，对我国的税收征管影响很坏，必须清理这类害群之马；国、地税争抢税源问题，也会让纳税人无所适从；而一些地方税务机关“暂不执行税总政策”的公告，更令人目瞪口呆。针对这些问题，要拿出中央反腐的决心，予以解决，重塑征纳双方的诚信体系。

（2）引流。即是把税源引流到修好“渠道”。这个环节要依法区分税款的界限：该交的税，一分都不能少；不该交的税，一分也不能要。但现在一些税务机关限于征收指标的压力，征收“过头税”或乱征税的现象依然存在，实在是一种“杀鸡取卵”的短视行为，必须下大力度纠正、清理；同时出重拳打击偷税、骗税的违法乱纪行为。

对于那些税收知识欠缺的纳税人，还要加以指导，帮助他们搞好节税筹划，比如报载温州某税局，用税收政策指导企业签订出口合同，减轻这个企业几十万的税负，这个企业就没有再逃税的念头了，也不好意思逃税了。企业是经济动物，在纳税方面就是这样：你不给它们一个合法的出口减轻税负，它们会有无数个非法的途径偷逃税款；你若给它们一个合法减轻纳税成本的方法，考虑到税收风险，它们就会少用或不用非法的手段规避纳税。凡是走上邪道的人，大都是因为没有正道可走。企业也是这样。我们的税务机关若做到“主动帮助企业依法减轻税负”，就会取得“信则立”的效果，这也是一个国家征税最重要的操守。

C.2 中国企业要学会利用税法降税负

在中国的企业群体中，对待纳税问题有两种极端行为：一是循规蹈矩，税法就是“高压线”，除“敬而远之”外，即使有适应自己的税收优惠政策也不利用，或说不知道如何利用，这种行为主要存在于国有企业特别是中央企业之中；二是违法乱纪，更无论税法，偷税逃税甚至抗税，无所不及，这种行为主要发生在民营企业特别是中小企业之中。

可以说，这两种行为都是对税法的无知带来的。在一些企业的观念里，税法就是“逼着”企业交税，是限制企业的条条框框。其实这个观念是不正确的，税法除了规定纳税条款外，还列明很多优惠企业的减免税政策，不去主动应用，就可惜了；而且在中国目前的税制中，还存在“低纳高抵”的空间，我们这一重大发现除了促进企业合法减轻税负外，对完善中国税法体系建设也会产生不可估量的作用。

我们主要探讨“低纳高抵”问题。

“低纳高抵”就是指用较低税率的纳税额抵减较高税率的纳税额，或用上一环节的低税负抵减下一个环节的高税负，从而达到整体减轻税负的目的。比如鉴证咨询服务企业，收入按6%缴纳增值税，支出可按17%抵扣增值税；再如劳务报酬项目，缴纳20%的个人所得税（减除20%的免征额实际是按16%纳税），据此可以抵减25%的企业所得税，等等，这些都是中国现行税制下切实存在于企业实务之中的“低纳高抵”现象，或说是节税空间。

分析、研究“低纳高抵”问题的目的有二：一是如实告诉企业“低纳高抵”的事实，引导企业依法减轻税负，特别是要把那些偷逃税款的企业从“邪道”拉回“正道”上来，犹如挽救“失足青年”；二是促进国家政策部门，积极研究税收对策，尽快完善相关政策。

我们以房地产企业为例，来解读“低纳高抵”相关政策的运用。

我国的房地产开发企业，缴纳的土地增值税最高税率为60%（最低为30%），但开发房地产所需材料适用17%的增值税税率，税率之差最高达到43个百分点（最小为13%），所以这两个税种之间存在“低纳高抵”空间，即房地产企业可通过材料公司多缴增值税的方式，来加大开发成本，抵减高额的土地增值税。

操作方法是房地产企业在进料环节设立一个材料供应公司，专门供应楼盘的用料。材料公司通过原先的低价进料后，加价卖给楼盘开发商（但要把握关联价格，别离谱）。加价部分会增加材料公司17%的增值税，但最高可抵减开发商60%的土地增值税。一般情况下，材料公司的企业所得税税率应该与楼盘开发商的企业所得税税率相等，都是25%，所以，材料公司加价增加的企业所得税与楼盘开发商因提高成本减少的企业所得税应该持平。

我国的高房价与房屋建设的高成本有关，其中就包括纳税成本。房地产企业减轻了纳税成本，就可能会在一定程度上降低房价——这也是全国人民的希望。

C.3 1元注册公司会增加税负

新《公司法》取消了一些公司的注册门槛，使“1元注册公司”变为现实，令企业界尤其是广大民营企业的经营者为之雀跃，好像又走进了一个新时代。但若把这个深藏税收“陷阱”的政策分析透了，一些经营者可能就欢呼不起来了。

我国的税收“陷阱”大致分两类：一是税收政策的制定者设计的，比如计算年终奖纳税额时，政策允许除12个月，这理应扣除12个速算扣除数，但具体税收条款只让扣除一个速算扣除数，就留下了“多拿1元就会多交11个速算扣除数”的纳税“陷阱”；二是限于学识或知识，政策制定者“知其一不知其二”，自己都没有想到的纳税“陷阱”，“1元注册公司会增加税负”就属于这类税收“陷阱”。我们分析如下：

假设我们经营某个项目需要1 000万元——不论是1元注册，还是1 000万注册，要做成这个项目都得需要1 000万元，即股东都要投入1 000万元。

我们再假设这个项目做成了，公司增值到2 000万元，并且股东想把公司转让出去——这时，税收“陷阱”就出现了。

若1 000万元注册公司，2 000万元转让，不考虑其他费用，增值部分须缴纳企业所得税 =（2000−1000）×25%=250（万元）；若全是自然人股份，还要就所得缴纳个人所得税 =（2000−1000−250）×20%=150（万元），这两项税收合计400万元。

若1元注册公司，因为实际也投入1 000万元，也一样做成了，最后2 000万元转让，因为只有1元的原始成本，几乎可以忽略不计（为计算方便我们就不予考虑），则转让增值部分须缴纳企业所得税 =2 000×25%=500（万元）；若全是自然人股份，还要缴纳个人所得税 =（2 000−500）×

20%=300（万元），两项税收合计800万元。

因注册资金不同，公司转让所得仅两种税收的纳税成本就相差400万元——这就是深藏的税收“陷阱”，我们也称为“看不见得成本”（我们把企业成本划分为三类：看得见的成本、看不清的成本和看不见的成本）。相信看到这儿，一些经营者就乐不起来了。

税负增加400万元的原因是“1元注册公司”几乎没有原始成本，在转让时全额计税。

不仅仅是转让，因为没有原始成本，企业发生其他变更时，也会产生类似的纳税成本，并涉及更多的税种。

“1元注册公司”，也不仅仅存在税负增加的问题，还会带来其他一些问题。据我指导的学生王琳婷、高雨萌所做的针对性研究，“1元注册公司”在股东持股、分红方面，增资扩股方面以及担责方面，都存在一些纠结的问题。

为此我们建议：注册公司，不要光图眼前方便，还要考虑以后的发展和变化，最好量力而行，有多大的笼屉就蒸多大的馒头。虚假注册和1元注册是两个极端，我们还是回归真实为好。

C.4 公平税负是个税新政最终诉求，需兼顾两头

近期，关于个税改革推进的消息不断涌现，虽然方案还没有落地，但方向已然明确，即建立综合与分类相结合的个人所得税制。据《经济参考报》报道，个人所得税的推进或将成为明年我国税收制度改革的最大看点。

个人所得税作为我国税收体系中越来越重要的一个税种，涉及的纳税人最广，也备受老百姓关心。在个税新政设计上，更需要注重民意，建议做到两点：一要减少，让更多的工薪阶层减轻税负；二要防跑，防止高收入阶层成为异国他乡的纳税人。同时也要保证个税征收的总量，跟国民收入同步增长。

美好的初衷才能赢得美好的未来。要达到个税征收的上述目的，我认为，相关税收政策的制定和出台，都需要以“公平税负”为出发点，绝不仅仅是为了征收税款，完成财政指标。若税负不公平，很可能会出现“工薪阶层会逃”和“高收入人群会跑”的局面。若税负公平，纳税人会慢慢认可，在符合规律的征纳关系中互助成长，如此逐步从“要我纳税”过渡到“我要纳税”，从而构建起良性的税收文化。

我国个人所得税的征收法规借鉴了西方发达国家的税收制度。我们在借鉴这些制度时，一要尊重其体系的科学性，二是要结合我国国情。自1980年我国开征个人所得税以来，个人所得税征收政策几经修改。尽管如此，我国的个人所得税征收制度还是有待完善。

比如税率设计问题。我们现在执行3%、10%、20%、25%、30%、35%、45%七级超额累进税率，在低收入环节，税率从3%涨到10%，从10%涨到20%，分别有7个点和10个点的涨幅，而到高收入环节，月收入55 000元以上，涨幅反而只有5个点。

作为个人所得税“鼻祖”的英国，其税率设计只有三档10%、22%、40%，最高税率是40%，而我们的最高税率是45%，且不说其他社会福利，这分明是把我国的富人往英国赶的节奏。因此，目前我国个人所得税的税率设计，从税负公平性来看，既对工薪阶层不利，也对高收入阶层不利(太高了他们会跑的)，迫切需要调整，比如设计成3%、10%、20%和40%四级。

针对财政部即将出台的“综合与分类相结合”的个人所得税新政，我认为应是一个基于国情的“系统工程”，绝不是一篇“头疼医头脚痛医脚”的改版，而首要问题就是解决公平税负的问题。

如何达到税负公平？

一是“综合征收”的减项设计问题。针对个人所得税减项设计这个问题，我认为，需要遵循我国的传统文化，考虑纳税人的普遍负担，并兼顾行业特殊支出的差别。具体而言，尊重传统文化主要是尊重“养老爱幼”

的优良文化，把养老支出、育儿支出等列为纳税减项；普遍负担就是把住房、医疗和教育（包括有助于个人成长的学习）等部分支出列为纳税减项；兼顾行业差别就是把特殊行业的特殊硬支出，比如野外作业的安全保护费、保险费，文化事业的稿费等，列为纳税减项。

二是“免征额”的问题。免征额是一个公民的基本生活保障，这个“额度”一定要够他在当地有尊严的生活。在全国各地居民收入差异较大的前提条件下，若取个统一值，我认为应该取个偏大值，来优惠更多工薪阶层。实际上，各方也在不断传来提高免征额的呼声，比如早前宗庆后就提出建议将免征额定到 5 000 元。这是来自实践一线的民声，同时更是民生。我们不能忽略这种声音。一个基本事实：工薪阶层节省 10 元，在生计上比富人节省 100 元还重要，关键是更感觉到祖国的温暖。

三是低于“免征额”人群的税收关怀问题。“征高补低”是税收公平性的一个体现。高出“免征额”的阶层我们征税，那低于“免征额”的人群怎么办？西方发达国家对这个群体多有“物质关怀”，那我们怎么在税收上直接体现？这也是一个值得深思的问题。

四是给高收入人群多一种选择的问题。由于高收入人群的收入繁杂且地域不一，就是把最高税率降到 40%，他们也有避税或逃税的动机和可能。因此，建议在纳税政策上多给他们一种选择。比如将收入投资到国家指定的领域（几年），就可以减免税款。

纵观古今中外，把握税收的度十分重要。2016 年 7 月，中央政治局会议首提“降低宏观税负”。十八届三中全会通过的《中共中央关于全面深化改革若干重大问题的决定》中明确了“统一税制、公平税负、促进公平竞争的原则”。有了积极的导向，才能实现“一要减少，二要防跑”的目的，才能在此基础上建设我国优良的税收文化。

总之，不能因新政的出台增加广大纳税人的税负，这是国策；不能因财税部门的局部“业绩”影响国家经济的全面发展，这是大局；更不能因为沉重税负把老百姓赶到国家的对面，这是长远的政治。

C.5 如何向富人征税

中国富人逃税的方式是“内靠假账，外靠假户”。对内的治理我们出台不少税收法规，但因假账普遍，加上一些富人“有钱能使鬼推磨”、某些征管人员徇私枉法等原因，治理效果不是很好；但加大执法力度，相信可以治好。而对利用境外户头逃税的治理，我们好像鞭长莫及，缺乏有效的对策。

税如水，水往低处流，税往低处流，治税如治水。如果我们堵不住，是不是要转变一下观念，考虑“疏”的方法？我们主张“用大禹治水的方式治税”，就是想在国内引导“疏”的治税方法，把流失的税款“引流”回来，以免“肥水流入外人田”。

怎么疏呐？我先讲个故事——之所以说是故事，是因为我没有进行考证，我当故事说，大家就当故事听。我们要的是故事的启示。

大家都知道好莱坞，但好莱坞如何发家的，却不一定有人知道。故事说，好莱坞发家靠的是德国政府的一条税收政策——这好像接近《天方夜谭》了。当时德国的个人所得税税率高达51%，德国的中产阶级像医生、教师、律师等疯狂逃税，犹如洪水；而当时的电影是新鲜的时髦之物，德国总理是个如痴如狂的电影迷，用现在的话说就是“铁粉”。为了制止逃税行为，在“铁粉”总理的提议下，德国出台一条疏导的税收政策：个人所得投资电影免税。目的是一箭双雕：在治理中产阶级逃税的同时，推动德国电影事业的发展。有了第二个选择，很多德国人为了规避风险，就把个人所得投到了电影上。但业内人都知道，拍电影有一半是拍砸的；拍砸了，那投资可就血本无归了。所以投资电影也存在很大的风险，德国的中产阶级不少人也尝过“拍砸”的苦果。而美国当时已有相对完善的保险制度，当德国人得知好莱坞拍电影拍砸了有保险公司扛着时，就集体转向了，利用那条税收政策的漏洞（没说投资投到哪国的电影），把个人所得一齐投到好莱坞，那可几乎是德国中产阶级一个阶层的个人所得，好莱坞不火，就没道理了。

既然我国富人逃税也像洪水，堵不住，我们是不是也疏导一下。

谁都知道逃税犯法，但一些富人还是费尽周折地以身试法，为什么？一个重要的原因就是他没有第二个选择。如果我们给他们第二个选择，相信会有一部分富人选择这“第二个选择”的。这样的话，至少这一部分税款，就不会“肥水流入外人田”了。

“第二个选择”要以国家发展为原则确定。哪儿急需发展，那儿又缺钱，我们就把那儿定为中国富人的“第二个选择”。

内举不避亲。作为中国农业大学的教师，我无私地认为：中国农业高科技企业急需发展，也需要大量资金支持，可以定为中国富人的“第二个选择”。

我把投资免税方案大致介绍一下：

老张个人分红所得 200 万元，按 20% 的税率，要纳税 40 万元；但老张要是把这 200 万投资到指定的农业高科技企业 3 年，就免税——按 6.6% 的利率计算，投资 3 年，资金的时间价值大致是 40 万元，个人所得税与利息收益对等，相当于谁都不欠谁的，征纳双方都应满意。若投资 5 年，后两年可给老张分红——这需要法律文书约定。

老李年终奖金 200 万元，依据国税发〔2015〕9 号文件，除 12 个月后适用税率为 45%，应纳个人所得税 886 495 元，若老李将 200 万元奖金投资到指定的农业高科技企业 6 年（可以按与税款相等的资金时间价值具体到月份），就免税；超过这个时间，也可以依据约定分红。

这“第二个选择”大家都基本明白了吧：个人所得投资到指定的农业高科技企业，免税。

但若要出台这方面的政策，则需要做很多工作，比如农业高科技企业的认定、免税程序的设计、运行过程的监管以及投资风险如何承担（可以考虑保险公司介入）等等，很细的，在这里说不完就不说了，我们拣重要的说。

这个投资免税方案可以解决以下三个主要问题：

（1）解决高收入人群的逃税问题。有了第二个选择，相信中国至少有一部分富人会跟当年德国的中产阶级一样，就不冒风险逃税了，这部分税款就“肥水流入了自家田里”；尝到免税或分红的甜头后，中国富人们集体转向农业高科技企业也说不定。更为重要的是：不逃税，一些企业的账就接近真实了；我们的统计数据，也就接近真实了；做出的治国决策，也就更正确了。

（2）解决农业高科技企业融资难问题。因为多是长线项目，我国农业高科技企业融资十分困难，把流失的税款“引流”到这些企业，具有国家发展的战略意义。农业是基础，农业上不去，你哪儿上去了都是没上去；而农业高科技是我国农业发展的核心，抓住了核心，就会释放核能。如此“引流”，意义重大。

（3）解决财政资金的“跑冒滴漏”问题。我们支持农业的资金，都是转了一大圈才输进去的，其中的“跑冒滴漏”现象大家都是懂的（财政部那个吃专项资金回扣 2 400 万元的处长已被判刑）。现在我们直接把“水管子插到田里”，“跑冒滴漏”问题就会有效地解决。

对于我们提出的投资免税建议，建议先进行试点，从重点高收入人群和需要扶持的重点农业高科技企业开始，当运行机制比较成熟和完善以后再在全国范围内推广。

C.6 营改增的功过评说与建议

营业税改为增值税，简称营改增，是中央第一大税种“改编”地方第一大税种，于我国税制改革的方向、中央与地方的财政分成、企业税负的增减以及社会分配，都是一件大事，同时也是我国税收史上的重要事件。

对于重要事件，政策的制定者总是从“自己专业学识的角度”来设计、推演或解释相关政策的预期——比如出台营改增政策，政策制定者宣传的预期就是调整税收结构，鼓励现代服务业、中小企业，消除营业税的重复纳税，减轻企业税负，服务企业出口可以获得退税等，这些预期都是值得称道的，但能否实现，则要以政策运行结果来证实；至于新推行的政策会带来哪些可能的负面影响，政策制定者也应交代明白——这一点财税部门做得不够敞亮，在推行实施营改增政策时，没有交代营改增可能带来的负面影响。

上海市的营改增试点工作已经实施了四个多月，结果如何，政府与企业的说法可谓众口不一，其中各自的偏向性十分明显。为了以正视听，也为了以后的营改增试点地区提供参考建议，我们不揣浅陋，想站在中间立场对营改增的功过是非进行评价——当然，我们是不是站在中间立场还有待评价。

1. 营改增的功绩

依据我们的学识和能被接受的相关信息，我们认为营改增的功绩主要体现在以下三个方面：

（1）小规模纳税人确实受益。实施营改增后，小规模纳税人的流转税率从 5% 的价内营业税降到 3% 的价外增值税，税率直接降低 40% 多，这个减税政策是很实在的，作用也是非常明显的，也已被上海 8.5 万户小规模纳税人减轻税负的事实所证明。足以说明，政策的制定者确实想减轻小规模纳税人的税负，鼓励众多小企业吸纳社会就业，为社会稳定尽绵薄之力。这确实也是我们希望看到的直接减轻企业税负的政策。但监管部门需要注意这条政策带来的负面影响，它会导致很多企业“不想长大”或“不愿升级”，并想方设法保持小规模纳税人的身份以便享受低税率优惠。小规模纳税人不愿意晋升为一般纳税人，正如人不愿意长大一样，会影响经营者的心态及其行为，影响企业的成长和长足发展，这不论是对企业还是对税源，都是不利的。

（2）加强了税控功能。经过多年的发展，我国增值税的税控系统已十分严密，在防止企业偷税漏税方面，起到重要的作用。而营业税的防控则相对落后，所辖行业偷逃税款成风，税款流失严重。营改增后，借助增值税严密的税控系统和强大的反避税功能，可以有效地防止企业偷税漏税，增加税收总量。我们认为，各地政府积极推动营改增进程，除了营改增后的“税收归地方”这条政策的“魅力”外，也正是看中了营改增具有“加强税控功能，增加税收总量”的作用。

政策的制定者其实也清楚营改增后，因税控功能的加强而会增加税收总量，但顾虑纳税人的承受力和社会情绪，便憋着没有说出来。但这是瞒不住的，增加税收总量，不论是对政府还是对站在政府一边的政策制定者来说，都是毋庸置疑的。

不应隐瞒的还有，等全国各地全面实施营改增后，中央会参与这一块税收的分配。

（3）为结构性减税做出一定贡献。营改增的主要目的之一是结构性减税。依据财政部 2012 年 5 月 11 日的数据，继一季度全国税收收入 10.3% 的增幅创下近三年来最低之后，4 月份全国税收增速继续大幅回落，单月增幅已降至 2.6%，同比回落 23.3 个百分点；1 ～ 4 月累计数据是全国税收收入增长 8.1%，增幅同比回落 22.4 个百分点。回落的首要原因是我们经济增长趋缓，但另一个主要原因，就是与密集出台的结构性减税政策有关，营改增政策便是其中之一——当然，其影响数据不好测算。

从上海营改增的实践看，营改增后，购买服务的企业能取得增值税进项税金进行抵扣，确实减轻了增值税税负。但不能忽视的是：由于进项税金抵扣了增值税，就不能进入企业成本，购买服务的企业会增加企业所得税（一般是进项税金的 25%）。减轻的增值税与增加的企业所得税相抵，企业的总体税负还是减轻很多（一般是进项税金的 75%）——当然，这是在“不涨价”的前提条件下测算的。假如提供服务的企业因营改增后自身税负的增加而涨价，购买服务的企业在减轻税负的同时，增加了成本，而且增加的成本大于减轻的税负，下游企业的盈利就会受到影响。并且，这个“假如”在上海已经成真，很多交通运输和服务企业因营改增后自身的税负增加而提价，转移经营成本。这或许是政策的制定者没有想到的，也是我们不能回避的“失策”之一。

2. 营改增的失策

营改增的失策主要表现在增加了交通运输业和部分服务业一般纳税人企业的税负，这些企业会把这些“增长”传递到社会物价上去。而控制物价，恰恰是我们目前的一项国策。

（1）陆路交通运输业税负明显增长。营改增前，交通运输业执行3%的营业税税率；营改增后，执行11%的增值税税率。税率提高了8个百分点。如此设计，企业的进项税金只有保持在8%以上，才可能减负。但这在目前的交通运输业尤其是陆路运输业根本不可能做到。政策和实务之所以产生如此大的差距，我们认为原因大致有二：一是不知轻重。政策的制定者在测算交通运输业税率时，是依据新办企业在纸上推演的，并着重考虑其购买运输设备可以进行抵扣的因素；但现实是，营改增的企业都是经营资产一应俱全的“老户”，大都没有“新办企业购买运输设备进行抵扣”这一项，导致税负由此大涨。二是下手太重。依据现行税法规定，企业主要生产设备的折旧年限一般为10年，“飞机、火车、轮船以外的运输工具”为4年，那么交通运输业的主要固定资产要10年或4年才能更新，其间基本没有固定资产支出，也就没有增值税抵扣；其主要成本如燃油（尤其是外地加油）、过路过桥费、过境费、停车费等，很难获得增值税专用发票，也不能抵扣，税负势必增加。

如果没有考虑这些因素就把交通运输业的增值税税率定为11%，那是不知轻重；若是考虑了，就是下手太重。

上海市的营改增实践也证明了交通运输业税负增加的事实。上海宝钢物流有限公司就坦言：他们企业的税率原来缴营业税是3%，现在缴增值税是11%，似乎提高太多。上海市促进中小企业发展协调办公室就营改增的影响对200多家试点企业进行问卷调查，结果显示，营改增导致物流企业特别是陆路运输企业税负有所增加。

若交通运输业难以承受税负的重压，他们就会通过提价的方式进行

“压力转移”；而物流成本的增加，势必会导致社会物价的上扬，这也是我们不愿意看到的。

（2）人力资源密集的现代服务业的税负或会增加。我们以会计师事务所为例，对其营改增后的税负进行探讨：

假设某会计师事务所的年收入为1 000万元，若按5%的税率缴纳营业税，则为50万元（1 000×5%）；若按6%的税率缴纳增值税，则销项税金为60万元（1 000×6%）——至于实际缴纳多少税金，则要看他们取得的进项税金了。若他们取得的进项税金大于10万元，他们的税负减轻；若小于10万元，则税负加重。我们可以设想一下，一家正常经营的会计师事务所，一不需要购买机器设备，二不需要购买原材料，三不需要购买低值易耗品，能取得什么进项税金？何况一些支出若不能取得增值税专用发票，也不能抵扣的，税负必增无疑。

对以信息服务为主——比如网站或IT企业来说，由于人力资源密集，成本多为工资支出，能取得抵扣的项目不多，也会增加一定的税负。但对技术交易为主的企业，营改增后，会由享受免征营业税的优惠政策，转为继续享受免征增值税的优惠政策。但要享受这些政策，必须办理相关手续，相关企业一定要注意履行手续。

现代服务业的税负增加，也势必会出现转嫁成本行为。这也是我们要关注的。

（3）营改增失策的原因分析。坐而论道的传统思想深刻地影响着我们的教育方针，继而影响受教育者的行为。比如我们的治学偏好在“假设”下求证问题，深受其熏陶的高学历政策制定者，在制定我们的税收制度时，也难免会在“假设”的前提下进行设计。但差别是：很多在“假设”下进行的学术研究，其结果是无法验证或不需要验证的；而税收政策的“假设”就不一样了，那是要落到实处让实践检验的——所以这“假设”不能太假，否则就会离题万里。从营改增的失策来看，政策的制定者对这两种“假设”，因缺少对行业的了解或务实的考虑，或许没有区分清楚。

例如在设计交通运输业11%的税率时，政策制定者因理论的习性会自觉地从新办企业或假设企业为新办企业的角度，去考虑其运输设备进项税金的抵扣问题，但这恰恰忽略了现实，或说这个假设不存在——因为执行营改增的企业，没有新办企业，都是“老户”，很难取得运输设备的进项税金，税负增加在所难免。在新增税负的重压之下，这些企业还有可能通过不正当的手段“改头换面”，纷纷以“新企业”的面孔出现，来适应“假设”的政策设计。这也是我们应该提前考虑到的并要加以防范的。

营改增政策在推广宣传时，也使用了“假设”手法，例如为了解释“结构性减税”，政策制定者抛出一个案例：上海市某交通运输企业A公司为生产企业B公司提供运输劳务，取得收入1 000万元，其中耗用油品等可抵扣费用为470.6万元。B公司当年确认销项税额500万元，进项税额300万元（不包括运费进项）。

假设业务发生在2011年，按照营改增前的政策计算。

1）A公司按照3%的税率缴纳营业税，缴纳30万元营业税。

2）B公司按照7%的进项抵扣，抵扣运费进项70万元。

3）B公司应缴增值税=500−300−70=130（万元）。

假设该业务发生在2012年，按照上海营业税改征增值税政策计算。

1）A公司应缴增值税=1 000×11%−470.6×17%=30（万元），即A公司税负既没有增加，又没有减少。

2）B公司按照11%的进项抵扣，抵扣运费进项税110万元。

3）B公司应缴增值税=500−300−110=90（万元）。

两种方案比较，营业税改征增值税后，A公司税负持平，B公司减少增值税款支出40万元，达到了结构性减税的目的。

我们的疑问是，这精确的470.6万元是哪来的？肯定是给定的，或是根据结论倒推的，也就是假设的。而现实是，A企业或许不能发生470.6万元费用，或发生了根本不能如数取得增值税专用发票，那A公司的税负还能持平吗？A公司的税负若增加，会不会通过提价的方式转移给B公司？或者说B公司减税40万元，成本会不会增加50万元？这些问题都是客观存在的，不是假设的。是以我们的政策制定，不能基于假设或在纸上演练政策的预期；不然，调整政策会给我们带来巨大的社会运行成本——这都是纳税人的税款。

3. 营改增的建议

针对营改增的功过及其评价，我们建议如下：

（1）要关注结构性增税。依据平衡原理，有减就有增，自然界如此，经济社会如此，营改增也如此。推广营改增的过程中，我们在宣传“结构性减税”利好功能的同时，也要密切关注“结构性增税”问题。

改革开放后，我们的经济发展迅猛，社会财富也积聚丰厚，但我们的分配出了问题。其中之一就是税负太重，国家拿得偏多。因此在营改增过程中，我们要关注结构性增税——不能让本来不公的分配问题进一步加剧。一旦发现结构性增税，就要积极研究对策，减轻企业税负。对于这个问题，政府应该有个度量，要在清楚“民富国才强”的道理下，考虑国家的长远发展——凡是不长远的政策，都是有一定危害性的。

（2）要防止物价上扬。营改增后，对一般纳税人特别是交通运输业和人力资源密集的现代服务业的企业来说，税负会有所增长。这会导致企业进行成本转移，传递到物价上去——上海市的实践也证明了很多企业因税负的增加提升服务价格。维护物价稳定是一个大局。针对这一现实，已经实践营改增的上海市正在积极研究退税、补贴政策。我们建议比照现行的“超过3%税负退还”的优惠政策，来解决交通运输业的高税负问题，防止其成本传递到物价上去。北京等积极推行营改增的地区，则要在税率设计上重新测算，从“根上”降低交通运输业等行业的税负。

（3）要优化税率体系。营改增除了具有“调整税负结构”功能外，我们更应看重其税控，也即在防范偷税漏税方面的功能。我国现行的税率已经较高，企业税负普遍较重，是以我们主张要通过税控而不是通过高税率来增加税收总量。在营改增的范围内，交通运输业与部分现代服务业（包括研发和技术服务、信息技术服务、文化创意服务、物流辅助服务、有形动产租赁服务、鉴证咨询服务)，具有不同的特征、不同的运营方式以及不同的盈利空间等差异，而且这个差异在一些企业还很大。因此我们建议，在既有17%、13%、11%、6%四档税率的基础上，再增加几档税率。比如，在注重文化建设的大格局下，文化创意产业可执行5%的税率；把交通运输业降到6%的税率。

优化现行税率体系，要注重在试点实践中吸取经验和教训；最好有一线人员参与制度设计。

（4）要减轻政策的运行成本。我们的税收政策最终是要在全国推行的，所以要考虑政策运行的庞大社会成本，是以要尽量做到政策一步到位，不能太折腾；而做到的前提是多做调查研究，实事求是。不然，浪费的都是国力。另外一个具体问题是，在营改增过渡期间，企业要同时接受国税与地税的管理和稽查，办理两份手续以及往返两个税务机关之间，这会增加企业的资金成本和人力成本，汇集起来就是巨大的社会成本。两个税收征管机构的重复配置，不仅提高了征税成本，也造成了社会资源的大量浪费。国税和地税的合并已是大势所趋。

（5）要防止营改增企业虚开专用发票。增值税的“老户”对增值税的管理是相对熟悉的，也知道其中的风险。但对于营改增过来的“新户”，就未必会像“老户”那样了解增值税的法规了，也不一定清楚“违反增值税法规最高可判死刑”的条款。如果“新户”感到税负加重，他们或许会通过不正当的渠道去虚开增值税专用发票，来减轻企业税负——而且，这个现象是必然存在的。税务监管部门要提前做些工作，进行事前控制。

推荐阅读

让数字说话：审计，就这么简单

作者：孙含晖（金十七） 王苏颖 阎歌 ISBN：978-7-111-53081-7 定价：45.00元

深入浅出，将枯燥的审计化繁复为轻简、化严肃为活泼、化枯燥为有趣，豆瓣评分9.0。

“偷懒”的技术：打造财务Excel达人

作者：罗惠民 钱勇 ISBN：978-7-111-48594-0 定价：69.00元

从数据管理理念、Excel技巧到实操应用，本书贴近实务、“用户友好”、不落俗套。

全面预算管理：让企业全员奔跑

作者：温兆文 ISBN：978-7-111-50855-7 定价：59.00元

作者从其500强企业工作实践出发，总结出一套“洋为中用”的预算理念和方法，配以模拟案例。

500强企业财务分析实务：一切为经营管理服务

作者：李燕翔 ISBN：978-7-111-49495-9 定价：49.90元

基于财务报表，跳出数据框架，深入了解业务运营，做好业务伙伴。

IPO财务透视：方法、重点和案例

作者：叶金福 ISBN：978-7-111-45115-0 定价：39.00元

主板、创业板发审委委员推荐；4个维度阐释IPO财务规则；典型案例解析首发成败原因。

门口的野蛮人：史上最强悍的资本收购

作者：（美）布赖恩•伯勒 约翰•希利亚尔 ISBN：978-7-111-31494-3 定价：52.00元

《纽约时报》畅销书，再现了华尔街历史上最著名的公司争夺战——对美国雷诺兹-纳贝斯克集团的争夺，揭露商业与金融世界的潜规则。

会计极速入职晋级

<table>
<tr><th>书 号</th><th>定 价</th><th>书 名</th><th>作 者</th><th>特 点</th></tr>
<tr><td>44258</td><td>30</td><td>世界上最简单的会计书</td><td>（美）达雷尔·穆利斯</td><td>被当当、卓越读者誉为最真材实料的易懂又有用的会计入门书</td></tr>
<tr><td>50662</td><td>35</td><td>财务会计简易入门</td><td>钟小灵</td><td>言简意赅，只讲非财务人员需要了解的知识，是最节省阅读时间的财务入门书</td></tr>
<tr><td>36702</td><td>35</td><td>零基础学会计</td><td>冯鹏程</td><td>带你在最短时间内，明白搞懂会计大小事</td></tr>
<tr><td>53600</td><td>32</td><td>手把手教你做优秀出纳：
从入门到精通（第2版）</td><td rowspan="4">出纳训练营</td><td>最好的出纳入门书，根据出纳训练营的培训讲义和学员普遍关注的问题编写而成</td></tr>
<tr><td>53600</td><td>30</td><td>手把手教你做优秀出纳：
出纳工作明细手册（第2版）</td><td>最好的出纳操练书，详细介绍63项出纳不可不知的工作项目和规范标准</td></tr>
<tr><td></td><td></td><td>手把手教你做优秀出纳：
全流程真账操练（含光盘）</td><td>真账实操，光盘中全套实际工作材料</td></tr>
<tr><td>45154</td><td>35</td><td>手把手教你做优秀出纳：
实账与案例</td><td>最好的出纳实账书，案例带你学</td></tr>
<tr><td>35529</td><td>39.8</td><td>外企财务英语一本通
（中英文双语）</td><td>朱秀前</td><td>日常财务工作，中英文双语讲解；实际沟通要领，仿真情景详细展示；作者是IB M财务分析师</td></tr>
<tr><td>49654</td><td>35</td><td>地道英语即学即用（第1季）</td><td>毅冰</td><td>外贸达人作品，超级有趣轻松；中央人民广播电台专业人员标准配音</td></tr>
<tr><td>38435</td><td>30</td><td>真账实操学成本核算</td><td>鲁爱民</td><td>作者是财务总监和会计专家；基本核算要点，手把手讲解；重点账务处理，举例综合演示</td></tr>
<tr><td>55027</td><td>59</td><td>跟我真账实操学成本会计</td><td rowspan="3">张秋利</td><td>送360分钟同步辅导视频和做好成本会计工作必备工具包</td></tr>
<tr><td>50070</td><td>39</td><td>如何做一名优秀财务主管</td><td>手把手指点如何提高财务和管理技能，大量过来人经验</td></tr>
<tr><td>44783</td><td>39</td><td>跟我真账实操学会计</td><td>作者是集团财务总监，各类真账带你学</td></tr>
<tr><td>41187</td><td>39</td><td>手把手教你做优秀税务会计：
从入门到精通</td><td rowspan="2">蓝敏</td><td>作者从事税务实务工作15年，全面讲解税务会计和纳税筹划事项</td></tr>
<tr><td>51484</td><td>49</td><td>税务游戏的经营规则：
做懂税务的管理者</td><td>弄懂税务规则，不多交不少交</td></tr>
<tr><td>51527</td><td>49</td><td>房地产税收面对面（第2版）</td><td>朱光磊</td><td>作者是房地产从业者，结合自身工作经验和培训学员常遇问题写成，丰富案例</td></tr>
<tr><td>42838</td><td>30</td><td>手把手教你做审计：
从入门到精通（第2版）</td><td>夏伯年</td><td>针对审计新手开展审计工作可能会遇到的问题以及解决办法，给予手把手指导</td></tr>
<tr><td>48156</td><td>35</td><td>会计新手工作实录：
跟财务经理学</td><td>徐峥</td><td>20多年经验的老会计，实录方式讲解会计工作要点，手把手答疑解惑</td></tr>
<tr><td>48647</td><td>39</td><td>国际税收面对面：理论与实务</td><td>周培勇</td><td>作者是外企税务经理，手把手讲解国际税收实务，丰富案例探析相关政策和实践</td></tr>
<tr><td>51568</td><td>39</td><td>真账实操学审计</td><td>张兴波 唐蕾</td><td>作者是著名大所合伙人，全套真账带你练</td></tr>
</table>

财务知识轻松学

书 号	定 价	书 名	作 者	特 点
45115	39	IPO财务透视：方法、重点和案例	叶金福	大华会计师事务所合伙人经验作品，书中最大的特点就是干货多
49495	49	500强企业财务分析实务：一切为经营管理服务	李燕翔	作者将其在外企工作期间积攒下的财务分析方法倾囊而授，被业界称为最实用的管理会计书
54616	39	十年涨薪30倍：财务职场透视		500强外企达人的职场和技能经验，告诉你涨薪的秘诀
45043	49	财报这么有趣	钟朝宏	书中案例曾获奖；教你4步学会读财报
43500	99	财务报告与分析：一种国际化视角	丁远	作者是中欧商学院的明星教授，从信息使用者角度解读；大量应用练习
37852	49.8	财务诡计：揭秘财务史上13大骗术44种手段	（美）霍华德·M·施利特 杰里米·皮勒	财务名著，告诉你如何通过财务报告发现会计造假和欺诈
35946	68	全面预算管理：案例与实务指引（附光盘）	龚巧莉	权威预算专家，精心总结多年工作经验/基本理论、实用案例、执行要点，一册讲清/大量现成的制度、图形、表单等工具，即改即用
47755	69	玩转全面预算魔方（实例+图解版）	邹志英	作者原为默克中国CFO，书中有许多作者亲手操作过的预算案例，大量实用工具
50885	49	全面预算管理实践	贾卒	作者拥有丰富的预算实践经验，不仅介绍原理和方法，更有59个案例示范如何让预算真正落地，附赠完整的全面预算管理表格和 “经营业绩考评会” 表格模板/扫描下载预算工具包
49792	39	零基础学内部审计	郑智园	"内审达人经验总结，通俗讲解内审实务技能，贴心提示职业规划和审计思路"
50602	49	增值：集团公司内部审计实务与技巧	梁雄	国内某大集团内审总监经验之作，十几年的经验无私分享，几百份实用工具免费下载
36351	49	公司内部审计（第2版）	叶陈云	最新的国际内部审计理论与实践方面的热点/精编内部审计实践的成功与失败案例/大量关于公司内部审计实务工作指南与工具
42845	30	财务是个真实的谎言（珍藏版）	钟文庆	被读者誉为最生动易懂的财务书；作者是沃尔沃财务总监
48153	39	陪你学财务报表分析	叶陈云	立体式图表，把难解的问题形象地说清楚；小吃店创业故事，通盘演示财务分析核心事项
43736	30	上市公司财务报表解读：从入门到精通（第2版）	景小勇	以万科公司财报为例，详细介绍分析财报必须了解的各项基本财务知识
34618	48	财务报表阅读与信贷分析实务	崔宏	重点介绍商业银行授信风险管理工作中如何使用和分析财务信息
48166	30	非财务人员必看的会计学	穆林娟	基本概念和理论，大白话介绍；重点和难点，用大小案例辅助解析；零基础学会计
48646	69	利润：企业利润持续增长之道（附光盘）	史永翔	对影响利润的5大决策事项，用30个案例详细讲述
50412	59	中小企业融资：案例与实务指引（第2版）	吴瑕	融资专家解答8大融资专题；更有32个融资案例，快速搞通融资问题
48216	59	采购成本控制与供应商管理（第2版）	周云	用实际经验剖析采购成本控制与供应商管理的关键，新增大量案例和实用工具；作者是著名生产与采购专家
53498	39	营改增实战：增值税从入门到精通（小规模纳税人）	赵金梅 马郡	作者拥有超过15年财税工作和培训经验，会计财务税务发票报税一本通
53499	39	营改增实战：增值税从入门到精通（一般纳税人）	马郡 赵金梅 徐锋	作者拥有超过15年财税工作和培训经验，会计财务税务发票报税一本通
54778	49	金融业营改增会计实务与纳税处理	董华 张萌萌	作者拥有超过15年金融业财税工作和培训经验，会计财务税务发票报税一本通
53911	49	深入理解财务会计	王志伟	作者拥有企业和高校双重工作经验，理论案例并重